umwelt: technik 10
Ausgabe A

Ein Arbeits- und Informationsbuch

Werner Bleher
Klaus Helling
Gerhard Hessel
Heinrich Kaufmann
Alfred Köger
Peter Kornaker
Walter Kosack
Rainer Schönherr
Wolfgang Zeiller

Ernst Klett Verlag
Stuttgart Düsseldorf Leipzig

Inhalt

Arbeitsteil

Elektronik – Möglichkeiten und Auswirkungen 7

Mensch und Elektronik	8
Elektronik entdecken	10
Erst mal ausprobieren!	11
Schaltungen untersuchen	12
Vom Schaltplan zum fertigen Gerät	13
Schaltpläne lesen	14
Umschalten und Umdenken	15
Bauteile prüfen	16
Fehler erkennen und verhindern	18
Fehler systematisch suchen	19
Transistorschaltung: Alarmanlage mit Reißdraht	20
Spannungsteilerschaltung: Akkuladegerät	21
Spannungsteilerschaltung: Rauchmelder	22
Ausschaltverzögerung: Zeitschalter	24
Umschaltverzögerung: Intervalltimer	25
Schwellwertschaltung: Gießautomat	26
Tonverstärker: Sprechanlage	28
Sicheres Experimentieren mit elektronischen Bauteilen	30
Versuche zum Spannungsteiler	31
Versuche zum Spannungsteiler und zur Schaltverzögerung	32
Versuche mit Transistoren	34
Versuche mit gekoppelten Transistoren	37
Versuche zum Verstärker	40
Aufgaben zur Elektronik	41
Überprüfe dein Wissen	44

Elektronik – Möglichkeiten und Auswirkungen

Informationstechnik

Informationstechnik 45

Mensch und Informationstechnik	46
Informationstechnik entdecken	47
Informationstechnische Zusammenhänge analysieren	48
Informationstechnische Probleme lösen	49
Mit dem Computer arbeiten	50
Steuern mit Licht: Fernschalter	52
Steuern mit Wärme: Universalschaltgerät	53
Regeln von Temperatur: Jogurt- und Kefirbereiter	54
Senden und Empfangen: Mittelwellenradio	56
Senden und Empfangen: Tonübertragung mit Licht	58
Erfassen und Anzeigen: Fitness-Testgerät	59
Erfassen und Anzeigen: Goethe-Barometer	60
Erfassen und Anzeigen: Windgeschwindigkeits-Messgerät	62
Erfassen und Verarbeiten: Wetterstation	63
Erfassen und Verarbeiten: Barcodeleser	64
Regeln mit dem Computer: Sonnenkollektoranlage	65
Steuern mit dem Computer: Bohr- und Fräsautomat	66
Versuche zum Steuern und Regeln	68
Versuche zum Senden und Empfangen	69
Arbeitsmittel für Versuche mit ICs	70
Versuche mit ICs	71
Versuche mit dem Computer	74
Aufgaben bearbeiten	78
Überprüfe dein Wissen	82

Informationsteil

Elektronik

Aus der Technikgeschichte von Radio und Fernsehen	84
Aus der Technikgeschichte des Computers	86
Schaltpläne und Schaltungen analysieren und beschreiben	88
Eine unbekannte Schaltung analysieren	90
Vom Schaltplan zur fertigen Platine	92
Berechnen physikalischer Größen	94
Berechnungsbeispiel: belasteter Spannungsteiler	95
Technische Widerstände	96
Kondensatoren	97
Dioden	99
Transistoren	101
Spannungen und Ströme am Transistor	103
Berechnungen am Transistor	104
Kopplung von Transistoren	106
Sensoren	108
Spezielle Bauteile	110
Integrierte Schaltungen	112
Gleichspannung aus Wechselspannung	114
Automatische Zeitsteuerung	116
Bistabile Kippstufe	117
Astabiler Multivibrator	118
Schmitt-Trigger-Schaltung	119
Tonverstärker mit Transistoren	120
Tonverstärker mit IC	121

Informationstechnik

Senden und Empfangen: Infrarotlichtsender	122
Senden und Empfangen: Lichtsender	123
Senden und Empfangen: Eigenschaften von Radiowellen	124
Senden und Empfangen: physikalische Gesetzmäßigkeiten	125
Codieren und Decodieren von Informationen	126
Signalerfassung und Signalverarbeitung in Natur und Technik	130
Steuern, Regeln, Automatisieren	134
Steuern und Regeln mit Computern	138
Computer-Eingabe-Interface	142
Analoge und digitale Signale	144
Digitale Schaltkreise der 74er-Reihe	146
Das IC 7400 – vielseitig einsetzbar	147
Schaltungen mit dem IC 7400 aufbauen	148
Schalten und Steuern mit dem IC 7414	150

Eine Abschlussarbeit vorbereiten	**152**
Stichwortverzeichnis	158
Schaltzeichen	161

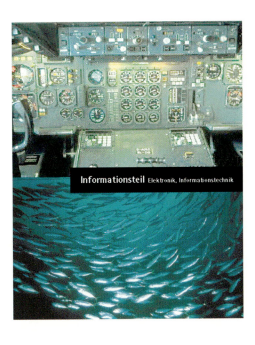

Signal und Information

Alle Pflanzen, Tiere und Menschen haben die Fähigkeit, Informationen zu empfangen und darauf zu reagieren. Informationen werden durch Signale übertragen. Dies geschieht durch physikalische Vorgänge, wie zum Beispiel mechanischen Druck, elektrische Ströme und Spannungen, Nervenströme, Lichtwellen oder Schallwellen.

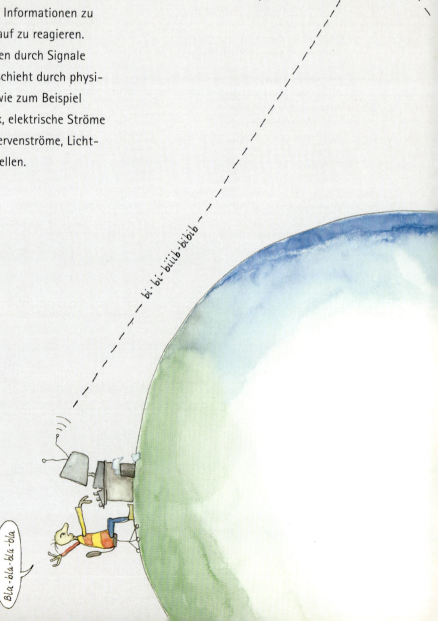

Elektronik und Informationstechnik

Nachrichtentechnik und Automationstechnik

Elektronik verwendet man in fast allen technischen Bereichen, in denen heute Signale übertragen und verarbeitet werden. Den Transport von Signalen mit technischen Mitteln über große räumliche Entfernungen bezeichnet man als Nachrichtentechnik. War in den vergangenen Jahrhunderten die Signalübertragung durch Nachrichtentechnik noch recht spärlich, so können wir uns heute fast unbegrenzt an jedem Ort der Erde Informationen beschaffen.

Informationsprozesse können nicht nur von Menschen gesteuert und geregelt werden, sondern können auch automatisch ablaufen. In der Automationstechnik übernehmen technische Elemente immer häufiger Tätigkeiten des Menschen. Die Automationstechnik verändert Berufsbilder und die Arbeitsplatzsituation. Immer häufiger wird der Computer verwendet. Sein Einsatz kennt heute noch keine Grenzen in den Anwendungsbereichen.

Elektronik und Informationstechnik

Auswirkungen von Elektronik und Informationstechnik

Elektronik und Informationstechnik haben das Alltagsleben in den Industriestaaten erheblich verändert. Ihr gesellschaftlicher Einfluss und ihre Auswirkungen haben eine Tragweite, die mindestens der Erfindung der Dampfmaschine oder des Autos gleichkommt.

Um Elektronik und Informationstechnik verstehen zu können, reicht es nicht aus, wenn du nur Bescheid weißt über elektronische Bauteile und Schaltungen, die Datenerfassung oder das Steuern mit einem Computer. Genau so wichtig ist es, sich mit den Folgewirkungen dieser technischen Entwicklungen auseinanderzusetzen.

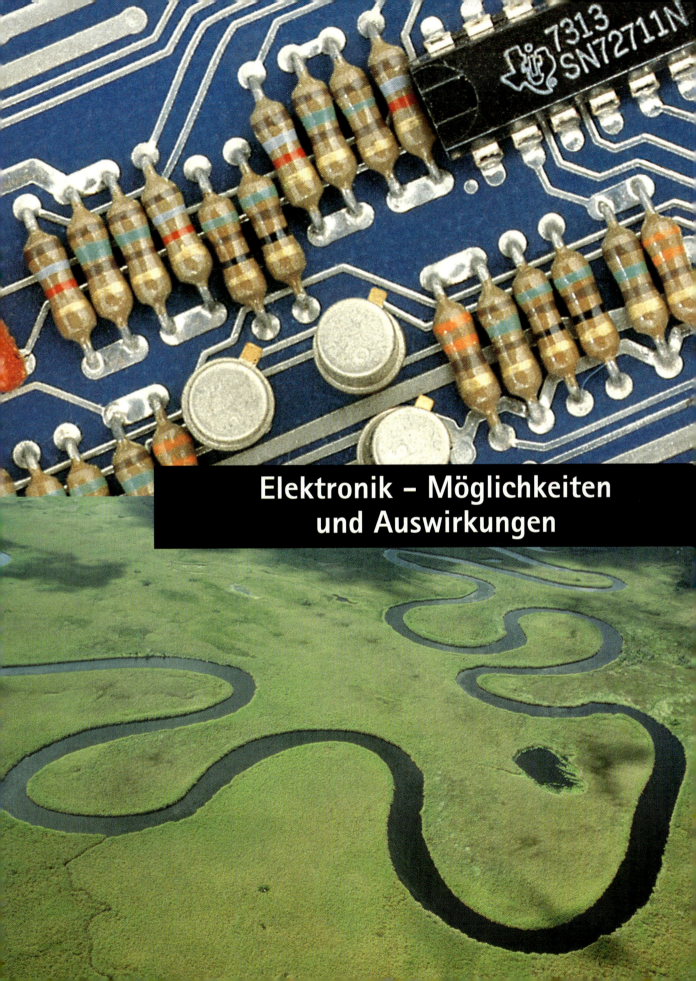

Elektronik – Möglichkeiten und Auswirkungen

Mensch und Elektronik

Die Elektronik greift in die gesamte Arbeitswelt ein. Kaum ein Beruf ist von Veränderungen durch die Elektronik mit allen Vor- und Nachteilen ausgenommen.

Im medizinischen Bereich gehören elektronische Hilfen wie kleine unauffällige Hörgeräte oder ein digitales Blutdruckmessgerät längst zum Alltag.

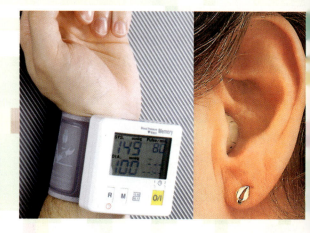

Sesam öffne dich: Mit einem Fingertip-Sensor lassen sich Personen eindeutig identifizieren. So kann man den Zugang zu bestimmten Räumen oder die Nutzung von Automaten absichern.

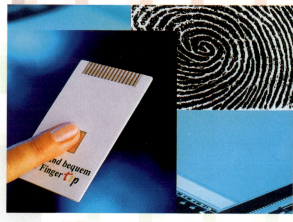

Test für die Sicherheit: Mit elektronischen Sensoren bestückte „Dummies" warten auf ihren Einsatz bei einem Crashtest.

Elektronik

Weltraumtechnik wäre ohne Elektronik kaum denkbar.

Die Serien- und Massenproduktion der Unterhaltungs- und Kommunikationselektronik senkte die Kosten so weit, dass Audio- und Videogeräte, Computer, schnurlose Telefone und Funkrufempfänger zum selbstverständlichen Komfort geworden sind.

Bei großen Sportveranstaltungen werden die Zeiten elektronisch erfasst und auf hundertstel oder sogar auf tausendstel Sekunden genau angegeben.

Elektronik entdecken

Deine Aufgabe ist es, z.B. eine elektronische Schaltung aus dem Bereich der Steuerung zu untersuchen oder zu erproben und selbstverständlich auch als brauchbares Gerät herzustellen.

In dieser Einheit lernst du den Umgang mit Halbleiterbauteilen wie Dioden, Transistoren und Audio-ICs kennen. Du kannst feststellen, wie mit wenigen Bauteilen erstaunlich empfindliche Schaltungen aufzubauen sind oder wie leicht eine zehntausendfache Schaltverstärkung erreicht werden kann.

Physikalische Grundlagen sind nötig

Zu den dir bekannten Arten der Stromleitung, nämlich durch Metalle (z.B. Drähte), durch Flüssigkeiten (z.B. Salzlösungen), durch Gase (z.B. Leuchtstofflampe) oder durch ein Vakuum (Bildröhre), kommt eine fünfte Art hinzu: die Elektronenwanderung in halbleitenden Materialien.
Dieses physikalische Vorwissen schafft Verständnis für die Vorgänge beim praktischen Umgang mit Halbleiterbauteilen.

Welches Thema ist für dich interessant?

Das Kapitel „Elektronik" behandelt vorwiegend Schaltungen mit Einzelbauteilen. In der Elektronik sagt man Aufbau mit **diskreten** Bauteilen.
Das Thema schreitet in vier Stufen fort:
– Erfassen und Verarbeiten von Signalen, z.B. Alarmanlage
– Verzögern von Signalen, z.B. Zeitschaltung
– Schlagartiges oder schleichendes Ein- und Ausschalten von Verbrauchern, z.B. Gießautomat
– Verstärken von Signalen, z.B. Sprechanlage

Schaltungen und Bauvorschläge erleichtern dir das Verstehen von Zusammenhängen. Vertiefen und ergänzen kannst du dein Wissen bei der Bearbeitung der Aufgaben und der entsprechenden Informationsseiten. Durch die Versuche lernst du die Eigenschaften von Bauteilen kennen. Du siehst, wann und wie ein Schaltvorgang ausgelöst wird, und übst das Verhalten einer Schaltung zu bestimmen und einzustellen.

Wie solltest du vorgehen?

- Sammle erst einmal Erfahrungen mit den einfachen Schaltungen!
- Erst wenn du einige Übung hast, solltest du dich an die weiteren Aufgaben wagen. Sie sind anspruchsvoller hinsichtlich des Aufbaus und bedingen einen sicheren Umgang mit dem Digitalmultimeter (DMM).

Neue Schaltungen brauchst du nicht zu erfinden!

Fast jeder, der technische Probleme mit elektronischen Mitteln löst, ist auf vorgegebene Schaltungen angewiesen. Deine Erfindungsgabe wird jedoch herausgefordert beim Modifizieren, das heißt beim Abwandeln vorgegebener Grundschaltungen auf eine Bedingung hin. Ein Problem könnte z.B. heißen: „Bei Trockenheit soll automatisch bewässert werden, aber nicht bei Nacht." Dafür gibt es keine standardisierte Schaltung. Alle, die sich mit Elektronik befassen, müssten da erst mal nachdenken, um eine gute Lösung zu finden.

Erst mal ausprobieren!

Lasst euch eine elektronische Schaltung, z. B. den Versuchsaufbau einer Elektronik mit einem Fotowiderstand, zum Untersuchen geben. Die Schaltung könnte etwa so wie unten aussehen. Mit den drei Bauteilen sollt und dürft ihr „herumexperimentieren". Untersucht, was geschieht, wenn man die farblich gekennzeichneten Bauteile vertauscht. Probiert einfach alle Stellmöglichkeiten aus. Alles, was dick gezeichnet ist, sollte unverändert am Platz bleiben.

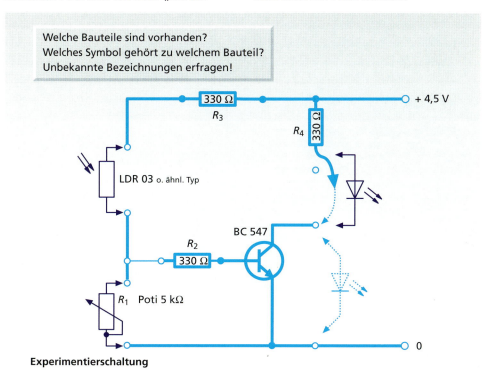

Welche Bauteile sind vorhanden?
Welches Symbol gehört zu welchem Bauteil?
Unbekannte Bezeichnungen erfragen!

Experimentierschaltung

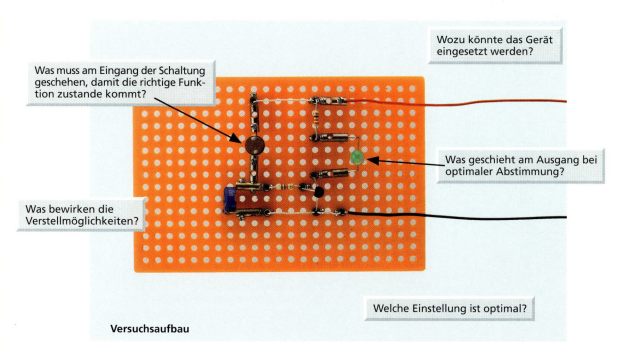

Wozu könnte das Gerät eingesetzt werden?

Was muss am Eingang der Schaltung geschehen, damit die richtige Funktion zustande kommt?

Was geschieht am Ausgang bei optimaler Abstimmung?

Was bewirken die Verstellmöglichkeiten?

Welche Einstellung ist optimal?

Versuchsaufbau

Elektronik

11

Schaltungen untersuchen

Im Informationsteil findest du auf den Seiten 88 bis 91 Anleitungen dazu, wie man Schaltungen systematisch analysiert. Zusätzlich soll dir das Untersuchen dieser kleinen Schaltung eines Polprüfgeräts wieder einiges ins Gedächtnis rufen, was du in der achten Klasse in Elektrotechnik bereits gelernt hast.

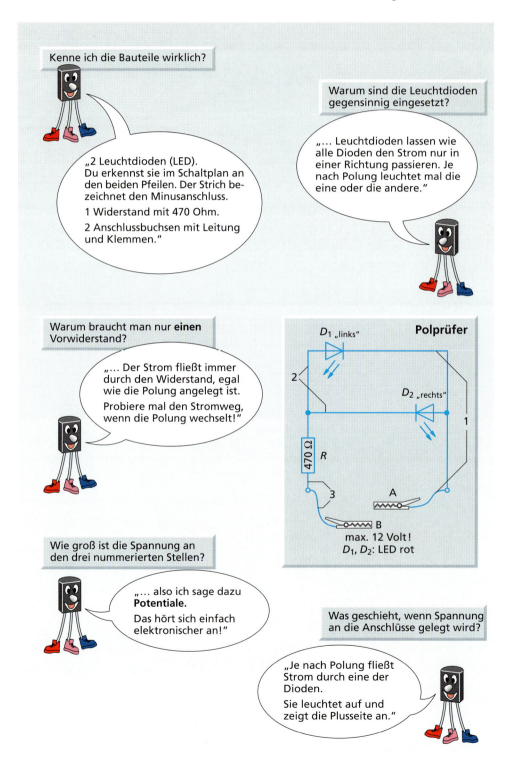

Kenne ich die Bauteile wirklich?

„2 Leuchtdioden (LED). Du erkennst sie im Schaltplan an den beiden Pfeilen. Der Strich bezeichnet den Minusanschluss.
1 Widerstand mit 470 Ohm.
2 Anschlussbuchsen mit Leitung und Klemmen."

Warum sind die Leuchtdioden gegensinnig eingesetzt?

„… Leuchtdioden lassen wie alle Dioden den Strom nur in einer Richtung passieren. Je nach Polung leuchtet mal die eine oder die andere."

Warum braucht man nur **einen** Vorwiderstand?

„… Der Strom fließt immer durch den Widerstand, egal wie die Polung angelegt ist.
Probiere mal den Stromweg, wenn die Polung wechselt!"

Polprüfer

D_1 „links"
D_2 „rechts"
470 Ω R
max. 12 Volt!
D_1, D_2: LED rot

Wie groß ist die Spannung an den drei nummerierten Stellen?

„… also ich sage dazu **Potentiale**.
Das hört sich einfach elektronischer an!"

Was geschieht, wenn Spannung an die Anschlüsse gelegt wird?

„Je nach Polung fließt Strom durch eine der Dioden.
Sie leuchtet auf und zeigt die Plusseite an."

Vom Schaltplan zum fertigen Gerät

Am Beispiel eines Polprüfers erfährst du, in welchen Schritten ein elektronisches Gerät hergestellt und erprobt werden kann.

1. Schaltplan kopieren
Kopiere den Originalschaltplan oder zeichne ihn als Plan für den Arbeitstisch ab. Das Buch und der sauber gezeichnete Plan gehören nicht auf die Arbeitsfläche.

2. Probeaufbau überlegen
Um eine Idee in die Praxis umzusetzen, empfiehlt sich zunächst ein Probeaufbau nach dem Schaltplan. Damit kannst du das Verhalten der Schaltung kennen lernen und die sichere Funktion testen. Für Probeaufbauten eignen sich z. B. Lochraster wie auf Seite 11. Platinen kommen nur für den endgültigen Aufbau und den Einbau in ein Gehäuse in Betracht.

3. Schaltung analysieren und Funktion beschreiben
Versuche den Aufbau der Schaltung und ihr Verhalten in Betrieb zu beschreiben. Voraussetzung ist, dass du alle Bauteile und ihre Symbole kennst.
Wenn dir ein Bauteil gänzlich unbekannt ist, solltest du dir mit einem Vorversuch erst einmal Klarheit verschaffen.

4. Bauteile zusammenstellen
Stelle eine Bauteileliste zusammen. Plane das geeignete Gehäuse. Überzeuge dich, dass alle Teile mit den richtigen elektrischen Werten vorhanden sind.

Potential: siehe Seite 14

5. Aufbau planen
Der Aufbauplan zeigt die Lage der Bauteile, z. B. auf einer Platine. Nützlich ist eine Liste der Potentiale (der zusammenhängenden Leitungsstücke), die zeigt, welche Bauteilanschlüsse auf einem bestimmten Potential liegen müssen.

Beim Polprüfer (Abb. 1) sind nur drei Potentiale vorhanden:

Potential	Bauteilanschlüsse
1	Anschluss Abgreifklemme A
1	Anode (Plusseite) LED_{rechts}
1	Kathode (Minusseite) LED_{links}
2	„oberer" Anschluss von R
2	Plusseite LED_{links}
2	Minusseite LED_{rechts}
3	„unterer" Anschluss von R
3	Anschluss Abgreifklemme B

Der Vorschlag zeigt die Platine durchsichtig – oben liegen die Bauteile, unten die Leiterbahnen.

6. Platine bestücken
Bauteile sollten in der Reihenfolge ihrer Empfindlichkeit eingelötet werden.

7. Schaltung testen
Kontrolliere vor der Inbetriebnahme nochmals sorgfältig die Lötverbindungen und die Polung der Dioden. Die Funktion kann z. B. mit einer Batterie getestet werden. Die Diode der Plusseite muss jeweils aufleuchten, die andere bleibt dunkel. Auf den nächsten Seiten findest du weitergehende Hilfen und Tipps, falls deine Schaltung nicht auf Anhieb funktioniert.

8. Gehäuse herstellen
Begnüge dich nicht mit der Schaltung. Erst ein schützendes und funktionelles Gehäuse macht sie zum „Gerät".

Stichwort: Platine

1 Platinenvorschlag für einen Polprüfer

2 Polprüfer im Gebrauch

Schaltpläne lesen

Schaltpläne müssen nach der Norm im spannungsfreien, stromlosen Zustand, also im *„Ruhezustand"*, gezeichnet werden. Daraus entsteht die Schwierigkeit, dass beim Lesen der Schaltung – falls keine ausführliche Beschreibung vorliegt – alles in den *aktivierten Zustand* umgedacht werden muss. Außerdem können viele Schaltungen verschiedene Schaltzustände annehmen.

Als *Übungsbeispiel* zeigt Abb. 1 den Schaltplan einer Alarmanlage mit Reißdraht.

alte Hüte??
Bauteile sind als genormte Symbole dargestellt. Die Leitungen sind rechtwinklig und möglichst kreuzungsfrei zu zeichnen!

Schaltungen sind so dargestellt, dass die Wirkungsweise von links nach rechts fortschreitet!

Beim Lesen des Schaltplans solltest du ganz systematisch vorgehen:

1. Bauteile erkennen
Voraussetzung ist, dass dir die Symbole der Bauteile und ihre Funktion bekannt sind.

2. Nullpotential suchen
Die Minusseite der Spannungsquelle betrachtet man als Bezugspunkt. Man nennt ihn Nullpotential. Von diesem Bezugspunkt aus misst man zur positiven Seite hin.

3. Potentiale ermitteln
Als *Potential* bezeichnet man die Größe der Spannungswerte an einzelnen Stellen der Schaltung, bezogen auf den Minusanschluss der Spannungsquelle (Nullpotential). Als *Spannung* – z. B. 1,6 V für eine LED – bezeichnet man dagegen die Differenz von zwei Potentialwerten, also z. B. zwischen den beiden Anschlüssen einer LED. An der richtigen Potentialdifferenz erkennt man auch, ob ein Bauteil funktionieren kann.

Alle Stellen, die leitend miteinander verbunden sind, ohne dass zwischen ihnen Bauteile liegen, haben das gleiche Potential. So haben in Abb. 1 z. B. alle mit Nr. 2 gekennzeichneten Stellen den gleichen Potentialwert, also
– der obere Anschluss des Reißdrahts,
– ein Anschluss von Schalter S_1,
– ein Anschluss des Relaisschalters a_1,
– ein Anschluss des Vorwiderstands.
Diese vier Anschlüsse liegen in der realen Schaltung zusammengefasst auf einer Leitung. Sie sind durch Bauteile (z. B. Schalter S_1, Relais, Widerstand) von anderen Potentialen getrennt.

Man erleichtert sich also das Lesen von Schaltplänen, wenn man einzelne Stellen einer Schaltung mit Nummern markiert (siehe Abb. 1).

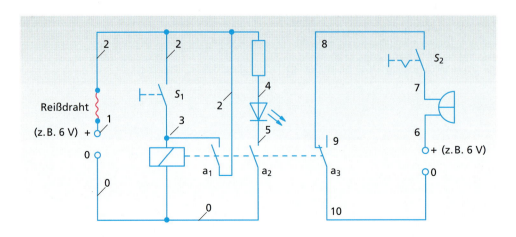

1 Schaltplan im Ruhezustand mit markierten Potentialstellen

Umschalten und Umdenken

Um Durchblick zu gewinnen, müssen alle Schaltpläne vom gezeichneten Ruhezustand in den „aktivierten Zustand" überführt werden. Umdenken ist also angesagt. Anders als Profis können Anfänger eine Zeichnung nur schwer im Kopf „aktivieren". Als der sicherste Weg empfiehlt sich deshalb die Anfertigung von Handskizzen der verschiedenen Schaltzustände:

1. Ruhezustand
Alle Stromkreise sind unterbrochen. Die Schaltung ist nicht aktiv.

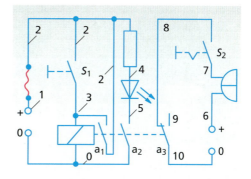

2 Schaltplan im Ruhezustand

2. Taster S_1 wird betätigt.
Pluspotential gelangt über den Reißdraht $(R \approx 0\ \Omega)$ ans Relais. Der Pfad nach 0 ist über a_2 geschlossen und die Kontroll-LED leuchtet. Ein Alarmsignal ertönt nicht, weil a_3 öffnet und S_2 noch offen ist.
- Was würde geschehen, wenn man zuerst Schalter S_2 schließen würde?

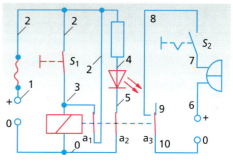

3 Schaltzustand bei Tasterbetätigung

3. Taster S_1 wird wieder geöffnet und Schalter S_2 geschlossen.
Das Relais bleibt aktiviert, denn es erhält weiterhin Pluspotential, und zwar über a_1. Jetzt ist die Anlage wirklich „scharf".
- Warum sollte S_1 kein Stellschalter, sondern ein Taster sein?

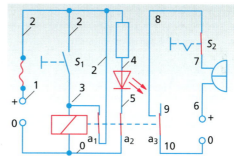

4 Schaltzustand „scharf"

4. Der Reißdraht ist gerissen.
Die Verbindung zur Plusleitung ist unterbrochen und Potential 2 ist nun ohne Spannung. Das Relais fällt ab. Alle Relaiskontakte wechseln. a_3 schließt nun den getrennten Alarmstromkreis – das Alarmsignal ertönt.
- Wenn du dir das nicht endende Alarmgeheul realistisch vorstellst, müsste dir sogar eine fünfte Schaltstellung einfallen!

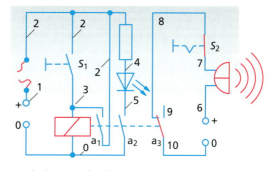

5 Schaltzustand „Alarm ausgelöst"

Bauteile prüfen

1 Kondensatorprüfung mit Digitalmessgerät

Prüfen mit analogen und digitalen Vielfachmessgeräten (AMM und DMM)

Bauteile sollten vor dem Einbau in eine Schaltung auf ihre Funktionstüchtigkeit geprüft werden. Sind sie eingelötet, kann man sie wegen der Verknüpfung mit anderen Bauteilen nur durch Vergleich mit einer gleichen, funktionstüchtigen Schaltung prüfen.

Meistens reicht für das Prüfen von Bauteilen die Durchgangsprüfung oder Widerstandsmessung aus. Man stellt dazu das Messgerät als Ohmmeter ein und beachtet, dass alle zu prüfenden Bauteile spannungsfrei sind. Von außen darf also keine Spannung an das Ohmmeter gelegt werden! Beachte die Handhabung, z. B. bei Analogmessgeräten die Einstellung des Nullpunkts, die Polung der Buchsen und das Ablesen des Messwerts.

Schalter
Das Anschlussbild von Schaltern mit mehreren Anschlüssen, die Schalterstellung, den Schaltertyp und die Funktionstüchtigkeit kannst du herausfinden, indem du die Anschlüsse bei verschiedenen Schalterstellungen auf Durchgang prüfst.

Fotowiderstände
Bei Abdunklung wird ein hoher Widerstand, bei Beleuchtung ein kleiner Widerstand gemessen.

Heißleiter und Kaltleiter
Bei Erwärmung muss der Widerstand des Heißleiters kleiner werden, beim Kaltleiter muss er größer werden.

Verbindungsleitungen und Wicklungen
Leitungen werden zwischen den Enden auf Durchgang geprüft. Man kann die Windungen bei Relais, Transformatoren oder Modellmotoren auf Durchgang prüfen. Bei Transformatoren darf die Primärwicklung keinen Kontakt zur Sekundärwicklung haben.

Relaisanschlüsse
Ist das Anschlussbild eines Relais nicht klar, kannst du mit einem Ohmmeter die Spulenanschlüsse herausfinden: Die Spule hat einen bestimmten Widerstandswert, z. B. 90 Ω. Durch Schließen und Öffnen des Spulenstromkreises oder bei größeren Bauarten durch Bewegen des Ankers mit der Hand können die Schließer- und Öffnerkontakte ermittelt werden.

Lautsprecher und Kopfhörer
Durchgang und Nennwiderstand können zwar geprüft werden, eine genaue Funktionsprüfung ist aber nur im Betrieb möglich.

Elektrolytkondensatoren
Vor dem Prüfen wird der Kondensator polrichtig aufgeladen. Ein Spannungsmesser wird parallel zum Kondensator geschaltet. Bei einem funktionsfähigen Kondensator wird die zuvor angelegte Spannung gemessen. Der Kondensator entlädt sich dabei langsam über das Messgerät.

Dioden
In Durchlassrichtung wird mit dem Ohmmeter ein sehr kleiner Widerstandswert gemessen, der Sperrwiderstand liegt dagegen im MΩ-Bereich. Digitalmessgeräte mit Bereichswahlschalter werden auf ⊷ eingestellt. In Durchlassrichtung wird die Durchlassspannung in mV angezeigt.

Transistoren

Prüfung mit *Analogmessgerät*: Um einen Transistor auf Funktionstüchtigkeit zu prüfen, hält man eine Prüfspitze der Messleitung an die Basis, die andere an den Kollektor, danach an den Emitter. Nun wiederholt man die gleiche Prüfung, vertauscht aber die Prüfspitze an der Basis. Der Zeigerausschlag muss bei dieser Prüfung zweimal hoch und zweimal niedrig sein. Zwischen Kollektor und Emitter muss der Widerstandswert immer hoch sein. Trifft dies nicht zu, ist der Transistor defekt.

Prüfung mit *Digitalmessgerät*: Stelle den Bereichsschalter auf h_{FE}. Stecke die B-, C- und E-Anschlüsse des Transistors in die markierten kleinen Buchsen. Der Gleichstromverstärkungsfaktor wird angezeigt, wenn der Transistor funktionstüchtig ist. Wenn keine h_{FE}-Buchse vorhanden ist, kannst du auch durch Widerstandsmessung prüfen.

npn-Transistor

Polung		Widerstand	
+	−	groß	klein
B	C		X
B	E		X
C	B	X	
E	B	X	
C	E	X	
E	C	X	

Man kann stark vereinfacht das Innere des Transistors so auffassen, als seien zwei Dioden geschaltet:

3 Transistorprüfung durch Widerstandsmessung

Die Funktionstüchtigkeit von Bauteilen kann auch mit einer Versuchsschaltung oder einem selbst hergestellten Testgerät geprüft werden.

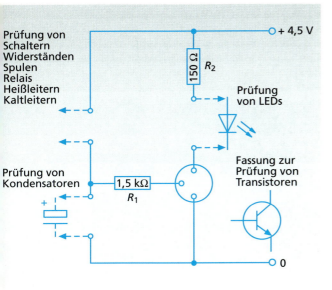

2 Schaltplan für ein Testgerät

4 Kondesatorprüfung mit Testgerät

Fehler erkennen und verhindern

Nicht nur Anfängern, sondern auch Profis kann es passieren, dass eine Schaltung nicht auf Anhieb funktioniert, weil z. B. vergessen wurde, Bauteile vor dem Einbau auf Funktionstüchtigkeit zu kontrollieren.
Dann heißt es: **den Fehler suchen!**
Neue Schaltungen überprüft man in zwei Schritten:
1. Prüfen des Schaltungsaufbaus *vor der Inbetriebnahme* der Schaltung
2. Prüfen der Schaltung *in Betrieb*

Eingelötete Bauteile können – wegen der Verknüpfung mit anderen parallel liegenden Teilen – kaum durch Messen in der Schaltung geprüft werden!

Checkliste vor Inbetriebnahme einer neuen Schaltung
▶ Sind alle Bauteile vorhanden?
▶ Stimmen die Bauteilwerte (Ohmwerte, Kapazität der Kondensatoren, …)?
▶ Wurde nachgeprüft, ob alle gepolten Bauteile (Dioden, Kondensatoren, Summer, …) in der richtigen Weise eingebaut sind?
▶ Sind die Transistoranschlüsse mit dem richtigen Potential verbunden?
▶ Sind die Potentiale mit den vorgesehenen Anschlüssen verbunden?
▶ Müssen zweifelhafte Lötstellen oder Verbindungen nachgebessert werden?
▶ Gibt es Überbrückungen durch Lot oder falsche Leitungsverbindungen?
▶ Ist die Verwechslung von Plus- und Minusanschluss ausgeschlossen?

Nach dem Einschalten
▶ Unzulässig hoher Strom? Starker Abfall der Spannungsquelle?
▶ Keine Reaktion auf Steuersignal: dann ausschalten und nachprüfen!
▶ Unzulässige Erwärmung von Transistoren, Widerständen?

Die tückischsten Defekte

Wackelkontakt an Stecker oder Lötstellen; Haarrisse in Leiterbahnen von Platinen:

Symptom: Beim Prüfen ok, bei Betrieb ohne sichtbare Ursache unregelmäßige Ausfälle
Test: Rüttelprobe, Biegeprobe, Durchgang prüfen
Abhilfe: Nachlöten aller Lötstellen, feste Anschlüsse

Transistor defekt:

Symptom: Heißwerden, leitet immer, aber steuert nicht oder sperrt völlig
Test: U_{CE} prüfen – beim Ansteuern ändert sich die Kollektorspannung nicht
Abhilfe: Auslöten – prüfen und gegebenenfalls austauschen; Ursache feststellen!

Diode defekt, LED defekt:

Symptom: Funktionsausfall
Test: Auslöten, mit Durchgangsprüfer Prüfspitzen links – rechts wechseln (umpolen): kein Unterschied der Anzeige = defekt
Abhilfe: Vorwiderstand überprüfen, eventuell neue Diode einbauen

Betriebsspannung unstabil:

Symptom: Zappeln des Relais, Schaltschwelle unbeständig
Test: Betriebsspannung mit Messgerät beobachten
Abhilfe: Stabile Spannungsquelle verwenden, z. B. stabilisiertes Netzgerät

Die häufigsten Anfängerfehler

- Ungeduldige Inbetriebnahme ohne Kontrollen
- Wackelkontakt oder fehlender Kontakt an schlechter Lötstelle
- Verpolung von Transistoren oder Dioden
- Fehlende oder falsche Verbindungen
- Irrtum bei elektrischen Werten von Widerständen
- Langes „Herumbraten" beim Löten an wärmeempfindlichen Bauteilen

Gute Lötstellen haben eine glänzende Oberfläche, Kaltlötstellen sind oft matt.

Fehler systematisch suchen

Fehler sollten systematisch eingekreist werden. Kläre zunächst das Wichtigste:
- Welche Bauteile funktionieren?
- Welche Bauteile funktionieren nicht?
- Liegt an allen Potentialen die richtige Spannung?
- Prüfe vorsichtig mit dem Finger: Ist ein Transistor oder Widerstand heiß?

Wie du weiter vorgehen kannst, erfährst du an zwei typischen Fehler-Beispielen.

Beispiel 1: Als angenommener Fehler zeigt sich bei der „Alarmanlage mit Reißdraht", dass beim Einschalten mit S_1 das Relais nicht anzieht, obwohl alle Verbindungen gründlich überprüft wurden.

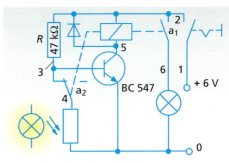

2 Lichtschranke (Warnlicht)

Beispiel 2: Eine Lichtschranke mit der gewünschten Funktion: „Wenn der Lichtstrahl unterbrochen wird, soll eine Lampe dauernd leuchten."

Als angenommener Fehler zeigt sich, dass das Relais nach dem Einschalten sofort anzieht, aber durch den Lichtstrahl auf den LDR nicht abfällt. Du hast alle Verbindungen und Polungen schon zweimal geprüft, also muss die Funktion der Bauteile im Betriebszustand überprüft werden:

▶ *Ist der Transistor in Ordnung?*
Dazu prüfst du *die* Spannung zwischen 5 und 0 (U_{CE}) mit dem DMM. Die Basis verbindest du mit Nullpotential. Wenn der Transistor dabei sperrt, also U_{CE} ansteigt, ist er wahrscheinlich in Ordnung.

▶ *Funktioniert der Messfühler?*
LDR mit einem Anschluss abhängen (evtl. ablöten). DMM als Ohmmeter an die Potentiale 4 und 0 legen und Lampenlicht auf den LDR geben. Der Widerstand sinkt unter 1 kΩ – also ok.

▶ *Ist die Basisspannung korrekt?*
Um U_{BE} nachzuprüfen, wird das DMM an die Potentiale 3 und 0 gelegt. Hier zeigt sich nach dem Einschalten eine überhöhte Spannung von über 2,0 Volt!

Deine Fehleranalyse:
Mit der Basisspannung bzw. dem Basisspannungsteiler stimmt etwas nicht. Die hohe U_{BE} kann der beleuchtete LDR offenbar nicht unter 0,6 V senken. Der Verdacht fällt auf den R. Beim genauen Hinsehen siehst du, dass statt 47 kΩ ein Widerstand mit 470 Ω eingesetzt wurde. Du reparierst und ordnest deinen Fehler unter „Erfahrungen gesammelt" ein.

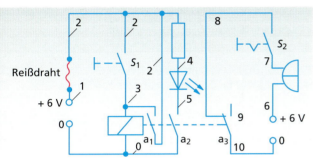

1 Alarmanlage (Dauerton)

▶ *Ist die richtige Betriebsspannung vorhanden?*
Dazu legst du ein DMM als Voltmeter an die Potentiale 1 und 0 – angenommen, der angezeigte Wert sei in Ordnung.

▶ *Liegt an den Potentialen die richtige Spannung?*
Voltmeter an Potentiale 2 und 0 legen: ok, dann an 3 und 0; du schaltest mit dem Taster S_1 ein ... keine Spannungsanzeige!

Deine Fehleranalyse:
Das Relais erhält keine Spannung. Zwischen den Potentialen 2 und 3 muss eine Unterbrechung sein – also:

▶ *Durchgang prüfen!*
Spannungsquelle entfernen; DMM als Ohmmeter/Durchgangsprüfer schalten und an die Potentiale 2 und 3 legen. Du drückst S_1 – keine Anzeige.

Beim weiteren Einkreisen zeigt sich, dass der Taster S_1 defekt ist und keinen Kontakt herstellt – Fehler gefunden!

Transistorschaltung: Alarmanlage mit Reißdraht

Arbeitsauftrag
Eine einfache Alarmanlage mit einem Transistor soll gebaut werden.

Piezo...
(sprich: pi-e-zo)

Piezoeffekt: elektrische Schwingungen von Kristallen

Aufbautipps
Man könnte einen Aufbau auf ein Brettchen mit lötbaren Stützpunkten wählen oder eine Platine.

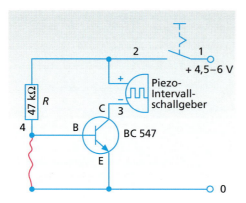

1 Alarmanlage mit Reißdrahtsensor

2 Aufbauvorschlag

Analysehilfe zur Schaltung

Welche Bauteile sind vorhanden?
Von Stromversorgung, Schalter und Leitungen abgesehen, gehören zur Elektronik vier Bauteile:
- der Transistor, ein BC 547,
- der Schallgeber im Arbeitsstromkreis,
- der Basisvorwiderstand R mit 47 kΩ; er legt im Alarmfall positives Potential an die Basis B des Transistors,
- der Reißdraht; er legt Nullpotential an die Basis, sodass der Transistor ganz gesperrt wird.

Welche Anschlüsse sind mit welchen Potentialen verbunden?
- Auf Nullpotential liegen die Minusseite der Batterie, der Emitter E und ein Reißdrahtanschluss.
- Auf Potential 2 liegen ein Schalterkontakt, der Schallgeber-Plusanschluss und ein Anschluss von R.
- Auf Potential 3 liegen nur der Kollektor C und der Schallgeber-Minusanschluss.
- Auf Potential 4 liegen die Basis B und je ein Anschluss von Reißdraht und R.

Was geschieht, wenn der Reißdraht entfernt wird?
- Dann liegt über R positives Potential an der Basis (Potential 4).
- Der Transistor wird schlagartig leitend und der Schallgeber erzeugt den Alarmton.

Die Anordnung kommt in ein geeignetes Gehäuse. Für den Anschluss des Reißdrahts oder eines sonstigen Kontakts werden Steckbuchsen empfohlen.

Schaltung vorprüfen
▶ Vorwiderstand vor dem Einlöten mit einem Digitalmultimeter nachmessen
▶ Plus- und Minusanschluss markieren
▶ Transistor: Einbau kontrollieren
▶ Piezo-Schallgeber: Polung prüfen

Schaltung einstellen
Arbeitsmittel: Spannungsquelle, z. B. Flachbatterie 4,5 V, DMM, 3 Messleitungen mit Abgreifklemmen
▶ Potentiale 4 und 0 mit Messleitung kurzschließen
▶ DMM als Voltmeter an die Potentiale 4 und 0 anschließen
▶ Spannung einschalten
▶ Messleitung öffnen: Signal?
▶ Voltmeter muss bei Alarm für U_{BE} ca. 0,7 Volt anzeigen.

Schaltung weiterentwickeln
Es muss nicht unbedingt ein Draht abgerissen werden, um den Alarm auszulösen. Auch ein Taster als Öffnerkontakt an einer Tür könnte der Auslöse-Sensor sein. Wenn der Alarm vom Verursacher nicht mehr abzustellen sein darf, könnten „Fortgeschrittene" die Schaltung mit einem Relais oder Thyristor erweitern und sogar eine Zeitbegrenzung für den Alarmton entwickeln.

Spannungsteilerschaltung: Akkuladegerät

Arbeitsauftrag
Baue und untersuche ein Ladegerät mit Ladestrombegrenzung für Kleinakkus (z. B. NiCd-Typen).
Die Ladestromstärke soll zwischen 12 mA für kleine Blockakkus und 500 mA für Monozellen liegen.

Funktion der Schaltung
Die relativ konstante Durchlassspannung einer roten LED wird als Steuerspannung für einen Transistor benutzt.
In Abb. 3 liegt diese LED-Spannung zwischen der Basis und dem Nullpotential. Die Summe der Basis-Emitter-Spannung und der Spannung am Ladewiderstand ergibt U_{LED}.

Tipp:
Versuche 2 bis 5, Seiten 32 bis 34

Stichworte:
Diode, LED, Transistor

Weil die Schwellenspannung U_{BE} eines Siliziumtransistors etwa 0,7 V beträgt, ergibt sich U_2 aus der Differenz von U_{LED} und U_{BE}.

Da U_2 und R_2 konstant bleiben, ist der Strom durch den einmal gewählten Widerstand R_2 ebenfalls konstant. I_2 ist aber, vom kleinen Basisstromanteil abgesehen, praktisch so groß wie der Kollektorstrom, der durch den Akku fließt. Der Ladestrom I_2 ist daher konstant und hängt im Wesentlichen vom Ladewiderstand R_2 ab.

E C B
Anschlussbild des BD 135

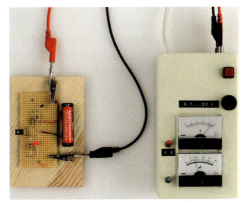

4 Konstantstrom-Ladegerät

Analyse der Schaltung
- Überlege, welche Schutzfunktion die Diode hat.
- Untersuche die Funktion des Akkuladers anhand deines aufgebauten Geräts. Benutze zunächst nur eine NiCd-Zelle.
- Miss den Ladestrom der Zelle bei 6, 9, 12 und 15 V Betriebsspannung.
- Erhöhe die Zellenzahl (Serienschaltung) auf 4 und wiederhole die vorige Messreihe.
- Mache eine Aussage darüber, innerhalb welchen Betriebsspannungsbereichs sich 4 Zellen mit Konstantstrom noch laden lassen.
- Untersuche, unter welchen Bedingungen der Transistor einen Kühlkörper braucht (maximaler Ladestrom 0,5 A!).

Aufbautipps
▶ Eine Mignonzelle kannst du zum Einstellen durch einen 15 Ω/1-W-Widerstand ersetzen.
▶ Wähle R_2 nicht kleiner als 2,2 Ω (Überhitzungsgefahr beim Transistor!).

Schaltung einstellen
Der Ladewiderstand ergibt sich überschlägig aus:

$$R_2 = \frac{U_2}{I_2}$$

R_2 : Ladewiderstand
U_2 : Spannung an R_2 (ca. 1 V)
I_2 : Ladestrom entsprechend dem Zellentyp

Bei kleinen Ladeströmen (< 50 mA) muss R_2 etwas größer als berechnet gewählt werden, da sich der in der Formel unberücksichtigte Basisstrom bemerkbar macht.

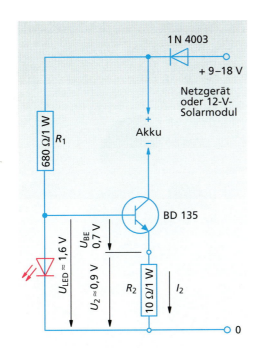

3 Ladegerät für kleine Akkus

Akkuzelle des Typs „Mignon"

Spannungsteilerschaltung: Rauchmelder

Arbeitsauftrag
In Einzel- oder Partnerarbeit sollst du ein Funktionsmodell einer Alarmanlage herstellen und untersuchen. Es soll bei auftretendem Rauch einen akustischen Alarm auslösen.

Hilfen zu speziellen Funktionen
Das Besondere an der Ansteuerung ist hier, dass mit vermindertem Licht, also gewissermaßen mit „Dunkelheit", gesteuert wird. Bei ausgelöstem Alarm schaltet das Relais auch die Lampe aus (≙ „dunkel"). Der Transistor bleibt dann in der Alarmstellung.
Der Taster S (von null zur Basis) ist nötig, um bei den Einstellarbeiten die Schaltung aus der Schaltstellung „Alarm" wieder in den Wartezustand setzen zu können.

Aufbautipps
Setze beim Versuchsaufbau anstelle des nervtötenden Intervallpiepsers zunächst einmal eine LED mit Vorwiderstand ein. Anstelle von Rauch sollte ein Stück matt durchscheinende Folie ausreichen, um den Lichtstrahl zu schwächen, sodass Alarm ausgelöst wird.
Mache die Lichtstrecke möglichst lang und montiere die Lampe zusammen mit der Elektronik auf eine Unterlage.
Der LDR muss vor dem störenden Einfluss des Tageslichts durch ein dunkles Rohr geschützt werden, z.B. durch eine schwarze Kugelschreiberhülse oder eine schwarze Filmdose.

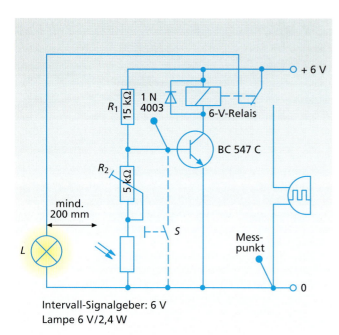

1 Rauchmelder

Kurzbeschreibung der Funktion
Von einer Lampe wird ein Lichtbündel auf einen Fotowiderstand geworfen. Auftretender Rauch vermindert – bei genügender Länge der Lichtstrecke – die Stärke des auftreffenden Lichts. Der geringer beleuchtete LDR erhöht dann seinen Widerstand. Der Transistor reagiert auf die damit verbundene Änderung der Basisspannung und löst einen Alarm aus.

Analyse der Schaltung
Untersuche die Schaltung mit einem Probeaufbau. Nimm den Fragenkatalog auf den Seiten 88–89 zu Hilfe.
Wichtig zum Verständnis der Schaltung ist,
1. dass du die Wirkungsweise des Basisspannungsteilers klar vor Augen hast,
2. dass du das Verhalten eines LDR aus einem Versuch kennst.
3. Selbstverständlich muss dir die Ansteuerung und Schaltschwelle eines Transistors bekannt sein.

Schaltung einstellen
Arbeitsmittel: DMM, matt durchscheinendes Folienstück, Hilfsleitung mit zwei Abgreifklemmen.
Um sensibel reagieren zu können, muss die Elektronik so justiert werden, dass sie so nah wie möglich an den Alarmpunkt herangeführt ist.

2 Testen des Rauchmelders mit einer Folie

Tipp:
Versuch 1, Seite 31, und Versuch 8, Seite 36

Stichworte:
Spannungsteiler, LDR, Transistor

Arbeitshinweise – Schaltung einrichten
▶ LDR ganz vom Tageslicht abschirmen.
▶ Lichtstrecke einrichten.
▶ DMM als Voltmeter an die Messpunkte legen.
▶ Plusanschluss der Lampe mit einer Hilfsleitung nach Plus überbrücken (Abb. 3).
▶ Lichtstrecke verlängern. Lampe justieren auf minimale Basisspannung.
▶ Zuletzt Hilfsleitung entfernen.

Arbeitshinweise – Feinjustierung
▶ Intervallpiepser zunächst noch nicht anschließen (beim Probeaufbau in Abb. 4 kann er mit dem Schalter ausgeschaltet werden).
▶ U_{BE} mit dem Trimmer auf ca. 0,7 V einstellen. Dazu Lichtstrahl mit der Hand unterbrechen: Lampe muss beim Unterbrechen erlöschen und in diesem Zustand bleiben!
▶ Mit Taster S Lampe wieder einschalten.
▶ Den Trimmer so justieren, dass beim Unterbrechen mit der matt transparenten Folie der Alarmzustand erreicht wird und erhalten bleibt.
▶ Erst wenn alles einwandfrei funktioniert, den Intervallpiepser anschließen.
▶ Beim leichten Unterbrechen des Lichtstrahls muss jetzt die Lampe ausgehen und der Alarm ertönen.

Schaltung weiterentwickeln
Die Schaltung kann weiter ausgebaut werden: Durch Einsatz von Linsen auf Sender- und Empfängerseite überbrückt der Lichtstrahl eine größere Weite. Beim Unterbrechen des Lichtstrahls (oder eines unsichtbaren Infrarot-Lichtstrahls) könnte das Relais auch ganz andere Schaltvorgänge auslösen. Für Fortgeschrittene mit Experimentiergeduld ein lohnendes Arbeitsfeld!

Ein weiterer Aspekt betrifft die Erhöhung der Empfindlichkeit der Schaltung: Statt eines LDR könnte ein sensibler Fototransistor direkt angesteuert werden.

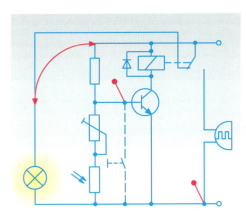

3 Rauchmelder: Einrichten der Schaltung

4 Rauchmelder: Probeaufbau

Objekte herstellen

Ausschaltverzögerung: Zeitschalter

Arbeitsauftrag
Baue und erprobe einen elektronischen Zeitschalter, mit dem 12-V-Geräte bis zu 10 Minuten verzögert abgestellt werden. Auch ein vorzeitiges „AUS" soll möglich sein. Beispielsweise kann damit ein Batterieventilator oder eine 12-V-Lampe als „Einschlaflampe" sanft (d. h. ohne Relaisklick) abgeschaltet werden.

Kurzbeschreibung der Funktion
Durch die Entladung eines Elektrolytkondensators (Elko C) wird die Schwellenspannung eines Transistors (T_1) unterschritten, sodass der folgende Leistungstransistor (T_2) das Gerät im Arbeitsstromkreis abstellt. Die Entladungsdauer von C wird durch einen Parallelwiderstand (R_4) eingestellt.

2 Kleinventilator mit Zeitschalter

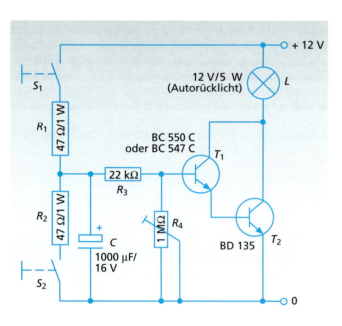

1 Zeitschalter

Schaltung einstellen
Arbeitsmittel: Stoppuhr
▶ Stelle zunächst R_4 so ein, dass der Schleifer in der Mitte steht. Drücke dann kurz Taster S_2. Drücke danach Taster S_1 und miss die Leuchtdauer der Lampe in Sekunden.
▶ Stelle Poti R_4 so ein, dass sein wirksamer Widerstand 1 MΩ beträgt. Schließe dann C mit S_2 kurz. Betätige S_1 und miss wie zuvor mit der Uhr, wie lange die Lampe leuchtet.
▶ Stelle nun anhand weiterer Stellungen des Schleifers ($\frac{1}{4}$ und $\frac{3}{4}$) eine kleine Tabelle auf, sodass die Leuchtdauer für eine praktische Anwendung minutengenau eingestellt werden kann.

Schaltung weiterentwickeln
▶ Vergrößere die Abschaltdauer durch eine Parallelschaltung eines Elko an C (z. B. mit 470 µF oder 1000 µF).
▶ Ersetze T_1 durch den Darlingtontransistor BC 517 und ermittle mit der Stoppuhr, wie groß die Leuchtdauer der Lampe für C = 1000 µF ist.

C B E
Anschlussbild des BC 550, BC 547 und BC 517

E C B
Anschlussbild des BD 135

Tipp:
Versuch 9, Seite 36

Stichworte:
RC-Glied, Darlington

Analyse der Schaltung
Überlege:
● Welche Funktion haben die beiden Taster S_1 und S_2? Darf man sie beide gleichzeitig drücken?
● Wie ist das Poti R_4 einzustellen, damit die Leuchtdauer der Lampe möglichst groß wird?
● Warum wurde eine Darlingtonschaltung verwendet?
● Welche Schutzfunktionen haben die Widerstände R_1, R_2 und R_3?

Umschaltverzögerung: Intervalltimer

Arbeitsauftrag
Um in gleichen Zeitabständen z. B. einen Messwert ablesen zu können, soll ein Gerät hergestellt werden, das jeweils nach Ablauf einstellbarer Zeitintervalle automatisch einen Signalton abgibt.

Kurzbeschreibung der Funktion
Eine RC-Kombination mit Poti sorgt für einstellbare Zeiten. Mit den vorgeschlagenen Werten sind Intervalle von 2 bis zu 15 Minuten möglich.
Der Aufladestrom des Kondensators durchfließt den Summer und den Ruhekontakt des Relais. Dabei wird ein Signalton erzeugt.
Wenn die Ladespannung des Kondensators eine bestimmte Höhe übersteigt, öffnet die Zenerdiode (Z-Diode) in Sperrrichtung. Diese Spannung bringt den Transistor in den Einschaltzustand. Da der Relaisschalter nun wechselt, übernimmt der Kondensator die Versorgung der Basis mit Steuerspannung. Die Z-Diode ist in dieser Schalterstellung überbrückt und ohne Funktion.

Intervall:
Regelmäßiger zeitlicher Abstand zwischen Geschehnissen

Stichwort:
Zenerdiode

Analyse der Schaltung
Deine Aufgabe ist es, die vier Schaltzustände
- Einschaltvorgang
- „Zenerspannung überschritten"
- T EIN – Haltezustand
- T AUS – Signal-Ladezustand

zu skizzieren und hinsichtlich der Änderung von Strom und Spannung zu analysieren. Fragen dazu findest du auf den Seiten 88 und 89.

Aufbautipps
Als Z-Diode wird eine ZD 4,7 empfohlen. Längere Intervalle können durch Vergrößern des Kondensatorwerts erreicht werden. Mit einem C von 1000 µF sind Zeiten von 4 Minuten bis zu einer halben Stunde möglich. Die Potiwelle erhält einen Drehknopf mit Markierung zum Erkennen der Stellung des Drehwinkels.

Schaltung einstellen
▶ Miss die Zeitintervalle und die Kollektor-Emitter-Spannung.
▶ Befestige eine provisorische Papierskala um den Drehknopf, markiere jeweils die Stellung und das gemessene Zeitintervall. Mit einigem Zeitaufwand entsteht so eine Skala, die noch „ins Reine" gezeichnet werden muss.
▶ Beobachte den Spannungsanstieg zwischen Potential 6 und Nullpotential. U_{CE} steigt hier langsam bis zum Sperren des Transistors an.

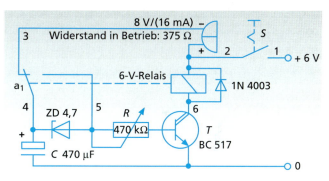

3 Intervalltimer

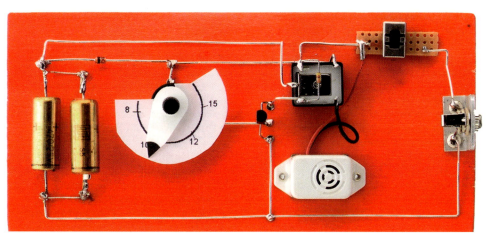

4 Intervalltimer: Probeaufbau

Tipp:
Entwicklung einer Platine siehe Seite 92

Objekte herstellen

Schwellwertschaltung: Gießautomat

Arbeitsauftrag
Es soll eine Anlage hergestellt werden, die folgendes Problem löst: „Für einige Tage soll eine Pflanze aus einem Vorratsgefäß bewässert werden. Das Gießen soll dem Wasserbedarf der Pflanze angepasst sein."

Kurzbeschreibung der Funktion
Der Grad der Trockenheit der Pflanzenerde wird als ohmscher Widerstand durch einen geeigneten Fühler erfasst. Ein zweistufiger Verstärker reagiert auf die Spannungsänderung des Fühlers bei einem voreingestellten Punkt und betätigt über ein Relais eine 12-V-Tauchpumpe.

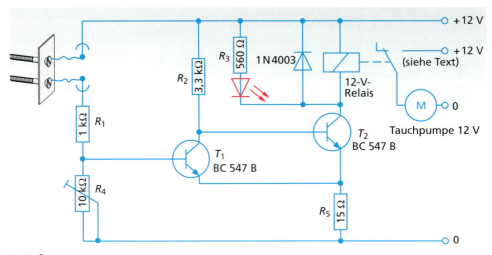

1 Gießautomat

Hilfen zu speziellen Funktionen
In dieser Schaltung wirkt eine Baugruppe, die zwei Bedingungen erfüllen muss, nämlich:
1. „Wenn das Eingangssignal vorhanden ist, dann ausschalten."
   Das Eingangssignal entsteht durch den geringeren Widerstand der feuchten Erde. Das bedeutet jedoch: Relais und Pumpe AUS! Die Schaltung muss also das positive Eingangssignal „nass" in ein negatives Ausgangssignal „Ausschalten" wandeln und umgekehrt.

2. „Das Ein- und Ausschalten muss schlagartig erfolgen."

Der Schaltpunkt rückt schleichend näher, denn das Abtrocknen der feuchten Erde geschieht über einen langen Zeitraum. Transistoren und das Relais kämen ohne besondere Schaltmaßnahme über längere Zeit in einen halb eingeschalteten Zwischenzustand. Das Relais würde zappeln und den Pumpenmotor zum Stottern bringen. Der Emitterwiderstand R_5 verhindert das jedoch auf sehr wirksame Weise.

Tipp:
Versuch 10, Seite 37, und Versuch 13, Seite 39

Stichworte:
Sensoren, Schmitt-Trigger, Negation

Analyse der Schaltung
Um die Schaltung genau zu verstehen, solltest du sie anhand der Fragen auf den Seiten 88 bis 91 untersuchen. Hilfreich sind auch die Angaben zu „Schaltpläne lesen" auf den Seiten 14 und 15.

Aufbautipps
Die Elektroden des Messfühlers müssen aus nicht rostendem Material sein, weil sie in der Feuchtigkeit der Pflanzenerde oxidieren und korrodieren würden. Es werden 2 Schrauben M4 x 30 aus nicht rostendem Stahl empfohlen. Für einfache Versuche könnten auch Kohlestäbchen mit lötbarem Anschlusskopf aus einer alten Monozelle dienen. Das Aufsägen und Herauslösen ist allerdings eine ziemlich schmutzige Arbeit, die nur mit Erlaubnis erledigt werden sollte.

Wenn Elektronik und Motor zusammen an einer einzigen Spannungsquelle betrieben werden sollen, so muss diese stabil sein, weil ein Schwanken der Betriebsspannung beim Einschalten oder bei laufendem Motor die Elektronik ungünstig beeinflusst.

Der Messfühler sollte zum Einstellen lösbar und für den praktischen Gebrauch mit Stecker (z. B. 3,5-mm-Monoklinkenstecker und entsprechende Buchse im Gerät) versehen sein. Eine kleine Halterung hält die Messfühlerelektroden auseinander und verhindert, dass sie sich berühren (Abb. 2).

Die LED mit Vorwiderstand parallel zum Relais erleichtert die Einstellarbeiten, weil das Aufleuchten den aktivierten Zustand des Relais anzeigt.
Die Tauchpumpe ist bei den Vorarbeiten noch nicht angeschlossen.

Schaltung einstellen
Es ist schwierig, den Widerstand feuchter oder trockener Erde zu ermitteln. Abstand, Oberfläche und Andruck der Elektroden, der pH-Wert der Erde sowie die galvanische Wirkung des Sensorstroms beeinflussen das Messergebnis. Als Faustregel kannst du – bei dem beschriebenen Sensor – ausgehen von 40 kΩ „nass" und über 80 kΩ „trocken", d. h. „gießen".

Arbeitsmittel:
Klemmbares Potentiometer 500 kΩ als Messpoti vorbereiten, DMM, Wassergefäß, trockene Pflanzenerde, 12-V-Pumpe

Arbeitshinweise – Schaltung einrichten
▶ Messfühler abklemmen/ausstecken.
▶ Messpoti mit DMM auf ca. 50 kΩ einstellen.
▶ Messpoti anstelle des Messfühlers anklemmen; Elektronik einschalten.
▶ R_4 (Trimmpoti) justieren, bis Relais gerade abfällt, LED ist AUS (Stellung „nass").
▶ Ausschalten, R_4 bleibt so eingestellt, Messpoti auf 0 Ω drehen.
▶ Einschalten, Messpoti langsam aufdrehen, bis Relais anzieht, LED leuchtet, d. h. Erde ist „trocken".
▶ Messpoti abklemmen und mit Ohmmeter nachprüfen, sein Widerstand sollte um 80 kΩ liegen.
Die sichere Funktion der Schaltung ist damit festgestellt.

Arbeitshinweise – Feinjustierung
▶ R_4 in der Stellung belassen.
▶ Messpoti abklemmen und dafür das Messfühlerpaar einsetzen.
▶ Pumpe anschließen, Gießwasser bereitstellen.
▶ Schaltpunkte überprüfen: Eintauchen der Elektroden in Wasser = AUS; Einstecken in trockene Erde = EIN.

Tipp:
Potentiometer mit angelöteten Klemmen

Objekte herstellen

2 Gießautomat: Probeaufbau mit Messfühler

Tonverstärker: Sprechanlage

1 Ausprobieren der Sprechanlage

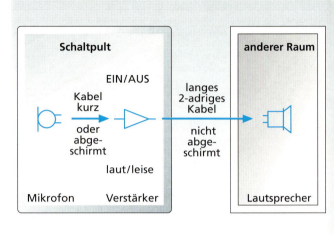

2 Schema einer elektronischen Einweg-Sprechanlage

Arbeitsauftrag
Baue eine Sprechanlage für den Hausgebrauch. Mit der Anlage soll über eine Leitung eine Botschaft in guter Tonqualität in einen weiter entfernten Raum übertragen werden können.

Kurzbeschreibung der Funktion
Die kleinen Mikrofonspannungen werden in der Vorstufe vom Transistor verstärkt. Diese Spannungsverstärkung reicht aber noch nicht aus, um eine genügende Lautstärke zu erhalten. Daher wird noch eine IC-Endstufe nachgeschaltet.

▶ Informiere dich über den Transistor als Verstärker (Seite 120).
▶ Schaue im Buch nach, wie ein Audio-Endstufen-IC aufgebaut ist (Seite 121).

Analyse der Schaltung
Beantworte mithilfe des Infoteils:
- Welche Funktion hat die Vorstufe mit dem Transistor?
- Welcher Widerstand stellt den Arbeitspunkt der Vorstufe ein?
- Wie ist die Vorstufe mit der Endstufe gekoppelt?
- Warum werden keine Einzeltransistoren in der Endstufe verwendet?
- Welche Funktion hat C_4? Siehe hierzu Seite 121.
- Warum ist in Reihe zum Elektretmikrofon ein Widerstand geschaltet? Siehe hierzu Seite 109.

Arbeitshinweise
▶ Stelle die Platine nach dem Platinenvorschlag der folgenden Seite und den Anweisungen auf Seite 93 her. Lege dabei den Film so auf die Fotoplatine, dass SPA (Sprechanlage) seitenrichtig lesbar ist.
▶ Löte bei einem abgeschirmten Mikrofonkabel das Geflecht an den Minusanschluss (in –).

abgeschirmtes Mikrofonkabel

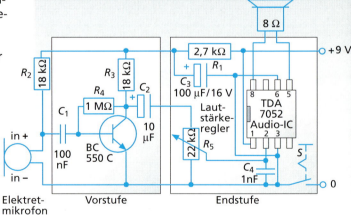

3 Schaltplan einer Einweg-Sprechanlage

Anwendungshinweis
Die Einweganlage kannst du auch als interessanten E-Smog-Detektor (Gerät zum Aufspüren von elektromagnetischen Wechselfeldern) verwenden, wenn du anstelle des Mikrofons eine 12-V-Relaisspule (ohne Anker) anschließt.

4 Stadionsprecher

Aufbautipps
- Benutze einen mindestens 10 cm großen Lautsprecher mit 1…4 Watt Leistung. Miniaturlautsprecher führen zu Verständigungsschwierigkeiten bei der Empfangsstelle.
- Wenn du den Abstand zwischen Mikrofon und Lautsprecher zu kurz wählst, kommt es zur akustischen Rückkopplung (unangenehm hohes und lautes Pfeifen im Lautsprecher). Befinden sich Mikrofon und Lautsprecher in verschiedenen Räumen, tritt der Effekt nicht auf.
- Ist die Mikrofonleitung nur etwa 10 cm lang, benötigt man kein abgeschirmtes Kabel.
- Ein dem Verstärker zu nahe liegendes Steckernetzgerät verursacht einen starken Netzbrummton im Lautsprecher.
- Für eine Zweiweganlage (Gegensprechanlage) benötigst du zwei Platinen.

Alternative zum Ätzen
Der Platinenvorschlag ist so gearbeitet, dass die weißen Isolationskanäle auch mit einer Schul-CNC-Maschine herausgefräst werden können. Hierbei wird mit einer Fräserbreite von ca. 0,7 mm gearbeitet und die Bohrungen werden angetippt. Danach werden die 1-mm-Bohrungen mit einer kleinen Bohrmaschine fertiggestellt. Lötösenstifte benötigen 1,3-mm-Bohrungen.

5 Ätzplatine (50 x 60) – Kupferseite

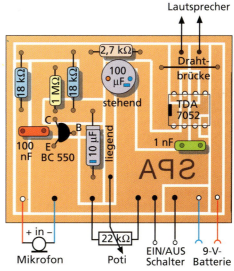

6 Bestückungsplan der Sprechanlage

Sicheres Experimentieren mit elektronischen Bauteilen

Spannung

Bei allen Schaltungen darf die **Sicherheits-Kleinspannung von 24 Volt** keinesfalls überschritten werden. Kleinspannung aus 230 V~ darf nur mit einem Netzgerät mittels Transformator-Gleichrichter-Kombination erzeugt werden.

Die Polung und die Voltzahl der Spannungsquelle und der Anschlüsse an Schaltungen und Geräten müssen unverwechselbar gekennzeichnet sein. Irrtümer führen zu Defekten in elektronischen Schaltungen.

Beachte:

Netz-Wechselspannung 230 V~

Du darfst auf keinen Fall Schaltungen mit 230 V~ aufbauen!

Selbst einfache Reparaturen an Netzsteckern darfst du nicht ausführen!

Repariere niemals 230-V-Geräte! Nur ausgebildete Fachleute dürfen Reparaturen an Netzgeräten vornehmen!

Der Umgang mit elektronischen Bauteilen

Alle elektronischen Bauteile besitzen einen Höchstwert für die angelegte Spannung, die Stromstärke und die Wärmebelastung.
Außerdem sind viele Bauteile „gepolt", müssen also mit ihren Anschlüssen zur richtigen Spannungsseite liegen. Falsche Polung führt häufig zur sofortigen Zerstörung.

Transistoren und Dioden sollen beim Einlöten so kurz wie möglich erhitzt werden. Das Halten der Anschlussfüße mit einer Zange zur Wärmeableitung ist die beste Vorsichtsmaßnahme beim Einlöten.

Messinstrumente

Für fast alle Versuche und zum Einstellen der Schaltungen wird ein Digitalmultimeter (DMM) vorgeschlagen. Dieses Messgerät ist als Spannungsmesser (Voltmeter), als Widerstandsmesser (Ohmmeter) und als Stromstärkemesser (Amperemeter) einsetzbar.

Beachte:
- Als **Spannungsmesser** geschaltet: Mit einer höheren Skaleneinstellung beginnen, dann eventuell herunterschalten.
- Als **Widerstandsmesser** geschaltet: Niemals in spannungsführenden Schaltungen messen! Eingelötete Widerstände bilden meist mit weiteren Bauteilen Parallelwiderstände und sind so nicht eindeutig zu messen.
- Als **Stromstärkemesser** geschaltet: Besondere Vorsicht walten lassen! Immer mit dem höchsten Messbereich beginnen. Wird versehentlich zu hohe Spannung berührt, durchzieht ein kurzschlussartiger Strom das Messgerät und zerstört im günstigsten Fall nur die Gerätesicherung. Im Zweifelsfall um Lehrerkontrolle bitten!

Anfänger und Fortgeschrittene

Arbeite dich mit Geduld durch die Versuchsschaltungen! Ein Vorpreschen in aufwendige Schaltungen bringt mit Sicherheit unnötigen Misserfolg, denn reichlich Gelegenheit für Irrtümer bieten:
– Platinenlayout und Verdrahtung
– Lötstellen
– Aufbau
– Bauteileauswahl
– Polung
– Abstimmung
– Betriebsspannung

Alle vorgeschlagenen Schaltungen mit zwei und mehr Transistoren sind keine Anfängerschaltungen, sondern verlangen Vorübung im Umgang, im Aufbau und im Einstellen von Schaltungen.

Versuche zum Spannungsteiler

Versuch 1:
Unbelasteten Spannungsteiler untersuchen

Begründung
Das Verständnis des Spannungsteilers ist für das Arbeiten mit elektronischen Schaltungen sehr wichtig. Dieser Versuch wird allen empfohlen, die das Thema „Spannungsteiler" noch nicht behandelt oder wieder vergessen haben.

Teilspannung: wird auch als „Spannungsabfall" bezeichnet; manchmal auch als „Spannung am Verbraucher".

Zielsetzung
Die Teilspannungen (Potentialdifferenzen) über den Teilwiderständen sollen erfasst und mit der Gesamtspannung verglichen werden. Außerdem ist das Verhältnis der Teilwiderstände und der zugehörigen Teilspannungen durch einen Versuch zu ermitteln.

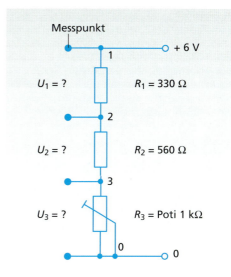

1 Unbelasteter Spannungsteiler

Nr.	R_1	U_1	R_2	U_2	R_3 = Poti 1 kΩ	U_3	U_{ges}	U_1/U_2	R_1/R_2	U_1/U_3	R_1/R_3	U_2/U_3	R_2/R_3
1	330 Ω		560 Ω		500 Ω		6 V						

Hypothesen
Paolo: „Die Summe der Teilspannungen ist sicher kleiner als die Gesamtspannung!"
Anna: „Also, ich meine, U_1 bis U_3 gibt wieder 6 Volt!"
Olli: „Zusammenhänge zwischen R und U kann man nur messen, nicht berechnen!"
Und eure Vermutungen?

Aufbau
Baut die Schaltung geräumig auf. Richtet die Messpunkte an den vier Potentialen so ein, dass Messleitungen sicher anzuklemmen oder einzustecken sind.

Arbeitsmittel: DMM, Messleitungen mit Abgreifklemmen, LED, vorbereitetes Protokoll als Tabelle

Durchführung
▶ Gesamtspannung 6 V möglichst genau einstellen.
▶ Teilspannungen zwischen den Potentialen 1 und 2, 2 und 3 sowie 3 und 0 messen und notieren.
▶ Stellt das Poti neu ein, ermittelt seinen Widerstand, messt jeweils U_1, U_2 und U_3 und haltet diese Werte in der Tabelle fest.

Auswertung
● Addiert die Messwerte der Teilspannungen und vergleicht sie mit der Betriebsspannung.
● Bildet jeweils das Verhältnis der Teilspannungen und der zugehörigen Widerstände. Was stellt ihr fest?
● Versucht mit der Schaltung in Abb. 2 die LED auf 0 Volt zu bringen.

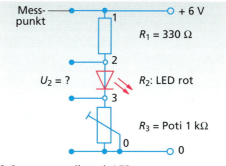

2 Spannungsteiler mit LED

Erkenntnisse und Anwendungen
Formuliert Merksätze zu den Ergebnissen eurer Auswertung. Legt eine Faustregel fest, etwa so: „Über dem kleineren Widerstand entsteht die ... Teilspannung, über dem größeren Widerstand die ... ."

Versuche zum Spannungsteiler und zur Schaltverzögerung

Versuch 2:
Belasteten Spannungsteiler untersuchen

Begründung und Zielsetzung
Die Anordnung des belasteten Spannungsteilers wählt man meist, wenn ein Verbraucher für niedrige Spannung an einer Spannungsquelle mit höherer Spannung betrieben werden soll (oder muss).
Untersucht, wie sich ein belasteter Spannungsteiler verhält.

Hypothesen
Bildet Hypothesen und stellt die Unterschiede zum unbelasteten Spannungsteiler aus Versuch 1 fest.

Aufbau
Baut die Schaltung aus Versuch 1 so um, dass die Messpunkte gut erreichbar sind. Besorgt euch die **Arbeitsmittel:** DMM, Messleitungen mit Abgreifklemmen, LED, vorbereitete Tabelle ähnlich wie bei Versuch 1, Taschenrechner.

Durchführung
▶ Untersucht zunächst das Verhalten der LED mit der Schaltung in Abb. 1.
▶ Baut dann anstelle der LED den $R_3 = 560\,\Omega$ ein (Abb. 2).
▶ Bringt das Poti in Mittelstellung, messt die Teilspannungen und notiert sie.
▶ Entfernt R_3, messt U_3 nochmals.
▶ Schaltet erst die Spannungsquelle ab!
▶ Messt dann mit dem DMM als Ohmmeter den unteren Teil des Poti (Potentiale 3 und 0).

Auswertung
● Wie erklärt sich das (unterschiedliche) Verhalten der LED gegenüber Versuch 1?
● Wie erklärt sich die höhere Teilspannung U_3 nach Entfernen des R_3?
● Mit U_3 kann der Parallelwiderstand R_{par} aus dem unteren Potiteil und R_3 berechnet werden:

$$\frac{R_{par}}{U_3} = \frac{R_1}{U_1}$$

nach Umstellung:

$$R_{par} = \frac{R_1 \cdot U_3}{U_1}$$

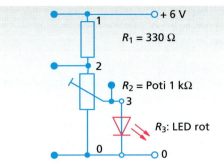

1 ... lässt sich die LED so auf 0 Volt bringen?

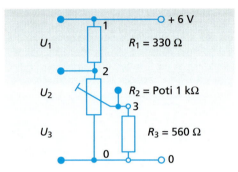

2 Belasteter Spannungsteiler

Erkenntnisse und Anwendungen
Notiert eure Erkenntnisse etwa so:
● „Ein belasteter Spannungsteiler verhält sich genauso wie(?) / anders als(?) ein unbelasteter Spannungsteiler."
● „Je größer der Belastungswiderstand im Vergleich zum parallel geschalteten Spannungsteiler-Widerstand ist, desto größer(?) / kleiner(?) ist sein Einfluss auf die Teilspannungen."

Schaue im Buch nach, wo Spannungsteiler bei den elektronischen Schaltungen zu finden sind, und erkläre ihre Wirkungsweise.

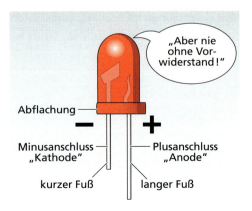

Versuch 3:
Durchlassspannung von Dioden ermitteln

Zielsetzung
Mit Teilversuch a) soll untersucht werden, welche Mindestspannung Dioden benötigen, um leitend zu werden. Mit Teilversuch b) wird untersucht, ob sich bei zwei Dioden in Reihe diese Mindestspannung erhöht oder nicht.

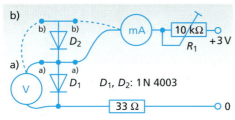

3 Versuchsaufbau

Arbeitsmittel: 2 DMM, vorbereitete Grafik:
x-Achse: Spannung über D_1 in V,
y-Achse: Stromstärke in mA.

Durchführung
▶ Baut die Schaltung nach Abb. 3 a) auf.
▶ Stellt mit dem Poti R_1 die kleinste Spannung über D_1 ein. Erhöht diesen Messwert in Schritten der x-Achse und notiert die zugehörige Stromstärke.
▶ Schaltet die zweite Diode nach Abb. 3 b) dazu; ermittelt die erforderliche Durchlassspannung für etwa 15 mA.

Auswertung
Erklärt das Ergebnis von Versuch b).

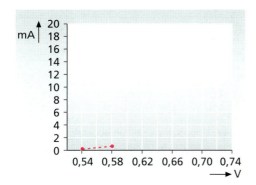

4 Vorschlag für die grafische Darstellung

Versuch 4:
Kondensatorverhalten im Gleich- und Wechselstromkreis ermitteln

Zielsetzung
Ihr sollt das unterschiedliche Verhalten von Kondensatoren bei verschiedenen Stromarten herausfinden.

Arbeitsmittel: Netzgerät für Gleich- und Wechselstrom (5 V), 3 Elkos (10, 47 und 220 µF), Lampe 3,8 V/0,07 A.

Durchführung
a) Baut die abgebildete Schaltung auf. Betreibt die Anordnung mit 5 V Wechselspannung. Macht hier (wie auch in den folgenden Versuchsteilen) eine Angabe über die Lichtstärke der Lampe.
b) Überbrückt den Kondensator durch eine Messleitung mit Abgreifklemmen und notiert euch die Lichtstärke der Lampe beim Betrieb mit 5 V Gleichspannung.

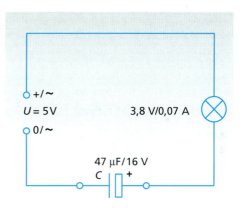

5 Kondensator im Gleich- und Wechselstromkreis

c) Ersetzt C durch einen Kondensator mit zuerst 10 µF, dann mit 220 µF und wiederholt die Versuchsteile a) und b).

Auswertung

Kapazität	Lichtst. 5 V =	Lichtst. 5 V ~
10 µF		
47 µF		
220 µF		

Unter welchen Bedingungen leuchtet die Lampe am hellsten?

Versuche mit Transistoren

Versuch 5:
Steuer- und Arbeitsstromkreis eines Transistors untersuchen

Begründung und Zielsetzung
Relais können zum Schalten und Verstärken von Strömen und Spannungen eingesetzt werden. Man bezeichnet sie deshalb als Schaltverstärker.
Auch Transistoren kann man als Schaltverstärker verwenden. Sie haben aber nur drei Anschlüsse für den Steuer- und den Arbeitsstromkreis und sie haben ganz andere Schalteigenschaften als Relais.
Bei diesem Versuch könnt ihr in Partnerarbeit ermitteln, wie ein Transistor als Schaltverstärker verwendet werden kann.

Vorbereitung
Montiert den Transistor in der Mitte der Experimentierplatte so, wie es Abb. 1 zeigt. Vertauscht nicht die Anschlüsse, die mit Basis (B), Kollektor (C) und Emitter (E) bezeichnet werden. Haltet euch bei den folgenden Anweisungen genau an den Aufbau, damit der Transistor nicht zerstört wird.

Durchführung
Nach Abb. 1 wird der Emitter mit dem Minuspol und der Kollektor über die Lampe mit dem Pluspol der Spannungsquelle verbunden. Was stellt ihr fest?

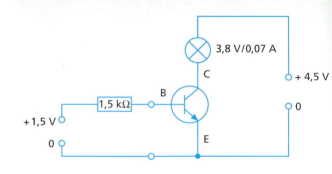

2 Ergänzung des Steuerstromkreises

Ergänzt den Steuerstromkreis wie in Abb. 2. Hierzu wird vor die Basis ein Widerstand geschaltet, der die Stromstärke verringert. Fehlt dieser Vorwiderstand, kann der Transistor Schaden nehmen. Die Basis ist über diesen Widerstand mit dem Pluspol einer zweiten Spannungsquelle verbunden und deren Minuspol mit dem Emitter.

Auswertung
Übertragt das Schaltbild von Abb. 2 in die Technikordner. Kennzeichnet den Steuerstromkreis mit einem blauen und den Arbeitsstromkreis mit einem roten Schreibstift.

- Was fällt euch auf?
- Wie verhalten sich die Stromstärken zueinander?
- Wie unterscheidet sich das Schaltverhalten von Relais und Transistor?
- Welchen Vorteil und welchen Nachteil haben Transistoren im Vergleich zu Relais?

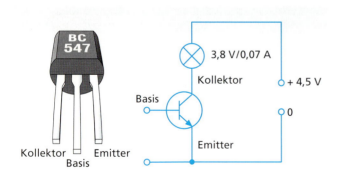

1 Anschlussbild und Aufbau des Arbeitsstromkreises

Arbeitsmittel: Transistor BC 547; Widerstand 1,5 kΩ; Lampe 3,8 V/0,07 A; Fassung für die Lampe; 2 Spannungsquellen (1,5 V und 4,5 V); Experimentierplatte; Schaltdraht

Versuch 6:
Ströme und Spannungen bei einer Emitterschaltung untersuchen

Untersucht die Ströme und Spannungen bei einer Transistorschaltung.

Durchführung und Auswertung
- Übertragt die Schaltung von Abb. 3 und die Tabelle von Abb. 4 in euren Technikordner.
- Baut die Schaltung nach Abb. 3 auf und legt zwei Digitalmultimeter bereit.
- Messt die Spannungen und tragt die Ergebnisse in eure Tabelle ein.
- Messt die Stromstärken. Erinnert ihr euch, dass der Stromkreis geöffnet werden muss, um die Stromstärke messen zu können? Notiert die Messergebnisse.
- Verwendet die Messergebnisse für die Berechnung nach Abb. 4. Man bezeichnet den Quotienten aus Arbeitsstrom (Kollektorstrom) und Steuerstrom (Basisstrom) als Gleichstromverstärkungsfaktor B. Berechnet diesen Faktor.
- Interpretiert die Ergebnisse.

Versuch 7:
Darlingtonschaltung untersuchen

Bei diesem Versuch könnt ihr eine einfache schaltungstechnische Kombination von zwei und drei Transistoren untersuchen.

Bei der Schaltkombination nach Abb. 5 entspricht der Emitterstrom von T_1 dem Basisstrom von T_2. Was wird durch diese Anordnung erzielt?

Durchführung und Auswertung
- Übertragt die Schaltung von Abb. 5 und die Tabelle von Abb. 4 in euren Technikordner.
- Baut die Schaltung auf und legt zwei Digitalmultimeter bereit.
- Messt die Spannungen und Stromstärken und tragt die Ergebnisse in die Tabelle ein.
- Verwendet die Messergebnisse für die Berechnungen nach Abb. 4.
- Entfernt den Widerstand R_1 und überbrückt die Drahtenden durch Fingerkontakt über eine Schülerkette. Was stellt ihr fest?
- Schaltet drei Transistoren hintereinander. Wie empfindlich ist nun diese Schaltung? Ist es sinnvoll, diese Schaltung auf vier Transistoren zu erweitern?

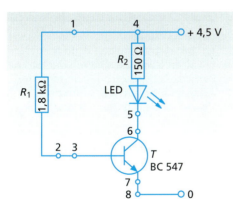

3 Messen von Strömen und Spannungen bei einer Transistorschaltung

Spannung an	U in V	Stromstärke an	I in mA	
1–3	$U_{RB}=$	2–3	$I_B=$	
3–7	$U_{BE}=$	5–6	$I_C=$	$U_{CE}+U_{RC}=$
4–6	$U_{RC}=$	7–8	$I_E=$	$U_{BE}+U_{RB}=$
6–7	$U_{CE}=$			$I_B+I_C=$
4–8	$U=$			$I_C:I_B=$

4 Messtabelle und Berechnungen

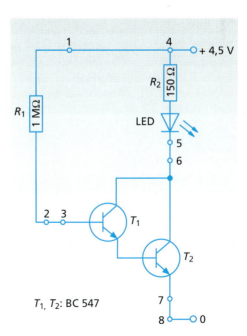

5 Stromverstärkung mit mehreren Transistoren

Versuche mit Transistoren

Versuch 8:
Hellschaltung mit Basisspannungsteiler untersuchen

Ihr sollt die Höhe der Basisspannung U_{BE}, bei der der Transistor durchschaltet, im Versuch ermitteln. Außerdem soll durch Vergleich von Steuerstrom I_B und Arbeitsstrom I_C der Gleichstromverstärkungsfaktor B dieser Schaltung berechnet werden. Dazu sind 2 Digitalmultimeter erforderlich.

Versuch 9:
Verzögerungsschaltung mit einem RC-Glied untersuchen

Mit einer großen Kapazität C wird der Ankerabfall eines Relais verzögert. Ermittelt sein Zeitverhalten.

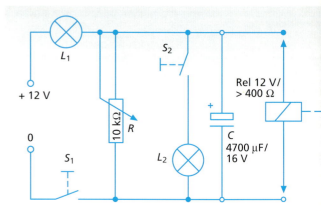

2 RC-Glied

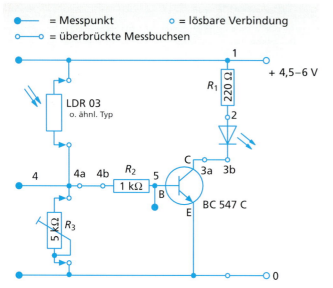

1 Hellschaltung/Dunkelschaltung

Aufbautipps
- Benutzt zum Versuch nach Abb. 2 für S_1 einen Taster mit grün markiertem Knopf (C wird geladen) und für S_2 einen Taster mit rot markiertem Knopf (C wird entladen).
- Verwendet am besten Autolampen (12 V/2…5 W), da sie preiswert sind.
- Benutzt für die Zeitmessungen eine Armbanduhr mit Stoppfunktion.
- Verwendet ein möglichst hochohmiges Relais.

Durchführung
Überbrückt die Verbindungen bei den Potentialen 3a–3b (Messpunkte Kollektorstrom) und 4a–4b (Messpunkte Basisstrom) so, dass sie leicht zu lösen sind, um die Messleitungen der DMM anzuklemmen.
▶ Messt U_{BE} beim Einschaltpunkt und beim Ausschaltpunkt.
▶ Messt I_C und I_B im durchgeschalteten Zustand.
▶ Tauscht Poti R_3 und LDR zur „Dunkelschaltung" aus und wiederholt die Messungen.
▶ Setzt die LED vom Kollektor (Potential 3) nach 0 (R_1 bleibt an 1–3b).

Durchführung und Auswertung
▶ Stellt R zunächst auf den maximalen Widerstand ein. Stellt bei der nächsten Zeitmessung (Laden – Relaisabfall) den Schleifer in die Mitte.
▶ Ladet nach Abb. 2 einen Elko mit hoher Kapazität (polrichtig!) über S_1 auf.
▶ Stellt die Zeitverzögerung beim Ankerabfall fest (auf Relaisklicken achten).
▶ Untersucht, um wie viel sich die Abfallzeit verkleinert, wenn für C ein Elko mit 2200 µF eingesetzt wird.
▶ Klärt, was zutreffend ist:
Je größer(?) / kleiner(?) R und C sind, desto länger(?) / kürzer(?) ist die Verzögerungszeit.

Auswertung
$B = \dfrac{I_C}{I_B}$
- Berechnet den Verstärkungsfaktor B.
- Überlegt: Wozu könnte man die Schaltungsvariationen einsetzen?

Versuche mit gekoppelten Transistoren

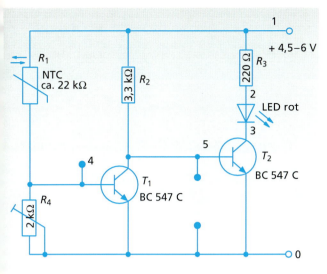

3 Spannungsverstärker

Versuch 10:
Spannungsverstärker mit Signalumkehr untersuchen

Ihr sollt eine Schaltung nach Abb. 3 ausprobieren, die schon auf geringste Änderung der Eingangsgröße (Temperatur) reagiert.

Durchführung
Zum Messen von U_{BE1} und U_{BE2} ist ein Digitalmultimeter vorteilhaft.
Mit dem Poti wird die Schaltung knapp vor den Schaltpunkt gesetzt, sodass schon das kurze Berühren des NTC zum Umschalten führt.

Auswertung
Eine Tabelle sorgt für Überblick:

NTC	U_{BE1}	T_1	U_{BE2}	T_2	LED
„kalt"	< 0,68 V	AUS	> 0,68 V	EIN	leuchtet
„warm"					

Versuch 11:
Bistabile Kippstufe untersuchen

Zielsetzung und Hypothesen
Bistabile Kippstufen sind wichtige Speicherglieder. Versucht herauszufinden, wie sie funktionieren.
Angenommen, der Transistor T_1 schaltet wegen herstellungsbedingter Toleranzen zuerst durch. Welchen Schaltzustand nimmt dann T_2 ein? Begründet eure Antwort!
Welche Schaltzustände nehmen die Transistoren T_1 und T_2 ein, wenn ihr den Taster S_1 drückt und wieder loslasst? Was geschieht bei den Transistoren T_1 und T_2, wenn ihr den Taster S_2 drückt und anschließend wieder loslasst?
Fließt Strom durch die Leuchtdiode LED_1, wenn T_2 durchschaltet?

Durchführung
- Baut die Schaltung auf und überprüft eure Vermutungen.
- Messt die Ströme durch die Leuchtdioden LED_1 und LED_2 bei verschiedenen Schaltzuständen.
- Messt die Spannungen an den Transistoren zwischen C–E und B–E.
- Notiert die Ergebnisse in eurem Technikordner.

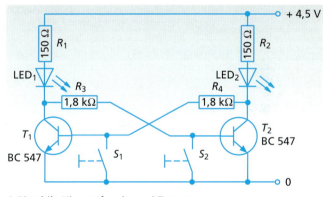

4 Bistabile Kippstufe mit zwei Tastern

Auswertung
Zeichnet die Schaltung in euren Ordner und beschreibt die verschiedenen Schaltzustände.

Erweiterung
Ersetzt einen der beiden Taster durch einen Reißdraht. Kann die Schaltung als Alarmanlage verwendet werden? Wie könnte sie funktionieren?
Könnt ihr die Schaltung so verändern, dass die Schaltimpulse durch Fingerkontakt oder durch Unterbrechen einer Lichtschranke eingegeben werden können?

Versuche mit gekoppelten Transistoren

Versuch 12:
Astabilen Multivibrator (AMV) untersuchen

Der astabile (unstabile) Multivibrator, auch kurz AMV genannt, wird in der Elektronik sehr häufig in verschiedenen Varianten benutzt.

Ihr sollt anhand der aufgebauten Schaltung die Funktionsweise und Variationsmöglichkeiten des AMV kennen lernen.

Arbeitsmittel: Kopfhörer, Oszilloskop

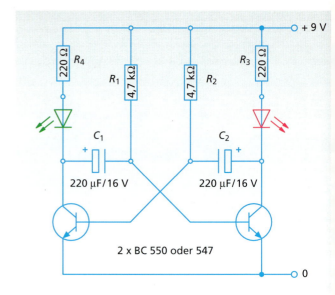

1 Blinkschaltung mit Leuchtdioden

Durchführung
▶ Probiert die Schaltung zunächst mit den angegebenen Kapazitätswerten aus, dann mit doppelt so großen.
▶ Probiert andere Widerstandskombinationen von R_1 und R_2 aus (aber nicht unter 1 kΩ gehen!). Experimentiert dabei auch mit unterschiedlichen Betriebsspannungen (4,5…12 V).
▶ Ersetzt dann die rote LED durch einen Kopfhörer. Die Kapazitäten sollen dabei kleinere Werte sein (zunächst z. B. 1 µF, dann 47 nF).

Auswertung
▶ Ergänzt den Satz: Je größer C und je größer R ist, desto … ist die Blinkfrequenz.
▶ Bildet das Produkt von $0{,}7 \cdot R_2 \cdot C_2$ und vergleicht das Ergebnis mit der Blinkdauer der grünen LED (R in Ω, C in F; Produkt in s).
▶ Ergänzt den Satz: Je kleiner C und R ist, desto … ist der Ton im Kopfhörer.
▶ Wie wirken sich unterschiedliche Widerstände R (1, 2) und Betriebsspannungen beim Blinken oder bei Tönen aus?
▶ Ersetzt eine LED durch einen Widerstand mit 100 Ω. Welcher der Widerstände ist für die Leuchtdauer zuständig? Wozu kann die Schaltung benutzt werden?

Versuche erweitern
▶ Warum wirken beim Tongenerator die Töne „künstlich"?
Schließt hierzu parallel zu einer LED einen Kopfhörer und ein Oszilloskop an und vergleicht die Kurvenform mit der bekannten Wechselstromkurve (Sinuskurve).

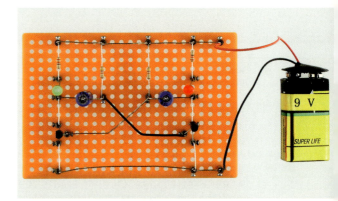

2 Aufbau der AMV-Schaltung

3 Warnblinkleuchten an einer Autobahnbaustelle

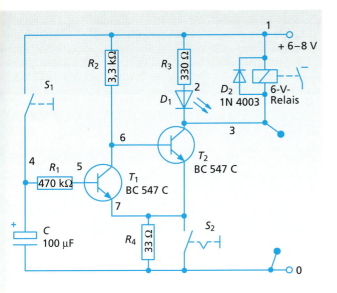

4 Schmitt-Trigger: Versuchsschaltung

Versuch 13:
Schmitt-Trigger untersuchen

Das unterschiedliche Rückschaltverhalten der Schaltung mit und ohne gemeinsamem Emitterwiderstand R_4 soll durch einfachen Vergleich ausprobiert werden. Beachtet: Die Anordnung der Transistoren bewirkt eine „Umkehr" des Eingangssignals:
T_1 EIN = T_2 AUS und umgekehrt.

Arbeitsmittel: DMM, Messleitungen mit Abgreifklemmen, Stoppuhr

Aufbautipps
Damit der Emitterwiderstand nicht ein- und ausgebaut werden muss, wird vorgeschlagen, ihn mit einem Schalter zu überbrücken. Der kurzgeschlossene Widerstand ist dann ohne Wirkung. Zur besseren Sichtbarkeit der LED sollte sie mit einem Reflektor versehen sein.

Ein zusätzliches Relais zeigt mit dem Schaltgeräusch akustisch die Unterschiede im Rückstellverhalten an.

Durchführung
a) ohne Emitterwiderstand:
Schalter S_2 ist geschlossen. R_4 ist nun überbrückt und daher unwirksam. Beide Emitter liegen auf 0.
Betriebsspannung einschalten – T_1 ist jetzt AUS, T_2 = EIN, LED (D_1) leuchtet.

▶ DMM als Voltmeter an die Messpunkte (3 und 0) schalten.
▶ Um den Kondensator des RC-Glieds aufzuladen, wird Taster S_1 kurz gedrückt und die Stoppuhr eingeschaltet. T_1 = EIN, T_2 und LED = AUS.
▶ Nach Ablauf der Zeit (ca. 34 s) sollt ihr beobachten, auf welche Weise die LED zu leuchten beginnt (schleichend oder schlagartig).
▶ Beobachtet (bei beiden Teilversuchen), wie sich die Kollektorspannung des T_2 (Potentiale 3 und 0) beim Rücksprung verhält und achtet auf das Verhalten des Relais.
▶ Notiert eure Beobachtungen.

b) mit Emitterwiderstand:
▶ Schalter S_2 öffnen, R_4 ist jetzt zugeschaltet.
▶ Taster S_1 kurz drücken und Stoppuhr einschalten wie bei Versuch a).
▶ Beobachtet nach Ablauf der Zeit, wie sich bei diesem Versuch – mit Emitterwiderstand – die LED und das Relais beim Rücksprung verhalten.
▶ Notiert eure Beobachtungen.
▶ Wechselt zwischen den beiden Versuchen, um den Unterschied im Rückstellverhalten klar zu erkennen.

Auswertung
zu a) ohne Emitterwiderstand
● Welchen Unterschied im Rückstellverhalten habt ihr bei den beiden Schaltungen herausgefunden?
● Überlegt, wie sich bei noch größerer zeitlicher Verzögerung der Rückschaltvorgang z. B. auf Motoren auswirken würde.

zu b) mit Emitterwiderstand
● Welchen Vorteil bringt ein gemeinsamer Emitterwiderstand?
● Bei welchen Anwendungen sollte eine Schmitt-Trigger-Schaltung verwendet werden?

Versuche zum Verstärker

1 Messung mit DMM und Oszilloskop

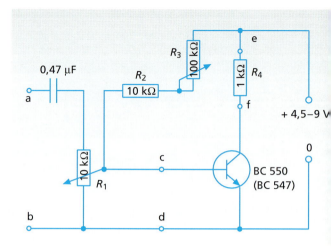

2 Transistorverstärker für Tonfrequenzen

Versuch 14:
Einfachen Transistorverstärker untersuchen

Ihr sollt die Verstärkerwirkung und die Übertragungsqualität an einem einfachen Transistorverstärker kennen lernen.

NF-Generator: Schwingungserzeuger für Niederfrequenz-Signale (NF = 0 bis 20 kHz)

Arbeitsmittel: 2 DMM, NF-Generator, Oszilloskop oder „Computeroszilloskop" (PC mit Messkarte und passender Anwender-Software)

Durchführung und Anwendung

▶ Schließt an die Klemmen a–b nach Abb. 2 eine Wechselspannung von ca. 150 mV an, sodass über R_1 eine Spannung von 10 mV an c–d (Eingang) einstellbar ist.
▶ Messt dann an e–f (Ausgang) mit einem DMM die Ausgangsspannung.
▶ Schaut euch die Ausgangsspannung an einem Oszilloskop an.
▶ Erhöht die Spannung am Eingang c–d auf 20, 50 und 100 mV und wiederholt den ersten Versuchsteil.

▶ Schließt an die Klemmen a–b einen NF-Generator oder AMV an (ca. 0,1 V Ausgangsspannung). Seht euch das Oszilloskopbild bei verschiedenen Frequenzen an.
▶ Legt zwischen die Klemmen c–d einen Kondensator (10 nF, 100 nF) und seht euch das Oszilloskopbild bei verschiedenen Frequenzen an.
▶ Ändert die Einstellung des Potis R_3. Wie wirkt sich das auf das Schwingungsbild am Ausgang aus?
▶ Probiert aus, welchen Einfluss der Ausgangswiderstand auf die Spannung an den Klemmen e–f hat, indem ihr statt 1 kΩ einen Widerstand von 100 Ω verwendet.
▶ Berechnet überschlägig die Ausgangsleistung bei 1 kΩ und 100 Ω.

Hinweise:
Wenn ihr kein Oszilloskop zur Verfügung habt, könnt ihr ersatzweise Wechselspannungen auch mit einem DMM messen. Dies funktioniert aber in der Regel nur bis ca. 500 Hz, weil bei den meisten einfachen Digitalmultimetern bei höheren Frequenzen im Gegensatz zum Oszilloskop die Anzeige sehr ungenau wird (seht hierzu in der Bedienungsanleitung eures Messinstruments nach). Daher sollte der NF-Generator bei einer Messung mit einem DMM höchstens auf 500 Hz eingestellt sein. Ersatzweise geht auch eine 50-Hz-Spannung aus einem Netzgerät, wobei U an den Klemmen a–b 1 V~ nicht übersteigen soll.

Aufgaben zur Elektronik

Aufgabe 1:
Schaltpläne lesen und beschreiben

Bearbeite jeden Schaltplan in folgenden Schritten:
- Zeichne den Schaltplan in deinen Ordner.
- Erkläre, welchen Hauptzweck die Schaltung hat.
- Beschreibe bei jedem Bauteil, welche Aufgabe es hat.
- Beziffere die unterschiedlichen Potentiale.
- Beschreibe die Schaltung bei verschiedenen Schaltzuständen.

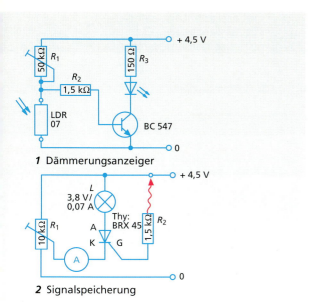

1 Dämmerungsanzeiger

2 Signalspeicherung

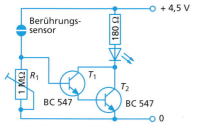

3 Darlingtonschaltung

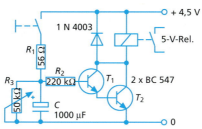

4 Ausschaltverzögerung

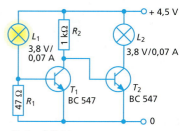

5 Ausfallsicherung

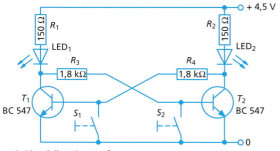

6 Bistabile Kippstufe

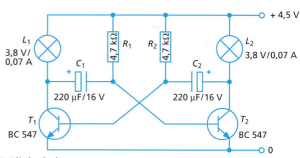

7 Blinkschaltung

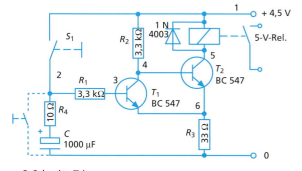

8 Schmitt-Trigger

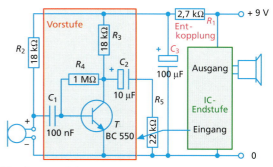

9 Mikrofonverstärker

Aufgaben zur Elektronik

Aufgabe 2:
Schaltungen analysieren und erklären

- Teilt eure Technikgruppe in mehrere gleich große Kleingruppen ein.
- Wählt für jede Gruppe eine Schaltung von Seite 20 bis 29 oder von Seite 36 bis 40 aus.
- Legt die Arbeitszeit für die Gruppenarbeit fest.
- Zeichnet die Schaltung in euren Technikordner.
- Informiert euch im Infoteil auf den Seiten 88 bis 91 und analysiert eure Schaltung.
- Beziffert die Potentiale eurer Schaltung.
- Erstellt eine Liste der Bauteilanschlüsse für jedes Potential.
- Notiert in der Gruppe, wie die Schaltung funktioniert.
- Erstellt Fragen für eine Checkliste zur Überprüfung der Schaltung vor der Inbetriebnahme und nach dem Einschalten.
- Erklärt die Schaltung den anderen Gruppen.

Aufgabe 3: Sich und andere informieren

- Wähle im Infoteil zwei Seiten über ein Thema aus, das noch nicht behandelt wurde.
- Lies die beiden Seiten rasch durch.
- Stelle an den Text zehn Fragen in Form einer Klassenarbeit und notiere sie.
- Lies den Text nochmals gründlich durch.
- Schreibe die Antworten zu den Fragen auf.
- Überlege, wie du deiner Technikgruppe den Sachverhalt erklären kannst.
- Referiere kurz über den Sachverhalt.

Aufgabe 4: Platinenlayout entwickeln

- Legt in eurer Technikgruppe zunächst fest, für welche Schaltung ihr ein Platinenlayout entwickeln wollt. Arbeitet dann in Einzelarbeit.
- Notiert in eurem Ordner die Schritte für die Entwicklung eines Platinenlayouts nach der Leiterbahnmethode.
- Entwickelt das Platinenlayout für die ausgewählte Schaltung nach der Leiterbahnmethode.
- Entwickelt aus dem Leiterbahn-Layout ein Isolierkanal-Layout.
- Vergleicht eure Ergebnisse miteinander.

Aufgabe 5: Fehler suchen

Angenommen, du hast den Zeitschalter von Seite 24 mit einer Platine hergestellt. Die Schaltung funktioniert aber nicht. Notiere alle Schritte, wie du systematisch den Fehler suchst.

Aufgabe 6: Platinenplan ergänzen

In Abb. 1 ist die Bestückungsseite für den Intervalltimer von Seite 25 abgebildet. Wie verlaufen die Leiterbahnen? Entwickle einen Platinenplan.

1 Bestückungsseite eines Intervalltimers

Aufgabe 7:
Verhalten eines Kondensators im Stromkreis beschreiben

Ein Kondensator mit 1000 µF, ein Widerstand und eine LED werden in Reihe geschaltet. Beschreibe, wie sich der Kondensator verhält und was bei der LED zu beobachten ist, wenn
a) Gleichspannung angelegt wird,
b) Wechselspannung angelegt wird.

Aufgabe 8:
Wirkung eines Kondensators auf einen Transistor beschreiben

Beschreibe, wie sich die Schaltung verhält, wenn die linke Seite des entladenen Kondensators zuerst mit dem Pluspol verbunden und anschließend nach null gelegt wird.

Aufgabe 9:
Schmitt-Trigger-Schaltung beschreiben

Beschreibe die Funktionsweise der Schmitt-Trigger-Schaltung (Seite 26) in den verschiedenen Schaltzuständen:
a) Die Eingangsspannung ist so niedrig, dass der erste Transistor nicht durchschalten kann.
b) Die Eingangsspannung steigt an und überschreitet die Einschaltschwelle.
c) Die Eingangsspannung sinkt auf einen niedrigen Wert ab.

Aufgabe 10:
Kombinierte Schaltung mit Glühlampen erklären

Angenommen, die Widerstände der Schaltung in Aufgabe 15 werden durch Lampen mit den Nenndaten 3,8 V/0,07 A ersetzt. Mache eine Aussage über die Helligkeit der Lampen und begründe deine Antwort.

Aufgabe 11:
Gleichstromverstärkungsfaktor berechnen

Bei einer einfachen Transistorschaltung wie auf der Seite 105 in Abb. 4 beträgt die Betriebsspannung $U = 4{,}5$ V, der Relaiswiderstand $R_{Rel} = 120\ \Omega$, die Kollektor-Emitter-Spannung $U_{CE} = 0{,}2$ V, der Basisstrom $I_B = 0{,}2$ mA. Berechne den Gleichstromverstärkungsfaktor B für den Transistor.

Aufgabe 12:
Vorwiderstand berechnen

Eine Leuchtdiode liegt an 1,6 V. Es fließt hierbei ein Strom von 20 mA. Nun soll die LED mit einem Schutzwiderstand in Reihe an einer Spannung von 12 V liegen. Berechne den Schutzwiderstand.

Aufgabe 13:
Ladezeit eines Kondensators berechnen

Berechne die Zeitkonstante bei einem RC-Glied mit $R = 1{,}8$ kΩ und $C = 470$ µF. Nach welcher Zeit ist der Kondensator zur Hälfte aufgeladen? Nach welcher Zeit ist er praktisch voll aufgeladen?

Aufgabe 14:
Widerstände einer Blinkschaltung berechnen

Bei einer Blinkschaltung wie der von Seite 118 sollen die zwei Kondensatoren die Kapazität 220 µF haben. Wie groß müssen die Widerstände sein, damit die Schaltperiode ca. 2 Sekunden beträgt? Wähle einen geeigneten Normwert aus.

Aufgabe 15:
Belasteten Spannungsteiler berechnen

Berechne bei der folgenden Schaltung R_{ges}, I_{ges}, I_1, I_2, I_3, U_1, U_2 und U_3.

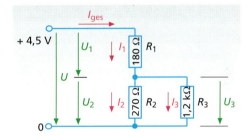

Aufgabe 16:
Spannungen bei einer Schmitt-Trigger-Schaltung berechnen

Das Relais in der Schmitt-Trigger-Schaltung auf Seite 119 hat einen Widerstand von 120 Ω. Bei durchgeschalteten Transistoren ist $U_{CE} \approx 0$ V.
a) Berechne den Spannungsabfall am Relais und am Emitterwiderstand R_3, wenn der Transistor T_2 durchgeschaltet ist.
b) Wie groß muss das Spannungspotential am Punkt 3 mindestens sein, damit der Transistor T_1 durchschaltet?
c) Berechne die Spannungen am Widerstand R_2 und am Emitterwiderstand R_3, wenn der Transistor T_1 durchgeschaltet ist.
d) Bei welchem Spannungspotential am Punkt 3 sperrt T_1 wieder?

Aufgabe 17:
Qualifikationsmerkmale beschreiben

Beschreibe Fähigkeiten und Verhaltensweisen, die künftig in vielen Berufen benötigt werden, um den technischen Wandel bewältigen zu können.

Überprüfe dein Wissen

1. Nenne Spannungen und Spannungsquellen, mit denen du beim Experimentieren umgehen darfst.
2. Beschreibe, wie du beim Messen von Widerständen, Spannungen und Stromstärken vorgehst.
3. Beschreibe, wie man folgende Bauteile auf ihre Funktionstüchtigkeit prüfen kann: Experimentierleitung, Schalter, Spule, Relaiswicklung, Widerstand, Poti, LDR, NTC, Diode, LED, Kondensator, Transistor, Kopfhörer, Lautsprecher, Batterie.
4. Du willst ein elektronisches Gerät nach einem vorgegebenen Schaltplan herstellen. Nenne und erkläre die Schritte, wie du vorgehst.
5. Skizziere den Stromlaufplan einer einfachen Transistorschaltung. Formuliere mindestens 6 Fragen, die du zur Analyse der Schaltung benutzen kannst. Beantworte die Fragen.
6. Formuliere mindestens 6 Fragen, die in einer Checkliste zur Überprüfung einer Schaltung *vor* deren Inbetriebnahme stehen könnten.
7. Formuliere Fragen, die in einer Checkliste zur Überprüfung einer Schaltung *nach* der Inbetriebnahme stehen könnten.
8. Nenne mindestens 4 häufig vorkommende Fehler, die Anfänger beim Umgang mit elektronischen Schaltungen machen.
9. Angenommen, du hast den Gießautomat von Seite 26 hergestellt. Der Relaisanker bewegt sich nicht und die LED leuchtet nicht. Beschreibe, wie du die Fehlerquelle systematisch suchst.
10. Berechne jeweils den Gesamtwiderstand, den Gesamtstrom, die Einzelströme und die Spannungsabfälle an den Widerständen bei folgenden Schaltungen:

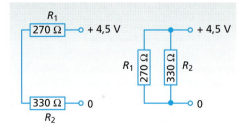

11. Zeichne die Schaltsymbole aller Bauteile, die du bisher bei elektronischen Schaltungen kennen gelernt hast. Mache über diese Bauteile möglichst viele Angaben.
12. Erkläre folgende Begriffe möglichst ausführlich:
    a) Farad, Mikrofarad, Nanofarad, Picofarad, RC-Glied, Zeitkonstante, Kapazität, Ladekurve, Entladekurve, Glätten
    b) Verlustleistung, Arbeitspunkteinstellung, Schwellenspannung, Gleichstromverstärkungsfaktor, U_{CE}, U_{BE}
    c) Nullpotential, Spannungspotential
    d) Polarität, unpolar, gepolte Bauteile
    e) Grenzschicht, Schutzdiode, Ventilwirkung, Einweggleichrichtung, Scheitelwert, Brückengleichrichtung
13. Zeichne Schaltungen, die folgende Bedingungen erfüllen:
    a) Für eine Lampe soll die Spannung von 0 V bis 6 V stufenlos mit einem Poti eingestellt werden können.
    b) Wechselspannung soll mit einem Spielzeugtrafo und weiteren Bauteilen in gut geglättete Gleichspannung umgeformt werden.
    c) Die Stromverstärkung eines Transistors soll durch eine bestimmte Schaltanordnung ermittelt werden.
14. Zahlreiche elektronische Artikel sind so preiswert und klein geworden, dass Reparaturen nicht mehr lohnen bzw. nicht mehr durchgeführt werden können. Schildere positive Seiten und Nachteile.
15. Rundfunk und Fernsehen beeinflussen Menschen und Gesellschaften. Erläutere anhand von Beispielen den Einfluss dieser Massenmedien.
16. Elektronik verändert das Alltagsleben und die berufliche Situation in den Industriestaaten ganz erheblich. Beschreibe Beispiele für Veränderungen,
    – die bereits stattgefunden haben,
    – die sich gerade vollziehen,
    – die nach heutigem Wissen mit hoher Wahrscheinlichkeit eintreten werden.

Informationstechnik

Mensch und Informationstechnik

Noch niemals vor der Einrichtung des Internet war es so vielen Menschen so leicht möglich, sich in kurzer Zeit Informationen zu beschaffen oder Freundschaften über Kontinente hinweg zu schließen.

Telearbeit zu Hause: Der Computer ist mit der Firma verbunden. Die Informationen wandern über eine Telefonleitung hin und her. Also ein optimaler Arbeitsplatz?

Bei einer Videokonferenz können sich Teilnehmer aus der ganzen Welt über Bild und Ton verständigen.

Weltweit laufen Forschungsprojekte, die das Ziel haben, Robotersysteme für den breiten Einsatz nutzbar zu machen. Beispielsweise soll ein Operationsroboter als Assistent bei hochpräzisen Operationen eingesetzt werden.

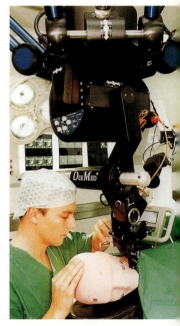

Das Marsmobil „Sojourner" erkundete im Sommer 1997 die Marsoberfläche. Es wurde von der Erde aus gesteuert und lieferte Daten für die Forschung.

Auch im Cyberspace wird durch Computersimulation die Marsoberfläche erforscht.

Informationstechnik entdecken

Vieles von dem, was du in der Elektronik gelernt hast, wird dir hier wieder begegnen. Aber das Zusammenwirken der Einzelbauteile der Steuer- und Regelschaltungen ist in dieser Einheit nur ein Aspekt. Das Augenmerk liegt auf dem *EVA*-Prinzip, also
- Was wird **E**ingegeben?
- Wie ist die **V**erarbeitung?
- Was wird **A**usgegeben?

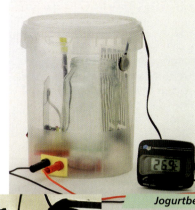
Jogurtbereiter

Mittelwellenradio

Ein attraktives Thema dieser Einheit ist das Senden mit Licht und das *Selbstbauen von Empfängern* und Verstärkern zum Empfang von Radiowellen.

Barcodeleser

Zu den Grundlagen der Informationstechnik gehört das *Codieren*, also das Verschlüsseln von *Information* in ein *Signal*, und umgekehrt das Entschlüsseln von Signalen in verständliche Information – das *Decodieren.*

Windmesser mit Anschluss zum Interface

Mit Computern kann man technische Vorgänge steuern. Die Signale eines Messfühlers, z. B. zu Temperatur oder Drehzahlen, kann der Computer aufnehmen und verarbeiten. Das *Programmieren von Steuerprogrammen* geschieht mit Befehlen in einer Computersprache, z. B. Q-Basic.

IC-Box

Integrierte Schaltungen spielen in der Informationstechnik eine bedeutende Rolle. In diesen ICs ist auf mikroskopisch kleiner Fläche die Funktion tausender von Transistoren, Widerständen und Kondensatoren vereinigt.

Informationstechnische Zusammenhänge analysieren

Will man etwas über informationstechnische Zusammenhänge in Erfahrung bringen, muss man geeignete Fragen stellen. Welche das sein können und wie die Antworten darauf lauten, kannst du in der folgenden Übersicht und auf den Seiten 88 und 89 nachlesen.

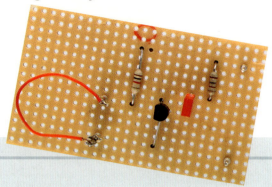

Analyse informationstechnischer Zusammenhänge

Welche Aufgabe soll die Alarmanlage übernehmen bzw. welche Funktion hat sie, welchem Zweck dient sie?

Sie soll einen Zustand (Reißdraht leitet oder leitet nicht) erfassen und anzeigen.

Welches Bauteil dient zur Ausgabe (zum Output) des Alarmsignals, wird also von der Alarmanlage aktiviert?

der Summer A

Eva

Welches Bauteil dient als Sensor für die Alarmanlage, ist also das Eingabe- oder Inputbauteil?

der Reißdraht E

Welche Zustände kann das Eingabebauteil annehmen?

Zwei Zustände, nämlich ...
Zustand 1:
der Reißdraht E leitet
Zustand 2:
der Reißdraht E leitet nicht
(ist also gerissen)

Analyse elektronischer Zusammenhänge

- Hauptzweck der Schaltung?
- verwendete Bauteile?
- Aufgabe der Bauteile?
- Art der Spannungsquelle?
- Strompfade?
- Potentiale an den einzelnen Punkten der Schaltung?
- mögliche Schaltungszustände der Anlage?
- Funktion der Schaltung?

Welche beiden Zustände kann das Ausgabebauteil annehmen?

Zustand 1:
der Summer A ertönt
Zustand 2:
der Summer A ertönt nicht

Welchen Zusammenhang gibt es zwischen dem Eingabesignal (Input) und dem Ausgabesignal (Output)?

a) Wenn-Dann-Beziehung

Wenn der Reißdraht E leitet, dann ertönt der Summer A nicht.

oder auch:

Wenn der Reißdraht E nicht leitet, dann ertönt der Summer A.

b) Funktionstabelle (Wahrheitstafel)

Reißdraht E	Summer A
leitet	ertönt nicht
leitet nicht	ertönt

c) Symboldarstellung

Welche Bauteile dienen zur Verarbeitung und Weiterleitung der Signale vom Eingabebauteil E zum Ausgabebauteil A, also vom Input zum Output der Anlage?

alle Bauteile, die das Eingabebauteil E (Input) mit dem Ausgabebauteil A (Output) verbinden, also alle Bauteile und Leitungen mit Ausnahme von Reißdraht und Summer

Informationstechnische Probleme lösen

Mit den Kenntnissen, die du bei der Analyse von elektronischen und informationstechnischen Objekten gewonnen hast, kannst du einfache Anlagen entwickeln.

Wie du dabei vorgehen musst, zeigt dir das folgende Beispiel.
Tipp: Sieh dir auch die Angaben auf den Seiten 145 und 149 an.

Ich möchte, dass die LED leuchtet, wenn der LDR von Rauch etwas abgedunkelt wird.

He, Elo, lass dir mal was einfallen, wie man das Problem lösen kann!

Informationstechnische Betrachtung

gegeben: Abhängigkeit von Eingangs- und Ausgangsbauteil

Fotowiderstand E	LED A
wird nicht abgedunkelt	leuchtet nicht
wird abgedunkelt	leuchtet

gesucht: schaltungstechnische Realisierung

Lösung 1: als Schaltung aus einzelnen Bauteilen
Lösung 2: als IC-Schaltung

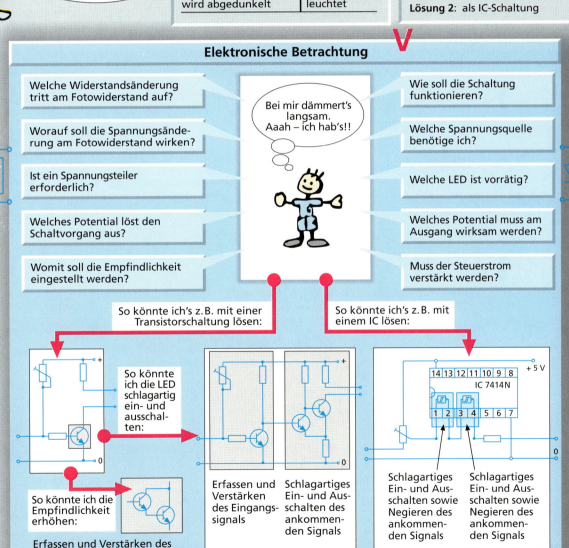

Mit dem Computer arbeiten

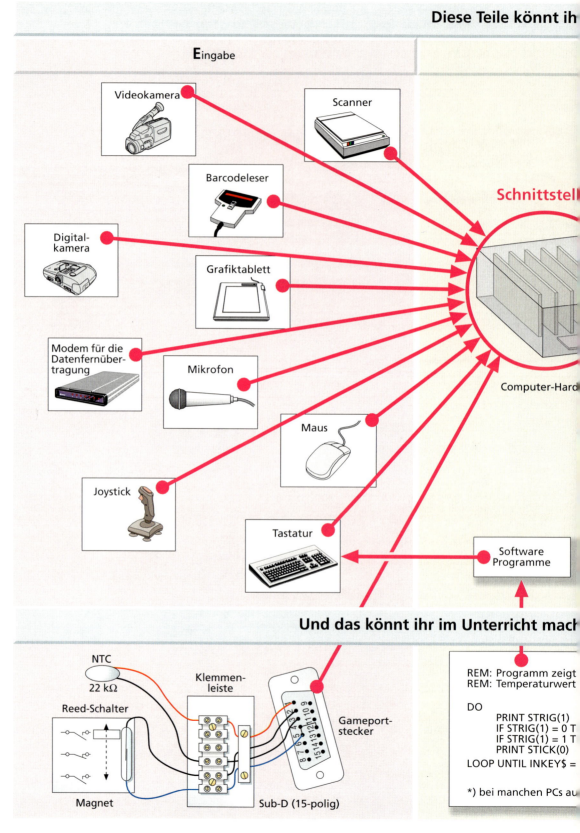

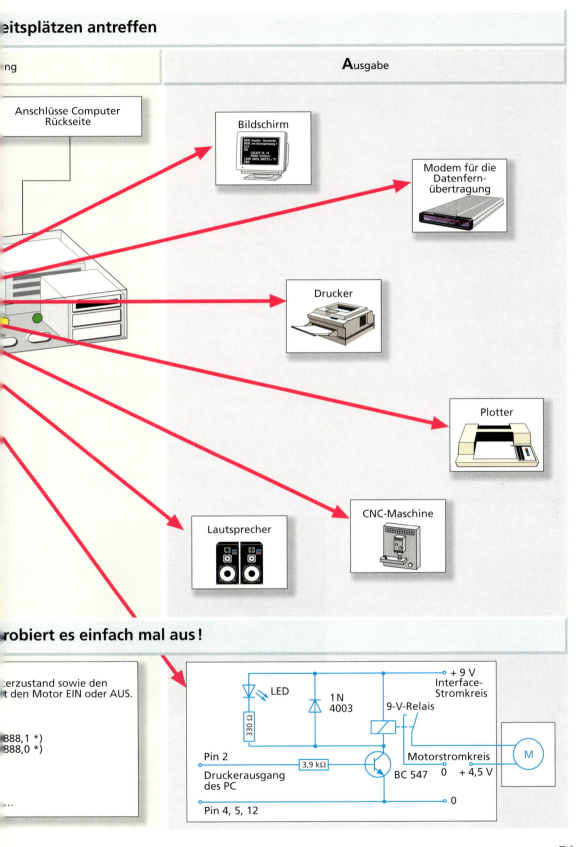

Steuern mit Licht: Fernschalter

1 Blockschaltbild

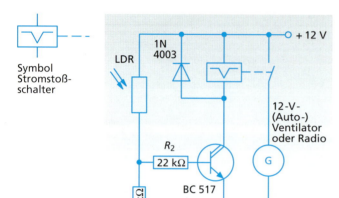

2 Lichtsteuerung mit Taschenlampe

Symbol Stromstoßschalter

Arbeitsauftrag
Baue und erprobe ein Schaltgerät, das mit einem Lichtstrahl ein batteriebetriebenes Gerät steuert.
Damit soll z. B. ein Ventilator in 3 m Entfernung drahtlos ein- und ausgeschaltet werden können.

fokussieren: Lichtbündel in einem Brennpunkt zusammenfassen (lat. focus = Brennstelle)

Kurzbeschreibung der Funktion
Ein LDR wird durch eine fokussierbare Taschenlampe angepeilt. Ein Darlingtontransistor in einem Steuerkästchen schaltet aufgrund der Widerstandsänderung des LDR durch und steuert einen Stromstoßschalter (Stromstoßrelais) an.

Tipp: Versuch 7, Seite 35

Stichworte: Sensoren, Darlington

Analyse der Schaltung
- Wo befinden sich das Eingabe- und das Ausgabeglied (Input – Output)?
- Welchen Zusammenhang gibt es zwischen dem Eingabesignal (Input) und dem Ausgabesignal (Output)?
- Wie funktioniert die Schaltung und welche Aufgabe haben die einzelnen Bauteile?

Aufbautipps
- Befestige vor dem LDR ein Papprohr, um so störendes Fremdlicht auszublenden.
- Wenn du als zu steuerndes Gerät G eine Lampe verwendest, darf das Lampenlicht nicht auf den LDR scheinen.
- Da die Schaltung empfindlich auf Spannungsänderungen reagiert, muss das Netzgerät stabilisiert sein.
- Beachte: Unter 11 V schaltet der Stromstoßschalter nicht. Die Taschenlampe muss fokussierbar sein und eine Tastfunktion haben.

Schaltung einstellen
▶ Stelle den Poti so ein, dass bei mäßigem Tageslicht der Stromstoßschalter nicht anspricht. Baue eventuell eine Blende vor den LDR.
▶ Sorge dafür, dass das angeschlossene Gerät G richtig gepolt ist.

3 Testen des Fernschalters

Schaltung weiterentwickeln
Versuche den relativ teuren und lauten elektromagnetischen Stromstoßschalter durch einen elektronischen Stromstoßschalter mit Relais zu ersetzen.

Tipp: Versuch 8, Seite 73

Steuern mit Wärme: Universalschaltgerät

4 Blockschaltbild

Arbeitsauftrag
Baue und erprobe ein Schaltgerät, das bei Überwärmung (Überschreiten einer vorgewählten Temperatur) einen kleinen 12-V-Kühlventilator oder eine 12-V-Warnlampe einschaltet.

Kurzbeschreibung der Funktion
Ein Heißleiter (NTC) wird durch warme Föhnluft bzw. warme Finger niederohmiger und schaltet einen PowerFET durch. In seinem Arbeitsstromkreis fließt ein kräftiger Strom, sodass auch ohne Relais ein Ventilator oder alternativ eine Warnlampe eingeschaltet wird.

Aufbautipps
Benutze einen kleinflächigen NTC, z. B. NTC M87, denn große Heißleiter sind träge. Beachte die Maximalspannung des FET (15 V an D–S), sonst wird er zerstört!

Schaltung einstellen
▶ Stelle den Poti im Steuerstromkreis des PowerFET so ein, dass du den Motor bei aufgelegten Fingern am NTC zum Laufen bringst.
▶ Stelle dann mithilfe eines Thermometers die gewünschte Schalttemperatur ein.

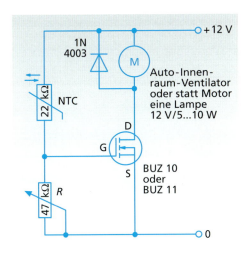

Anschlussbild PowerFET BUZ 10 und 11

5 Steuern eines Geräts mit Wärme

6 Universalschaltgerät

Stichworte:
NTC, PowerFET, Istwert, Sollwert

Analyse der Schaltung
● Welche Bauteile dienen zur Eingabe, Verarbeitung und Ausgabe der Signale?
● Welches Bauteil erfasst den Istwert, welches bestimmt den Sollwert?
● Wo ist das Stellglied?
● Was passiert, wenn der Sensor sich im Kühlbereich des Ventilators befindet?

Schaltung weiterentwickeln
▶ Versuche die Empfindlichkeit der Schaltung durch Reihenschaltung von zwei NTCs oder durch eine Darlingtonvorstufe (mit dem BC 517) zu erhöhen.
▶ Lege für den Poti *R* eine Rundskala an und markiere die Temperatur bei verschiedenen Schleiferstellungen.

Objekte herstellen

53

Regeln von Temperatur: Jogurt- und Kefirbereiter

Arbeitsauftrag
Baue für die Selbstbereitung von Jogurt oder Kefir eine gut isolierte Wärmekammer, deren Temperatur automatisch geregelt wird.

Aufbau der Schaltung
Eine elektronische Schaltung erhitzt mit einem Leistungstransistor eine Heizfolie. Ein NTC bestimmt das Ein- und Ausschalten der Heizung. Die Anordnung kann als *stetige Regelung* wirken (siehe Seite 136).

Die beiden Transistoren sind als Spannungsverstärker geschaltet. Der Messfühler ist ein NTC mit 10 kΩ Nennwiderstand bei 25 °C.
Die Einstellung des Umschaltpunkts auf die gewünschte Temperatur geschieht mit dem Trimmer R_3. Am Kollektor des Leistungstransistors T_2 liegt etwa die halbe Betriebsspannung, deshalb wird seine Wärmeleistung auch zur Heizung herangezogen. Die andere Hälfte der Wärmeleistung liefert R_5, eine Heizfolie. Die LED zeigt den Schaltzustand an und dient auch zur Abstimmung.
Der Wärmefühler R_1, der Transistor T_2 mit Kühlblech und die Heizfolie R_5 liegen in der Wärmekammer, die übrige Elektronik wird außerhalb, jedoch im Gehäuse platziert.

Funktion der Schaltung
Die Schaltung der beiden Transistoren bewirkt eine Umkehr des Eingangssignals. Das bedeutet: Wird T_1 durchgeschaltet, so geht T_2 aus und umgekehrt: Sperrt T_1, so wird T_2 durchgeschaltet.

Kühlt der NTC ab, so *steigt* sein Widerstand. Im gleichen Maße *sinkt* über dem Trimmer R_3 die Spannung, bis sie ca. 0,6 V unterschreitet und T_1 sperrt. T_2 öffnet nun – die Heizung beginnt zu arbeiten.

Das Ein- und Ausschalten geschieht jedoch nicht schlagartig – schon im halb durchgeschalteten Zustand von T_2 wird nachgeheizt.

Aufbautipps
Der Wärmefühler darf in der Wärmekammer nur die Lufttemperatur erfassen. Deshalb soll er nicht in der Nähe der Heizfolie angebracht sein. Die Wärme des Leistungstransistors muss auch zur Heizung beitragen. Er wird mit dem Metallbelag auf ein Aluminium- oder Kupferblech (ca. 30 cm²) aufgeschraubt.
Die Heizfolie liegt seitlich so, dass Luft zirkulieren kann. Ein Thermometer zur Kontrolle der Temperatur im Gehäuse sollte vorhanden sein. Die von außen sichtbare LED zeigt den Schaltzustand an. Der Trimmer R_3 sollte zur Sicherheit nur durch eine kleine Öffnung im Gehäuse mittels Schraubendreher zugänglich sein.

Schaltung einstellen
Arbeitsmittel: Voltmeter, Thermometer, Uhr
▶ Stabile Stromversorgung anschließen.
▶ Heizkontrolle: Voltmeter zwischen $+U$ und Kollektor des T_2. Bei voller Heizleistung wird hier halbe Betriebsspannung gemessen.
▶ Trimmer drehen, bis Gerät heizt (LED leuchtet, Voltmeter beachten).
▶ Wenn die gewünschte Temperatur erreicht ist, dann Trimmer R_3 so einstellen, dass die LED gerade erlischt.
▶ Wieder einschalten und Temperaturgang kontrollieren.

BD 135 Metallbelag

von oben:

siehe auch Seite 24

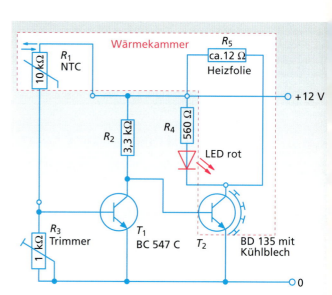

1 Schaltung des Jogurtbereiters

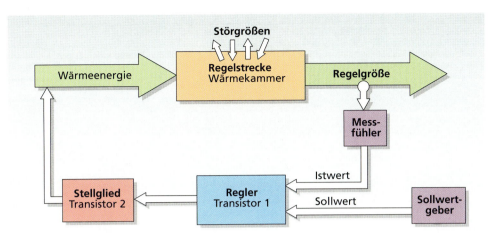

2 Blockschaltbild des Regelkreises

Analyse der Regelung
- Suche und benenne die **E**ingabe-, die **V**erarbeitungs- und die **A**usgabeteile des Reglers und der Regelstrecke.
- Ordne den Begriffen des Regelkreises in Abb. 2 die Teile der Schaltung zu (siehe Seite 135).
- Stelle den Temperaturverlauf und den Heizungsgang deines Geräts grafisch dar. Orientiere dich an Abb. 3. Markiere zuerst die Schaltpunkte 1–5. Lege dann die Temperaturkurve darüber.
- Erkläre den Zusammenhang der beiden Kurven zwischen den Punkten 2 und 4.

4 Jogurtbereiter: Versuchsaufbau

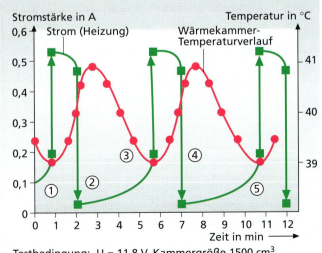

Testbedingung: U = 11,8 V, Kammergröße 1500 cm³

3 Heizung und Temperaturverlauf

Objekte herstellen

Senden und Empfangen: Mittelwellenradio

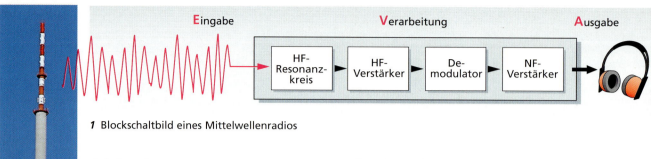

1 Blockschaltbild eines Mittelwellenradios

Arbeitsauftrag
Baue einen Mittelwellen-Fernempfänger für Kopfhöreranschluss.

Kurzbeschreibung der Funktion
Ein HF-Verstärker vergrößert die äußerst kleine HF-Spannung, die am Resonanzschwingkreis anliegt. Nach der Demodulation wird durch einen sehr einfachen Transistor-Verstärker die NF-Leistung so angehoben, dass auch ein handelsüblicher Kopfhörer betrieben werden kann. Das IC ZN 414Z enthält mehrere HF-Vorstufen und die Demodulator-Diode.

Tipp:
Versuch 3, Seite 69

Stichworte:
HF, NF, Modulation, Sensoren, Schwingkreis

Analyse der Schaltung
▶ Welche Bauteile dienen zum Empfangen und Ausgeben der vom Sender ausgestrahlten Signale?
▶ Wo ist der HF-Schwingkreis?
▶ In welchem Bauteil wird demoduliert?
▶ Mit welchem Bauteil wird der Arbeitspunkt des NF-Teils eingestellt?
▶ Welches Bauteil trennt den HF-Teil vom NF-Teil?
▶ Welche Schutzfunktion hat R_3?

Aufbautipps
- Der Ferritstab muss in der Spule verschiebbar sein, sodass eine Grobabstimmung im MW-Bereich möglich ist. Man benötigt nicht unbedingt einen teuren Drehkondensator (Drehko) im Schwingkreis. Es genügt auch ein Keramik-Kondensator (Festwert z. B. 330 pF), wenn man die Spule oder den Stab verschiebt.
- Halte die Leitungen zur Hörerbuchse, zur Antenne und zur Batterie möglichst kurz (maximal 10 cm).
- Vor dem Anlöten der Antennenspule musst du den Lack an den Enden des Kupferlackdrahts mit Sandpapier abschleifen.
- Verwende keine höhere Betriebsspannung als 1,6 V, sonst entstehen deutliche Verzerrungen. Über 2 V kann das HF-IC zerstört werden.
- Benutze einen Kopfhörer mit 32…600 Ω. Für eine verzerrungsarme Tonwiedergabe ist dem Kopfhörerausgang eventuell ein 47-nF-Kondensator parallel zu schalten.

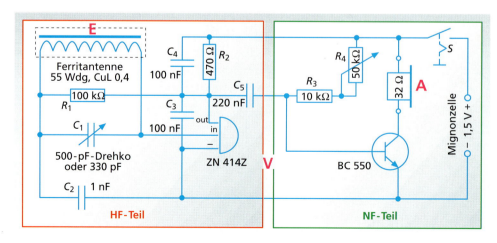

2 Schaltplan für ein Mittelwellenradio mit HF-Verstärker

Die Anschlüsse des ZN 414Z

Die Anschlüsse des MK 484

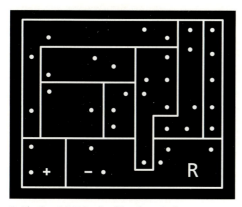

3 Platine MW-Radio (Kupferseite)

Platinenlayout

Fertige eine Folienkopie des Platinenvorschlags an. Lege die Folie so auf die Fotoplatine (50 mm x 60 mm), dass das „R" (Radio) korrekt lesbar ist. Belichte und ätze dann die Platine entsprechend den Angaben von Seite 93.
Alternativ kannst du auch die weißen Isolierkanäle (0,7 mm breit) mit einer Schul-CNC-Maschine herausfräsen.

Bestückungshinweise

Ist der ZN 414Z nicht erhältlich, kann das IC MK 484 als Ersatztyp genommen werden. Es ist gegenüber dem ZN 414Z spiegelbildlich einzusetzen (Anschlüsse siehe Seite 56). Achte auf die korrekte Polung des IC und des Transistors.
Häufigste Fehler bei Nichtfunktion sind so genannte Kaltlötungen und ungenügendes Abisolieren des Kupferlackdrahts. Die Kondensatoren haben das Rastermaß 5 mm (RM 5).

Schaltung in Betrieb nehmen

▶ Platine auf „saubere" Kanäle überprüfen, d.h. es darf kein Lot die Kupferinseln verbinden.
▶ Poti auf Mittelstellung bringen, Batterie polrichtig anschließen und mit S einschalten. Das Radio benötigt nur eine einzige Mignonzelle!
▶ Gerät mit Antenne schwenken, danach Ferritstab verschieben, bis maximale Lautstärke erreicht ist.
Mit Poti auf gewünschte Lautstärke einstellen.

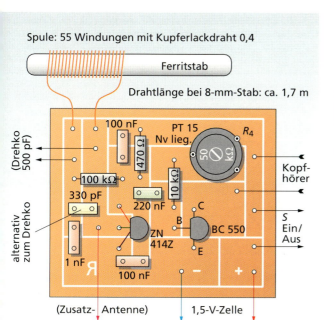

Bestückungsplan MW-Radio

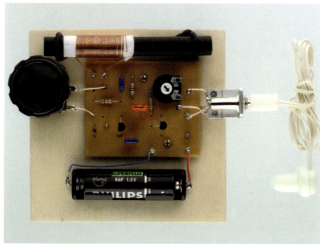

5 Mittelwellenradio

Verbesserung des Fernempfangs

Eine Steigerung der Empfindlichkeit ermöglicht der Anschluss des Mittelfußes des ZN 414Z über eine Abgreifklemme an eine freie Drahtantenne, eine Wasserleitung oder einen Heizkörper.
Eine solche Zusatzantenne ist nur sinnvoll, wenn in der Nähe kein starker MW-Sender vorhanden ist oder das Radio in einem Stahlskelettbau betrieben wird.

Objekte herstellen

Senden und Empfangen: Tonübertragung mit Licht

Arbeitsauftrag
Stelle eine Anlage zur drahtlosen Übertragung von Lichtton her. Untersuche die Möglichkeiten für eine gute Übermittlungsqualität für einige Meter Entfernung.

Tipp:
Versuch 4, Seite 33

Stichworte:
LED, Kondensator, Solarzelle, Amplitudenmodulation

Funktion der Schaltung
Senderseitig wird eine spezielle rote LED amplitudenmoduliert. Hierbei wird dem „Gleichstromlicht", das durch eine Batterie erzeugt wird, Niederfrequenz (NF) aus einer elektronischen Tonquelle aufgemischt.
Empfangsseitig dient eine Solarzelle als Lichtsensor. Der Lichtton wird über einen empfindlichen Verstärker hörbar.

2 Ausprobieren der Lichttonanlage

Analyse der Schaltung
- Welche Teile dienen bei Sender und Empfänger als Eingabe- bzw. Ausgabebauteil?
- Überlege, welche Aufgabe der 100-Ω-Widerstand hat.
- Welchen Zweck hat der Kondensator?
- Warum ist am Empfängerausgang kein Kondensator notwendig?

Schaltung einstellen
▶ Verbinde eine Audioquelle (nur Batteriegerät!) mit dem NF-Eingang des Senders, wenn die LED leuchtet.
▶ Richte das rote Lichtbündel auf die Solarzelle, die ca. 1 m vom Sender entfernt ist.
▶ Schließe am Empfänger den Verstärker an und achte auf den Ton.

Anlage weiterentwickeln
▶ Versuche herauszufinden, unter welchen Bedingungen die Tonübertragung bei einer Reichweite von 4 m möglichst gute Qualität hat (achte auf verzerrungs- und rauscharme Wiedergabe).
▶ Versuche die Reichweite auf ca. 5 m und mehr zu erhöhen. Beachte dabei den Einfluss der Umgebungsbeleuchtung. Probiere auch senderseitig eine stärkere Bündelung des Lichtkegels aus (z. B. mit einer sehr starken Glaslupe, wie einem Lesestein).

Hinweise für den Empfangsverstärker
Als NF-Verstärker eignet sich der Mikrofonverstärker eines Kassetten- oder Tonbandgeräts. Auch der Bauvorschlag von Seite 28 ist sehr gut geeignet.

Millicandela (mcd-Angabe der Diode):
Maß für Lichtstärke. Eine gängige 20-mA-LED hat ca. 3 mcd, eine superhelle LED ist ca. 1000-mal(!) stärker.

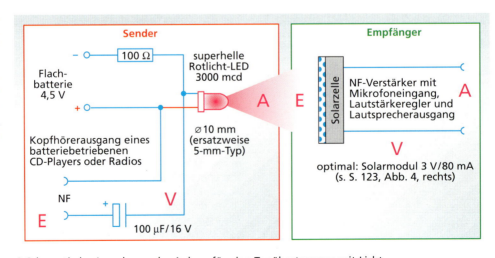

1 Schematische Anordnung der Anlage für eine Tonübertragung mit Licht

Erfassen und Anzeigen: Fitness-Testgerät

In vielen Arztpraxen gibt es ein Gerät zum Testen der Leistungsfähigkeit der Lunge.
Konstruiere eine einfache Ausführung solch eines Geräts, stelle es her und schreibe ein Programm zur Ausgabe der Ergebnisse auf dem Monitor eines Computers.

Verlöte die Anschlüsse der Kontaktschalter, wie in der Abbildung gezeigt, mit einem Gameport-Stecker.

Analyse der Testeinrichtung
▶ Welche Signale müssen erfasst werden?
▶ Durch welche Anweisungen veranlasst du den Computer, die Signale zu erfassen?
▶ Wie können die Signale ausgewertet werden?
▶ Wie teilst du dem Anwender einen zu hohen Luftdruck mit?
▶ Wie erfasst du die Zeit des konstanten Drucks?
▶ Beschreibe die einzelnen Phasen des Testablaufs mit Wenn-Dann-Sätzen zu folgenden Abhängigkeiten: Luftdruck – Kolbenhöhe – Schalterstellung 1 – Schalterstellung 2. Werte die dabei auftretenden Signale und deren Ausgabe auf dem Bildschirm aus.
▶ Ergänze anschließend die Tabelle.

Tipp:
Versuch 9, Seite 74

Prüfen, Verbessern und Erweitern des Testgeräts
▶ Gib das unten stehende Programm in den Computer ein und prüfe den Fitness-Tester.
▶ Durch welche Programmänderungen lässt sich die Ausgabe für den Anwender informativer gestalten?
▶ Für Schwerstbehinderte, die sich nicht bewegen und nicht sprechen können, wäre das Gerät eine Hilfe zum Eingeben von einzelnen Buchstaben in den Computer. Wie müsste dazu ein Programm aussehen?

Tipp:
Seiten 131 und 132

Kurzbeschreibung der Funktion
Die eingeblasene Luft hebt den Kolben mit dem Dauermagneten. Dieser betätigt die Reedschalter. Der Kolben soll so lange wie möglich zwischen den beiden Schaltern schweben.

Wie könnten die sich ändernden Schalterzustände erfasst und auf dem Bildschirm ausgegeben werden?

```
REM: Programm "Fitnesstester" (Q-Basic)
CLS
PRINT "Blase in das Röhrchen"
Testbeginn:
IF STRIG(1) = 1 THEN GOTO Testbeginn
PRINT "Die Zeit läuft"
StartZeit = TIMER
DO
    IF STRIG(5) = 1 THEN BEEP
LOOP UNTIL STRIG(1) = 1
EndZeit = TIMER
Ausgabe:
Blasdauer = EndZeit − StartZeit
LOCATE 15, 15
PRINT "Blasdauer:", Blasdauer; "Sek."
END
```

Aktion	Signaleingabe				Signalverarbeitung	Signalausgabe
Stärke des Luftdrucks	Schalter 1		Schalter 2		wenn…dann	Text/Ton
	EIN/AUS	Wert 0/1	EIN/AUS	Wert 0/1		
zu niedrig						
korrekt						
zu hoch						

Computer einsetzen

Erfassen und Anzeigen: Goethe-Barometer

Wesentlich für die Vorhersage des Wetters ist die Tendenz des Luftdrucks und seine Höhe. So bedeutet ein hoher Luftdruck nicht automatisch eine lange Schönwetterperiode. Dies ist nur dann der Fall, wenn der Luftdruck langsam auf einen hohen Wert ansteigt.

Aufbautipps
Das Steigrohr (Ø ca. 6 mm, 250 mm lang, Zoofachhandel) kannst du nach dem Einfüllen von trockenem und feinem Sand leicht durch Erwärmen biegen. Die Elektroden kannst du auf einen Kunststoffstreifen kleben und dann in das Steigrohr einführen.

Arbeitsauftrag
Baue ein Barometer, ermittle damit den Luftdruck und erfasse die Messwerte mit einem PC.

Kurzbeschreibung der Funktion
Durch das Steigrohr wird gefärbtes Wasser in die ansonsten geschlossene Flasche aus PET-Kunststoff eingefüllt (dabei die Flasche mehrfach kippen). Die Leitfähigkeit wird durch Kochsalzzugabe auf ca. 18 kΩ (bei voller Bedeckung der Elektroden) eingestellt. Die Luft innerhalb und außerhalb der Flasche weist denselben atmosphärischen Luftdruck auf. Ändert sich der äußere Luftdruck, steigt oder sinkt das Wasser im Steigrohr.
Durch „Blasen" und „Saugen" am Steigrohr kann der sich ändernde atmosphärische Luftdruck simuliert werden. Die im Steigrohr angebrachten Elektroden erfassen den unterschiedlichen elektrischen Widerstand beim Steigen oder Fallen der Wassersäule.

Die Messdaten werden über den Analogeingang 1 des Interface und mit dem Programm „Goethe-Barometer" erfasst.

Der auf dem Bildschirm angezeigte Wert lässt sich mit dem Potentiometer R_6 des Interface (Seite 142) einstellen. Verbinde die Anschlüsse der Elektroden mit den Eingängen des Moduls am Interface und schließe das Interface an den Computer an. Gib das Testprogramm in den Computer ein und starte das Programm.

Analyse und Auswertung der Signale
▶ Wie wirkt sich die Änderung des atmosphärischen Luftdrucks auf das von den Elektroden gelieferte Signal aus?
▶ Wie beeinflusst der veränderliche, atmosphärische Luftdruck die Anzeigewerte auf dem Bildschirm?
  ▶ Beschreibe die Zusammenhänge mit Wenn-Dann-Sätzen.
  ▶ Trage Messwerte, Signalstärke und zugehörige Anzeige in eine Tabelle ein.

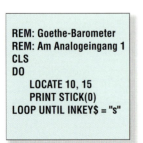

```
REM: Goethe-Barometer
REM: Am Analogeingang 1
CLS
DO
    LOCATE 10, 15
    PRINT STICK(0)
LOOP UNTIL INKEY$ = "s"
```

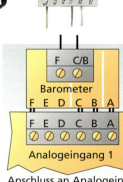

Anschluss an Analogeingang des Interface

Tipp: Versuch 10, Seite 75

Hinweis: Du benötigst das Interface von Seite 142 und 143.
Verwende den Analogeingang 1.

Luftdruck	Signal (Spannung: F–C/B)	Bildschirmanzeige

Prüfen, Verbessern und Erweitern der Messeinrichtung

Die vom Programm auf dem Bildschirm angezeigten Informationen sind noch unklar.

▶ Beschreibe kurz, welche Informationen du von einem Barometer mindestens erwartest.
▶ Erkläre, wie das Programm die Aufgabe bewältigen könnte.
▶ Versuche das Programm „Goethe-Barometer" entsprechend zu verbessern. Ersetze dazu die Programmzeile: PRINT STICK(0) durch die bedingte Abfrage:
IF STICK(0) > ... THEN PRINT "..."
▶ Welche Folgen hat die automatische Wetterdatenerfassung für uns Menschen?
▶ Beschreibe mit der unten stehenden Übersicht den Weg der Informationen von der Messeinrichtung zur Luftdruckerfassung bis zur Ausgabe.

Computer einsetzen

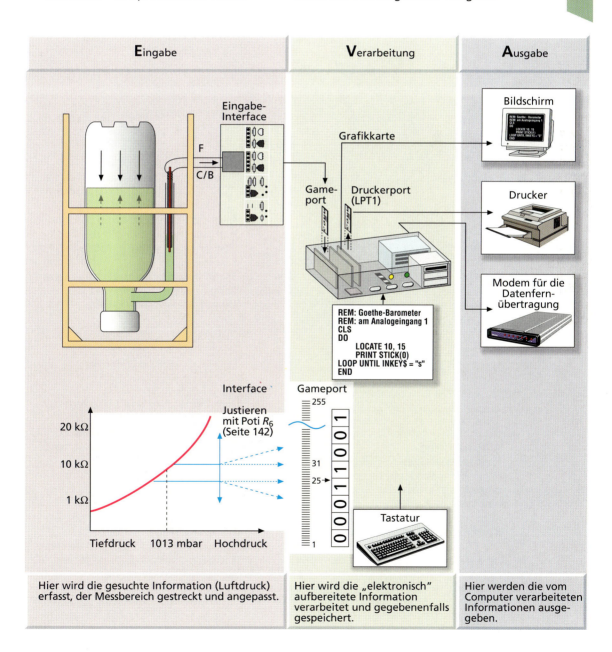

Erfassen und Anzeigen: Windgeschwindigkeits-Messgerät

Die meisten größeren Seen sind mit Wetterfrühwarnstationen verbunden. Diese erhalten von verschiedenen automatisch arbeitenden Wetterstationen Informationen, z.B. über die Windgeschwindigkeit. Erreicht diese in der Nähe der betreffenden Seen kritische Werte, werden große Blinkleuchten eingeschaltet. Damit werden die Segler, Surfer und Schwimmer gewarnt.

Aufbautipps
- Achte besonders auf eine leicht gängige Lagerung der Achse des Windmessers. Für die Halbschalen können Kaffeelöffel aus Kunststoff verwendet werden.
- Verbinde die Anschlüsse der Gabellichtschranke (A bis D) mit den gleichlautenden Eingangsklemmen des Moduls am Digitaleingang 1 des Interface.
- Gib folgendes Testprogramm ein, starte es und drehe den Rotor.

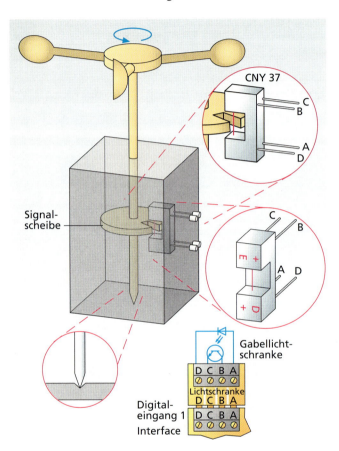

```
REM: Windgeschwindigkeitsmesser
REM: Am Digitaleingang 1 des Interface
CLS
DO
    LOCATE 10, 15
    PRINT STRIG(1)
LOOP UNTIL INKEY$ = "s"
```

Analyse der Messeinrichtung
- Wie wirkt sich eine Drehung der „Signalscheibe" auf die Bildschirmanzeige aus?
- Miss dabei die Spannung an den Eingangsklemmen C und B des Gabellichtschrankenmoduls. Was stellst du fest?
- Trage die Zusammenhänge in eine Tabelle wie unten ein und beschreibe sie mit Wenn-Dann-Sätzen.

Tipp: Versuch 11, Seite 76

Lichtstrahl	Spannung an C–B	Anzeige

Prüfen, Verbessern und Erweitern der Messeinrichtung
Die vom Programm auf dem Bildschirm angezeigten Informationen sind noch unklar.
- Beschreibe kurz, welche Informationen du von einem Windmesser erwartest.
- Erkläre, wie das Programm die Aufgabe bewältigen könnte.
- Erstelle ein Programm, mit dessen Hilfe die Zahl der Impulse je Sekunde gemessen werden kann.
- Kalibriere die Bildschirmanzeige mithilfe eines käuflichen Windmessers und bringe die Anzeige auf „Meter pro Sekunde".

Tipp: Seiten 128 und 129

kalibrieren: ein Gerät auf einen bestimmten Wert einstellen

Hinweis: Du benötigst das Interface der Seiten 142 und 143

Arbeitsauftrag
Baue ein Windgeschwindigkeits-Messgerät, ermittle damit die Luftgeschwindigkeit und erfasse die Messwerte mit einem PC.

Kurzbeschreibung der Funktion
Die Windströmung wird durch die offene Halbschale erfasst. Mit dem Windrad dreht sich eine „Signalscheibe" mit einer Einkerbung am Rand. Bei jeder Umdrehung gibt diese Kerbe dem Lichtstrahl den Weg zwischen der Gabellichtschranke frei.

Erfassen und Verarbeiten: Wetterstation

Wichtige Hinweise für die Wettervorhersage sind u. a. die Windrichtung, die Luftfeuchtigkeit und die Temperatur. Die beiden letztgenannten Größen sind besonders für das Wohlbefinden von Menschen und Tieren und für das Wachstum der Pflanzen verantwortlich.

Eine Temperaturänderung bewirkt eine Widerstandsänderung des Heißleiters und somit eine Spannungsänderung am Analogeingang 1 des Interface.
Die Codierscheibe streicht, je nach Windrichtung, mit den beiden schwarzweißen Kreissegmenten an den Reflexlichtschranken vorbei. Diese geben die vier Lesekombinationen als Signale an die Digitaleingänge des Interface weiter.

Aufbautipps
- Benötigt werden fünf ca. 30 cm lange entfettete Haare, ferner ein Poti (1 MΩ) mit Drehknopf. Das Poti muss leicht beweglich sein (eventuell die Spannfeder des Schleifers lockern).
- Das Gewicht am Hebel des Potis sollte so bemessen werden, dass die Längenänderung der Haare ein Absinken des Hebels bewirkt.
- Erstellt ein Programm, das die Zustände der verschiedenen Eingänge anzeigt. Verändert mit einem Föhn die Arbeitsbedingungen für die Sensoren. Notiert eure Beobachtungen.

Tipp: Seiten 128 und 129

Analyse und Auswertung der Signale
- Wie wirkt sich die Änderung der Luftfeuchtigkeit, der Temperatur und der Windrichtung auf die Bildschirmanzeigen aus?
- Tragt die Zusammenhänge in Tabellen (wie unten) ein und beschreibt sie mit Wenn-Dann-Sätzen.

Prüfen, Verbessern und Erweitern der Messeinrichtung
Die vom Programm auf dem Bildschirm angezeigten Informationen sind noch unklar.

Tipp: Seiten 128 und 129

- Versucht in einem ersten Schritt im Programm, die Ergebnisse von STRIG(1) und STRIG(5) zu verknüpfen.
- Kalibriert mithilfe eines käuflichen Feuchtigkeitsmessers und eines Thermometers die Angaben zur Luftfeuchte STICK(0) und die Angaben zur Temperatur STICK(1).

Tipp: Seite 141

Arbeitsauftrag
Baue und erprobe eine Wetterstation.

Kurzbeschreibung der Funktion
Haare verändern je nach Feuchtigkeit ihre Länge. Diese Längenveränderung wird über einen Hebel auf die Welle eines Potentiometers übertragen. Aus der Längenänderung wird somit eine Widerstandsänderung an den Eingängen F und C/B des Analogeingangs 2 des Interface.

Tipp: Versuch 12, Seite 77, Versuch 11, Seite 76

Luftfeuchte	STICK(0)
hoch	
niedrig	
Temperatur	STICK(1)
hoch	
niedrig	

Wind aus:	STRIG(1)	STRIG(5)
Ost		
Süd		
West		
Nord		

Computer einsetzen

Erfassen und Verarbeiten: Barcodeleser

Überall auf Waren, auf Postpaketen, ja sogar auf Briefen und auf der Rückseite dieses Buches sieht man sie: Die parallel angeordneten und unterschiedlich breiten Striche, getrennt durch verschieden breite, weiße Lücken. Die Ware mit dem Barcode wird am Lesegerät (Laserscanner) vorbeigeführt und schon werden an der Kasse die Warenbezeichnung und der Preis angezeigt.

```
REM: Barcodeleser am Digitaleingang 1 des Interface
CLS
    DO
        LOCATE 10, 15
        IF STRIG(1) = 0 THEN PRINT "schwarzer Strich"
        END IF
        LOCATE 10, 15
        IF STRIG(1) = 1 THEN PRINT "weisser Strich"
        BEEP
        END IF
    LOOP UNTIL INKEY$ = "s"
```

Arbeitsauftrag
Baue und teste einen Barcodeleser.

Aufbautipps
Den bestmöglichen Leseabstand stellst du durch das Justieren der Kugelschreiberröhre in einem U-förmigen Gehäuse sicher.

Tipp: Versuch 11, Seite 76

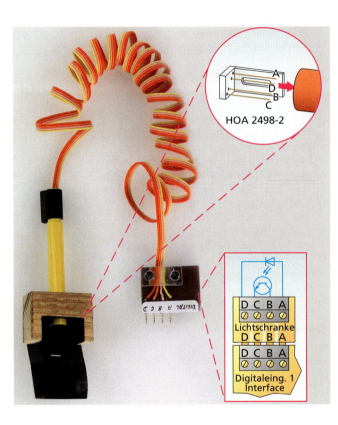

Analyse und Auswertung der Signale
▶ Welche Wirkung haben die schwarzen und weißen Striche für die Spannung an den Eingängen B und C des Interface?
▶ Wie wirken sich die beiden Eingangssignale auf die Bildschirmanzeige aus?
▶ Trage die Zusammenhänge in eine Tabelle wie unten ein und beschreibe sie mit Wenn-Dann-Sätzen.

Farbe des Strichs	Spannung (B–C)	Bildschirmanzeige

Prüfen, Verbessern und Erweitern des Lesegeräts
▶ Beobachte, wie lange unsere Information auf dem Bildschirm bei gleichmäßigem Bewegen des Lesegeräts über den Strichen des Barcodes andauert.
▶ Ergänze das Programm so, dass sowohl die Farbe der Striche als auch die Breite der Striche als Zeitdauer angezeigt wird.
▶ Informiere dich darüber, wie die Informationen (Zahlen) im Barcode „versteckt" (codiert) sind.
▶ Welche Folgen haben die Lesegeräte für die Bereiche der Arbeitswelt, in denen zunehmend solche automatischen Lesegeräte eingesetzt werden?
▶ Gestalte das Programm so um, dass du mit dem Lesegerät die Drehzahl rotierender Wellen ermitteln kannst (Drehzahlmesser).

Tipp: Seiten 129 und 132

Kurzbeschreibung der Funktion
Dieses Lesegerät, eingebaut in das Oberteil eines Kugelschreibers, sendet einen Lichtstrahl aus und überprüft, ob er reflektiert wird. Dieses Reflektieren oder Nicht-Reflektieren wird als Signal über das Interface dem Computer mitgeteilt.
▶ Verbinde die Anschlüsse des „nackten" Lesegeräts mit dem Digitaleingang 1 des Interface.
▶ Schließe das Interface an den Gameport-Eingang des Computers an.
▶ Gib das Testprogramm ein und starte es.

Regeln mit dem Computer: Sonnenkollektoranlage

Auf immer mehr Dächern sieht man Sonnenkollektoren zur Brauchwasser-Erwärmung. An vielen Schulen wurden schon solche Kollektoren gebaut, um deren Funktionsweise zu erkunden.

Funktionsweise der Regelung
Durch die aufgenommene Sonnenenergie erwärmt sich das Wasser im Kollektor. Ist es 6 K (Kelvin) wärmer als ϑ_2, schaltet die Pumpe ein und befördert das Wasser in den Wärmetauscher. Dort erwärmt es das gespeicherte Wasser und kühlt sich dabei ab.
Bei $\Delta\vartheta = \vartheta_1 - \vartheta_2 < 6$ K wird die Umwälzpumpe ausgeschaltet. Der Wärmeaustausch zwischen Sonnenkollektor und Warmwasserspeicher wird unterbrochen.

Aufbautipps
▶ Als Umwälzpumpe eignet sich eine 12-V-Pumpe zur Scheibenreinigung aus dem Kfz-Zubehör.
▶ Verwende zum Ein- bzw. Ausschalten der Pumpe ein Relaisschaltinterface.

Kelvin (K): Maß für Temperaturdifferenz

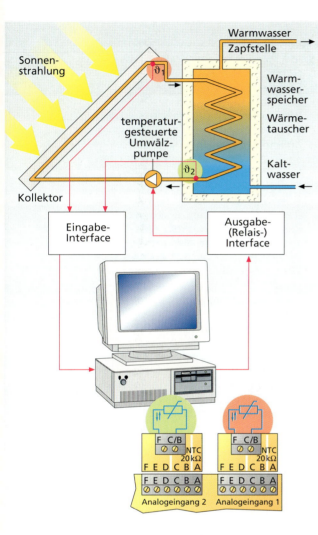

Analyse und Auswertung der Signale
▶ Beschreibe in Wenn-Dann-Sätzen die Bedingungen, die beim Ein- bzw. Ausschalten der Umwälzpumpe erfüllt sein müssen.
▶ Trage die Zusammenhänge in eine Tabelle wie unten ein.

Ist-Wert ϑ_1	Ist-Wert ϑ_2	Temp.-Differenz $\Delta\vartheta = \vartheta_1 - \vartheta_2$	Pumpe EIN/AUS
47,3 °C	42,6 °C	4,7 K	Aus
51,2 °C	42,5 °C	8,7 K	Ein

Arbeitsauftrag
Ergänze eine vorhandene Experimentieranlage für einen Sonnenkollektor um eine computergesteuerte Temperaturdifferenzregelung.
Die Pumpe soll nur dann eingeschaltet sein, wenn das Wasser im oberen Teil des Kollektors eine um mindestens 6 °C höhere Temperatur hat als das Wasser im unteren Teil der Rohrschlange im Wärmetauscher. Die Messdaten sollen über Heißleiter erfasst (mit R_6 kalibrieren!), durch das Interface angepasst und im Computer verarbeitet werden.

▶ Gib das Programm ein und teste es.

```
REM: Temperaturdifferenzregelung für einen Sonnen-
REM: kollektor am Analogeingang 1 und 2 (Q-Basic)
REM:
SollWert = 6
CLS
   DO
      TempKoll= STICK(0): PRINT "TempKoll",TempKoll
      TempWT= STICK(1): PRINT "TempWT",TempWT
         IF TempKoll > SollWert + TempWT THEN
            OUT 888, 1: PRINT "Pumpe EIN"
         ELSE
            OUT 888, 0: PRINT "Pumpe AUS"
         END IF
   LOOP UNTIL INKEY$ = "s"
```

Prüfen, Erweitern und Auswerten der Regelung
▶ Ergänze mithilfe der TIMER-Funktion das Programm und lass die Einschaltdauer auf dem Bildschirm anzeigen.

Steuern mit dem Computer: Bohr- und Fräsautomat

Bei der Herstellung von technischen Gegenständen in Mehrfachfertigung werden immer häufiger computergesteuerte Maschinen eingesetzt, die die Arbeitsgänge weitgehend „automatisch" steuern.

Arbeitsauftrag
Stelle ein Mühlespiel mit einer computergesteuerten Maschine her.

Analyse der Bewegungen der Maschine und ihre Umsetzung in Befehle für eine CNC-Maschine

Untersuche mit der Handsteuerung die zur Herstellung des Mühlespiels notwendigen Bewegungen der Maschine.
- Befestige auf der Arbeitsfläche des Koordinatentisches eine Platte mit einer technischen Zeichnung des Werkstücks auf Millimeterpapier.
- Spanne einen Bleistift in die Werkzeughalterung.
- Positioniere mit der Handsteuerung die Bleistiftspitze auf den Werkstücknullpunkt (Abb. 1).
- Speichere den Nullpunkt mit der Tastenkombination <Strg>+<Ende>.
- Fahre mit der Handsteuerung den Fahrweg zur Realisierung der ersten Bohrung ab und lies die eingeblendeten Werte für X und Y ab.
- Trage die Werte in die vorbereitete Tabelle ein (ähnlich Tabelle 1).
- Entwickle nun Schritt für Schritt und unter Zuhilfenahme einer CNC-Befehlsliste das Programm für dein Mühlespiel.
- Durch die Eingabe der Befehle im „Direktmodus" können diese auf ihre Korrektheit überprüft werden.
- Wenn das Programm nach dem Probelauf fertig ist, kannst du die Zeichnung von der Platte entfernen und das Mühlespiel herstellen.

CNC: **C**omputerized **N**umerical **C**ontrol = computergesteuert

⚠️ Beachte die Sicherheitshinweise des Herstellers!

Direktbefehlsmodus: Bei den meisten Programmen kann ein einzelner CNC-Befehl eingegeben und sofort ausgeführt werden.

F100: Vorschubgeschwindigkeit von 10 mm/s

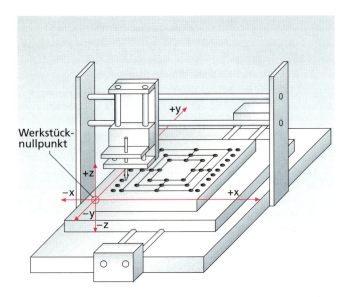

1 Mühlespiel auf dem Koordinatentisch

Bewegungen des Werkzeugs	CNC-Befehl	X-Achse	Y-Achse	Z-Achse	sonstige Aktionen	Bedeutung
1. Werkzeug auf einen Sicherheitsabstand von 5 mm anheben	G00	X0	Y0	Z5		Fahre im Eilgang
2. Werkzeug auf den Anfangspunkt einer Fräslinie fahren (z.B. X30, Y30)	G00	X30	Y30			Fahre im Eilgang
3. Werkzeug ins Material eintauchen (z.B. Tiefe 0,5 mm)	G01	X30	Y30	Z–0,5	F100	Fahre mit Materialeingriff
4. Linie fräsen (z.B. von Position X30, Y30 bis Position X30, Y120)	G01	X30	Y120			

Tabelle 1: Arbeitsblatt zur Erstellung des CNC-Programms

Untersuchung der Qualität der Fräsnut			
Fräsertyp	Drehzahl Frässpindel	Vorschub (F)	Ergebnis: 0/+/–

Tabelle 2: Untersuchung der Qualität der Fräsnut

2 CAD-CNC-Arbeitsplatz

Optimieren der Qualität der Arbeit
Diese hängt vom „Dreiklang" Vorschubgeschwindigkeit (F), Drehzahl der Fräserspindel (Rändelrad 1...6) und dem Fräsertyp ab.
Versetze die Frässtrecke auf einem Probestück um jeweils 10 mm in der y-Achse, ändere jeweils eine Größe des Fräsvorgangs, beobachte die Auswirkungen auf die Qualität der Fräsnut und trage die Beobachtungsergebnisse in Tabelle 2 ein.
Die Eingabe jedes einzelnen Arbeitsschritts ist zeitintensiv und erfordert hohe Konzentration. Außerdem muss zuvor noch die technische Zeichnung zu dem Werkstück erstellt werden. Deshalb hat man sich schon bald um eine bessere Lösung bemüht. Das Zeichenprogramm (CAD) wurde durch ein Programm ergänzt, das die mühsame Übersetzung der Einzelschritte in die Sprache der Maschine übernimmt.

CAD:
Computer **A**ided **D**esign
= computerunterstütztes Konstruieren

Tipps für die Herstellung des Mühlespiels mit der CAD-CNC-Koppelung
Erstelle zunächst mithilfe des CAD-Programms die unten stehende technische Zeichnung. Die Umrisslinie des Werkstücks und die Bemaßung erstelle im Layer 9 (grau), die Kreislöcher im Layer 1 (hellgrün) und die Frässtrecken im Layer 2 (hellblau). Die Objekte im Layer 9 werden bei der Fertigung von der Maschine nicht berücksichtigt.
Ordne nun den Objekten in Layer 2 (Frässtrecken) die Technologiedaten zu, die du schon erkundet hast. Dies sind: Vorschubgeschwindigkeit (10 mm/s; Befehl: F100), Fräserdurchmesser (2 mm) und die Frästiefe (2 mm). Die Drehzahl des Fräsers sollte bei 1900 U/min (Rändelmutter: Stufe 3) liegen. Der Fräser soll „nicht versetzt" arbeiten.
Die Zuordnung der Technologiedaten zu den Kreislöchern in Layer 1 erfolgt auf dieselbe Weise. Die Frästiefe sollte 5 mm betragen und der Fräser nach „innen versetzt" arbeiten.
Justiere abschließend den Werkstücknullpunkt der Maschine.

Layer:
Schichten von Zeichenebenen (wie geschichtete Tageslichtprojektorfolien)

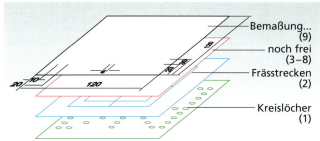

3 Anordnung der Layer

Prüfen, Verbessern und Erweitern der CAD-CNC-Fertigung
▶ Simuliere den Fräsvorgang.
▶ Fertige mit der Maschine ohne Bewegungen in der z-Achse (der Fräser arbeitet nicht!).
▶ Korrigiere eventuelle Fehler.
▶ Fertige das erste Werkstück und optimiere anschließend die Technologiedaten.
▶ Ergänze das Spiel (Name, Datum, …).
▶ Vergleiche die Fertigung ohne CAD-CNC-Koppelung mit der Fertigung mit CAD-CNC-Koppelung (Art der Arbeit, Arbeitsaufwand, notwendige Kenntnisse, …).

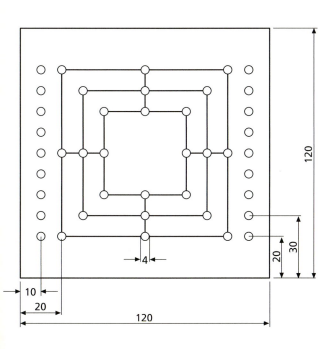

Computer einsetzen

Versuche zum Steuern und Regeln

Versuch 1:
Lampe mit Tonfrequenzen steuern

Untersucht, wie man Lampen in Abhängigkeit von Tonfrequenzen steuern kann.

Falls euch das Sperren, Blockieren, Zünden und Speichern eines Impulses mit einem Thyristor nicht klar ist, solltet ihr euch im Infoteil auf Seite 100 informieren und einen Versuch nach Abb. 4 durchführen.

Arbeitsmittel: DMM, Radio mit einem Lautsprecherausgang, Netzgerät, Übertrager 1:10

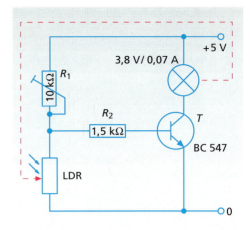

2 Lichtregelung

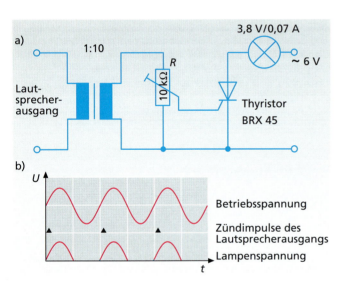

1 Lampensteuerung durch ein Radio

Durchführung und Auswertung
Übertragt das Schaltbild und das Diagramm in euren Ordner.

Baut die Schaltung nach Abb. 1 auf und beantwortet folgende Fragen:
- Welche Funktion hat der Übertrager?
- Kann die Lampe mit Gleichspannung betrieben werden?
- Lässt der Thyristor den gesamten sinusförmigen Wechselstrom durch?
- Unter welchen Bedingungen kann die Lampe nur leuchten?
- Wie ist das Diagramm in Abb. 1 b zu verstehen?
- Wie kann die Steuerung in einem Signalflussdiagramm dargestellt werden?

Versuch 2:
Lichtregelung untersuchen

Untersucht eine Lichtregelung mit einem Transistor als Verstärker und Stellglied.

Vorbereitung
Ein Fotowiderstand dient als Sensor. Er bildet mit einem Poti einen Spannungsteiler. Fotowiderstand und Lampe werden in einem Gehäuse (z. B. einer Schuhschachtel) untergebracht. Alle anderen Bauteile befinden sich außerhalb dieses Gehäuses auf einer Experimentierplatte.

Durchführung und Auswertung
- Übertragt das Schaltbild in euren Ordner.
- Erstellt eine Stückliste.
- Baut die Schaltung auf.

Versucht die folgenden Fragen zu beantworten:
- Wie wirkt sich die zunehmende Helligkeit auf den Fotowiderstand, auf die Steuerspannung des Transistors und auf den Kollektorstrom aus?
- Wie wirkt sich die abnehmende Helligkeit der Lampe aus?
- Welcher Wert der Regelung wird mit dem Poti eingestellt?
- Wodurch unterscheidet sich diese Regelung vom Dämmerungsanzeiger auf Seite 41?

Zeichnet das Signalflussdiagramm des Dämmerungsanzeigers von Seite 41 und das der Lichtregelung.

Versuche zum Senden und Empfangen

Versuch 3: Resonanzfrequenz ermitteln

An einem Parallelschwingkreis soll die Resonanzfrequenz bestimmt werden. Es wird mit NF gearbeitet, weil HF nur mit speziellen Messinstrumenten erfasst werden kann.

Prinzipiell spielt sich beim Radio im Eingangskreis bei der Abstimmung dasselbe ab: Es wird eine Resonanzfrequenz eingestellt.

Versuch 4: Modulation einstellen

An einer LED soll die Modulation so eingestellt werden, dass möglichst wenig Tonverzerrungen auftreten. Ihr sollt die Bedingungen herausfinden, bei denen die LED möglichst hell leuchtet, sodass sie zur Tonübertragung eingesetzt werden kann.

Arbeitsmittel: Kopfhörer, Oszilloskop, NF-Generator

Verschiedene Bauformen kleiner Ferritspulen (Miniatur-Festinduktivitäten)

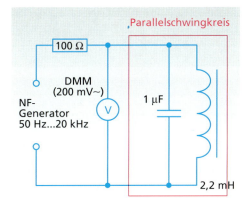

3 Resonanzversuch

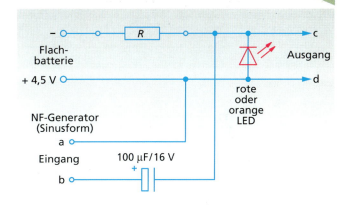

4 Versuch zur Modulation

Millihenry (mH): Maß für die Induktivität einer Spule

Aufbautipps
▶ Nehmt als Kondensator einen Kunststoffkondensator (z. B. MKS, Rastermaß 7,5 mm – keinen Elko!).
▶ Verwendet als Spule eine Miniatur-Festinduktivität. Dieses Bauteil besteht aus einer Spule dünnen Drahts um ein Ferritstäbchen als Kern. Manche dieser Typen sehen aus wie 1/4-Watt-Schichtwiderstände mit Farbringen und silbernem Toleranzring, andere dagegen wie kleine Kunststoffkondensatoren mit dem Rastermaß 5 mm.

Durchführung
Durchfahrt mit dem Sinus-NF-Generator langsam verschiedene Frequenzbereiche und stellt fest, bei welcher Frequenz f_0 (das ist die Resonanzfrequenz) das DMM die maximale Spannung anzeigt.
Das Messinstrument muss dabei auf AC (Wechselspannungsbereich) eingestellt sein.

AC: **A**lternating **C**urrent = Wechselstrom

Durchführung
▶ Baut den abgebildeten Lichtsender auf.
▶ Wählt für R zunächst 1 kΩ. Stellt den NF-Generator auf Sinuskurvenform um und schließt ihn an den Eingang a–b an.
▶ Verbindet den Ausgang c–d mit einem Oszilloskop.
▶ Verändert die Ausgangsspannung des NF-Generators so, dass am Oszilloskop eine möglichst große, unverzerrte Sinuskurve erscheint.
▶ Variiert R (100 Ω, 470 Ω) und zeichnet das Oszilloskopbild auf.

Versuche erweitern
▶ Verbindet das Oszilloskop oder einen (mittel- oder hochohmigen) Kopfhörer mit einer Solarzelle. Die Solarzelle wird von der roten LED seitlich streifend beleuchtet.
▶ Stellt auch hier fest, unter welchen Bedingungen (R und NF-Generatorspannung!) das LED-Licht am stärksten verzerrungsfrei moduliert wird.

Arbeitsmittel für Versuche mit ICs

IC-Platine für Experimentierplatten anpassen oder herstellen

Zum Aufbau von IC-Schaltungen auf Experimentier- oder Steckplatten empfiehlt es sich, IC-Platinen zu verwenden.

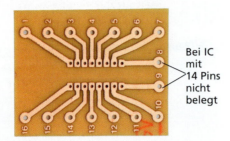

Bei IC mit 14 Pins nicht belegt

1 Käufliche IC-Platine, Kupferseite

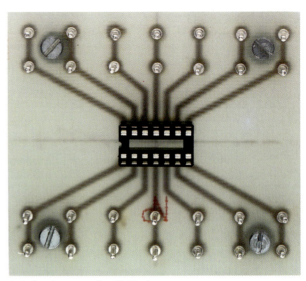

3 Selbst hergestellte IC-Platine

Ihr könnt käufliche IC-Platinen an Experimentier- oder Steckplatten anpassen (Abb. 1 und 2) oder eine IC-Platine für ein Experimentiersystem herstellen (Abb. 3 und 4).

In beiden Beispielen werden die diskreten Bauteile über Steckstifte und Steckschuhe mit der IC-Fassung verbunden.

Die Platine nach Abb. 3 eignet sich auch für die Experimentierplatte nach Abb. 2. Stellt diese oder eine ähnliche Platine her.

Die Abstände der Anschlüsse von IC-Fassungen sind genormt und liegen daher fest (siehe Seite 148).

2 Experimentierplatte mit IC-Platine

Platine 72 mm x 64 mm, Kupferseite

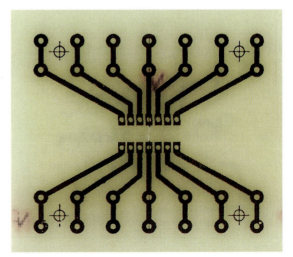

4 Platinenlayout im Maßstab 1:1

Versuche mit ICs

Versuch 5:
Ansteuern von Leuchtdioden mit dem IC 7400 untersuchen

Zielsetzung
Ihr sollt die Eingänge eines 7400-Gatters in unterschiedlichen Kombinationen an 0 V (L-Pegel) und +5 V (H-Pegel) legen und dabei untersuchen, bei welcher Kombination LED_1 und LED_2 jeweils leuchten bzw. nicht leuchten.

Eingang E_1 Schalter S_1	Eingang E_2 Schalter S_2	Ausgang A_1 LED_1	Ausgang A_2 LED_2
nicht betätigt	nicht betätigt		
betätigt			

▸ Stellt fest, bei welcher Schaltkombination jeweils LED_1 bzw. LED_2 leuchtet.
▸ Vergleicht den Zustand von LED_1 und LED_2 bei jeder Schaltkombination (in jeder Zeile der Tabelle).

Erkenntnis
▸ Formuliert für das Ergebnis jeder Versuchsreihe eine Faustregel, etwa so: „Liegt eine LED zwischen dem Ausgang eines Gatters und 0 V, so …"

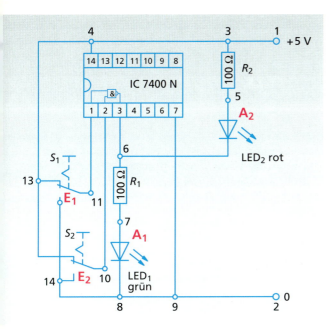

5 Ansteuern von LED mit dem IC 7400

Durchführung
▸ Informiert euch auf Seite 148 über den Aufbau von IC-Schaltungen.
▸ Baut dann die Schaltung nach Stromlaufplan auf.
▸ Führt mit S_1 und S_2 alle Schaltkombinationen durch. Beginnt damit, dass S_1 und S_2 unbetätigt sind, d.h. E_1 und E_2 an H-Pegel liegen.
▸ Beobachtet dabei LED_1 und notiert eure Beobachtungen.
▸ Wiederholt die Versuchsreihe und beobachtet nun LED_2.

Auswertung
▸ Überlegt für jede Versuchsreihe, welche Wenn-Dann-Beziehung beim Leuchten der LED vorliegt.
▸ Ergänzt für jede Versuchsreihe die Funktionstabelle.

Versuch 6:
Ansteuern einer Transistorstufe mit dem IC 7400 untersuchen

Begründung
Benötigen Lampen, Relais oder Kleinspannungsmotoren in IC-Schaltungen Ströme über 16 mA, so muss man einen Transistor als Schaltverstärker nachschalten.

Zielsetzung
Untersucht, welcher Pegel an den Eingang der Schaltung gelegt werden muss, damit die Transistorstufe durchsteuert und die Lampe leuchtet.

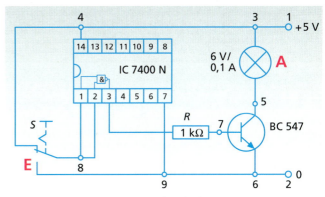

6 Ansteuern einer Transistorstufe mit dem IC 7400

Versuche durchführen

Versuche mit ICs

Durchführung
- Informiert euch auf Seite 148 über den Aufbau von IC-Schaltungen.
- Baut die Schaltung auf.
- Legt mit dem Schalter H-Pegel an Pin 1 und beobachtet die Lampe.
- Legt dann L-Pegel an Pin 1 und beobachtet die Lampe erneut.

Auswertung
- Überlegt, welche Wenn-Dann-Beziehung gegeben ist.
- Übertrage diese Tabelle in deinen Ordner.

Eingang E Schalter S	Ausgang A Lampe

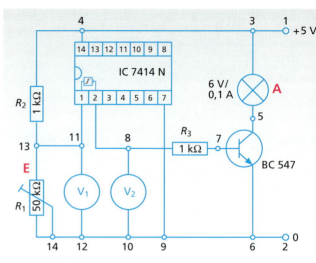

1 Ansteuern mit Schmitt-Trigger-IC 7414

Erkenntnis und Anwendung
- Formuliert einen Merksatz, etwa so: „Soll eine Transistorstufe am Ausgang eines NAND-Gatters angesteuert werden, so …"
- Stellt Überlegungen an, wie die Schaltung verändert werden müsste, damit die Lampe bei unbetätigtem Schalter leuchtet, also bei H-Pegel am Eingang.
- Überprüft eure Überlegungen, indem ihr die Schaltung entsprechend verändert und dann erprobt.
- Findet auch für diese Lösung die entsprechende Wenn-Dann-Beziehung. Erstellt eine Funktionstabelle (ähnlich wie oben) und formuliert aus den gewonnenen Ergebnissen einen einfachen Merksatz.

Durchführung
- Informiert euch auf Seite 148 über den Aufbau von IC-Schaltungen.
- Baut die Schaltung nach Abb. 1 auf und schließt die beiden Voltmeter an.
- Stellt das Poti zunächst auf vollen Widerstand und verkleinert ihn dann langsam.
- Stellt mit dem Voltmeter V_1 fest, bei welchem oberen und unteren Grenzwert am Eingang E die Lampe leuchtet bzw. nicht leuchtet.
- Ermittelt jeweils auch die Spannung mit dem Voltmeter V_2.

Auswertung
- Tragt eure Ergebnisse in eine Funktionstabelle ein.
- Überlegt, welche Wenn-Dann-Beziehung zwischen dem Eingang E und dem Ausgang A der Schaltung besteht.

Versuch 7:
Schaltung mit Schmitt-Trigger-IC 7414 untersuchen

Zielsetzung
a) Untersucht, bei welchen Eingangsspannungen (H-Pegel und L-Pegel) die Ausgangsspannung schlagartig wechselt.
b) Ihr sollt herausfinden, welche Wenn-Dann-Beziehung zwischen dem Gatter-Eingang E und der Lampe am Ausgang A der Schaltung besteht.

Eingang E = Pin 1		Pin 2		Ausgang A
Spannung	Pegel	Spannung	Pegel	Lampe
				leuchtet nicht
				leuchtet

Erkenntnis und Anwendung
Überlegt, wie die Schaltung zu verändern wäre, sodass aus ihr ein Dämmerungsschalter wird.

Durchführung

- Informiert euch auf Seite 148 über den Aufbau von IC-Schaltungen.
- Baut die Schaltung nach Abb. 2 auf.
- Beobachtet die Lampe, während ihr den Taster S mehrmals betätigt.
- Notiert eure Beobachtung.
- Überprüft jeweils mit einem Pegelanzeigegerät oder einem Voltmeter die Spannungspegel (Spannungspotentiale) an den Pins 1 bis 6 sowie am Elektrolytkondensator. Tragt die Ergebnisse in eine Tabelle ein.

	Pegel oder Potentiale an:				Lampe: EIN/AUS
	Pin 1/2	Pin 3/4/5	Pin 6	Elko (+Seite)	
Ausgangszustand					
1. Tastenbetätigung					
2. Tastenbetätigung					

Versuch 8: Einen Umschalter mit IC 7400 untersuchen

Elektrische Geräte können auch mit einem elektronischen „Stromstoßschalter" ein- und ausgeschaltet werden. Ihr sollt herausfinden, wie die Schaltung nach Abb. 2 funktioniert.

Auswertung

- Stellt anhand der Tabelle fest, welche Wenn-Dann-Beziehung zwischen der leuchtenden Lampe und dem Pegel am Ausgang des ersten Gatters (Pin 3) besteht.
- Stellt dann in der gleichen Zeile der Tabelle fest, welcher Pegel am Ausgang des zweiten Gatters (Pin 6) liegt und vergleicht ihn mit dem Pegel am Eingang von Gatter 1. Begründet das Ergebnis dieses Vergleichs.
- Überlegt, wo der Zustand am Ausgang des ersten Gatters (Pin 3) bis zum nächsten Tastendruck gespeichert wird.
- Beschreibt die Funktionsweise in eurem Heft.

Erkenntnis und Anwendung

Überlegt, wie der Stromlaufplan nach Abb. 1 verändert werden müsste, damit über das Relais andere Verbraucher mit unterschiedlichen Betriebsspannungen zu schalten sind.

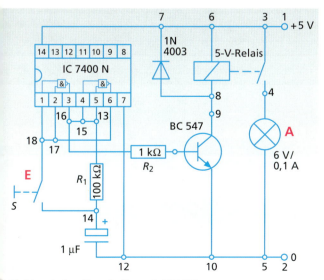

Elektronischer Umschalter mit IC 7400

Versuche mit dem Computer

Versuch 9:
Reedkontakt untersuchen

Zielsetzung
Untersucht, wie sich Reedkontakte im Einflussbereich von Magneten verhalten. Stellt fest, wie sich ihr Verhalten für das Erfassen von Signalen mit Computern nutzbar machen lässt.

Durchführung
▶ Erstellt Arbeitsmittel zur Durchführung von Versuchen gemäß folgender Abbildung.

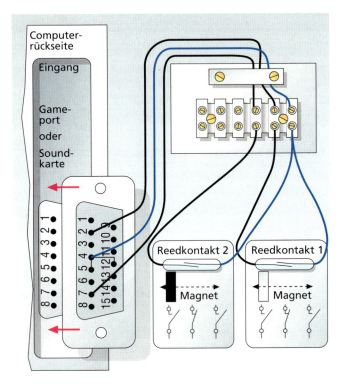

1 Reedkontakt-Test

▶ Bewegt den Dauermagnet auf die angedeutete Weise und messt das Schaltverhalten des Reedkontakts 1. Prüft anschließend auf dieselbe Weise das Schaltverhalten des Reedkontakts 2.
▶ Notiert, was ihr feststellt.
▶ Schiebt den Stecker in die Gameportbuchse des PC.
▶ Gebt das Computerprogramm für das Anzeigen der Zustände der ersten beiden Digitaleingänge von Seite 129, erster Abschnitt, ein.
▶ Bewegt den scheibenförmigen Magnet zunächst im rechten Winkel und dann parallel zum röhrenförmigen Reedkontakt.
▶ Stellt fest, wie der Magnet geführt werden muss, damit der Reedkontakt nur einmal seinen Schaltzustand von „offen" auf „geschlossen" und wieder auf „offen" ändert.
▶ Führt jetzt den Magnet schrittweise am Reedkontakt 2 vorbei.
▶ Notiert bei den jeweiligen Schalterstellungen der Reedkontakte die auf dem Bildschirm angezeigten Werte.

Auswertung
▶ Schreibt auf – z.B. in Form einer Wenn-Dann-Beziehung –, was ihr über den Zusammenhang zwischen den Schaltzuständen der Reedkontakte und den auf dem Bildschirm angezeigten Werten herausgefunden habt.
▶ Macht Vorschläge, wie man die Änderungen der Schaltzustände der Reedkontakte zum Anzeigen des Luftdrucks von Fitness-Testgeräten nutzbar machen könnte.

Erweiterung
▶ Überlegt, mit welchen weiteren Schaltern ihr die gleiche Wirkung beim Computer erzielen könnt wie mit Reedkontakten.
▶ Erstellt ein Programm, mit dem ihr die Dauer der Schaltzustände „offen" und „geschlossen" feststellen könnt.
▶ Erweitert euer Computerprogramm so, dass ihr auf dem Monitor die gemessenen Schaltzustände der Reedkontakte in Form von Leuchtflächen angeben oder als Balkendiagramm anzeigen könnt.

Tipp:
Seiten 128 und 132

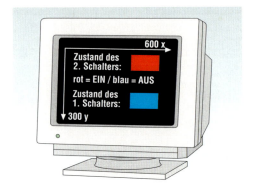

Versuch 10:
Widerstände untersuchen und Werte am Monitor anzeigen

Zielsetzung
Untersucht, ob sich der Widerstand von Elektroden beim Eintauchen in eine Kochsalzlösung verändert, und stellt fest, ob dabei die Menge des gelösten Salzes eine Rolle spielt.
Überprüft, ob der Computer diese Veränderungen erfassen kann.

Durchführung
- Bildet Gruppen und teilt die folgenden Arbeiten unter euch auf.
- Stellt 3 Testgefäße her (Acrylglasröhre, Ø 16 mm innen, 10 cm lang, auf Kunststoffplatte geklebt). Füllt sie mit Wasser (9 cm hoch).
- Gebt eine kleine Messerspitze Kochsalz in das erste Testgefäß, dann zwei in das zweite Gefäß usw.
- Stellt für jedes Gefäß zwei Elektroden aus einer Bleistiftmine und Silberdraht als Anschlusskontakt her. Klebt sie auf die Vorder- und Rückseite eines Kunststoffstreifens.
- Taucht die Elektroden unterschiedlich tief in die Testgefäße ein und stellt fest, wie groß der Widerstand zwischen den Elektroden jeweils ist (Abb. 2).

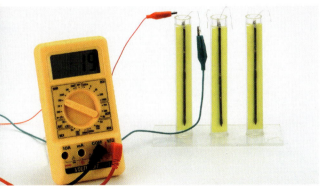

2 Widerstandsermittlung

- Notiert eure Messdaten (Salzanteil, Eintauchtiefe und Widerstand zwischen den Elektroden), z.B. in einer Tabelle.
- Verbindet die beiden Elektrodenanschlüsse mit dem Analogeingang 1 des Interface (Eingänge F und C/B, Abb. 3, und Abbildung auf Seite 60).
- Schreibt ein Programm, das den Computer veranlasst, die Widerstandswerte zwischen den Elektroden anzuzeigen.
- Stellt die Streckung der Messwerte mit R_6 am Interface ein. Der Analogeingang des Interface erfordert einen Widerstand von 10–20 kΩ.

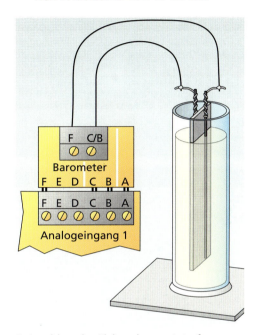

3 Anschluss der Elektroden am Interface

Tipp:
Seiten 60–61,
128–129

Auswertung
- Schreibt auf – z.B. in Form einer Wenn-Dann-Beziehung –, was ihr über den Zusammenhang zwischen der Eintauchtiefe der Elektroden, der Zusammensetzung des Wassers und den Widerständen zwischen den Elektroden herausgefunden habt.
- Macht Vorschläge, wie man die Widerstandsänderungen zum Anzeigen des Luftdrucks von Barometern mithilfe von Computern nutzbar machen kann.

Tipp:
Seiten 60–61

Erweiterung
- Kalibriert eure Widerstandswerte mit einem handelsüblichen Barometer in Druckangaben (N/m^2).
- Erweitert euer Computerprogramm so, dass ihr auf dem Monitor die gemessenen Widerstandswerte in Druckeinheiten angeben und sie in Zahlenwerten und als Balkendiagramm anzeigen könnt.

Tipp:
Seiten 131–132
und 141

Versuche mit dem Computer

Versuch 11:
Verhalten von Lichtschranken untersuchen

Lichtschranken reagieren auf veränderliche Lichtsignale. Sie können z. B. dazu verwendet werden, berührungslos Strichcodierungen zu erfassen oder Drehzahlen und Winkelgrade zu ermitteln.

Zielsetzung
Untersucht, wie reflektierte Lichtsignale von einer Lichtschranke erfasst und vom Computer angezeigt werden können.

Durchführung
▶ Seht euch die folgenden Abbildungen sowie die Angaben auf den Seiten 62–64 an.

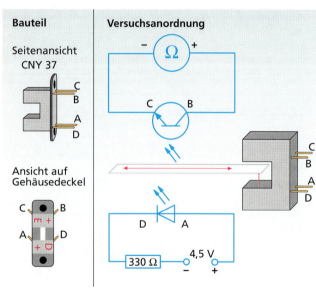

1 Gabellichtschranke

▶ Wählt eine der beiden Lichtschrankenarten aus und erstellt dazu die Versuchsanordnung, z. B. als Brettaufbau.
▶ Unterbrecht rhythmisch, also Schritt für Schritt, den Lichtstrahl mit einem Kartonstreifen.
▶ Ermittelt mit einem Widerstandsmessgerät, ob und wie sich der Widerstand zwischen den Anschlüssen B und C bzw. C und E verändert, und notiert die Ergebnisse, z. B. in einer Tabelle.

▶ Verbindet die Anschlüsse der ausgewählten Lichtschranke mit dem Digitaleingang 1 oder 2 des Interface.
▶ Stellt fest, welche Wirkung Spannungsänderungen zwischen den Anschlüssen B und C bzw. C und E auf den Digitaleingang des Computers haben.
▶ Schreibt ein Programm, das euch die Widerstandsänderungen auf dem Monitor anzeigt.
▶ Überlegt, ob und wie man die Dauer der Lichtreflexion oder der Lichtabsorption zur Drehzahlermittlung, zur Feststellung von Codierstrichbreiten oder zur Richtungsanzeige verwenden kann.

Tipp:
Seiten 62–64,
128–132

Auswertung
▶ Schreibt auf – z. B. in Form einer Wenn-Dann-Beziehung –, was ihr über den Zusammenhang zwischen der Intensität des reflektierten Lichts und der Widerstandsanzeige herausgefunden habt.
▶ Macht Vorschläge, wie man die Licht- und Widerstandsänderungen zum Decodieren von Strichcodes (Barcode) oder zur Drehzahlmessung mit Computern nutzbar machen kann.
▶ Skizziert eine Möglichkeit, wie zwei Reflexlichtschranken zum Feststellen von Winkelgraden eingesetzt werden können.

Tipp:
Seite 63

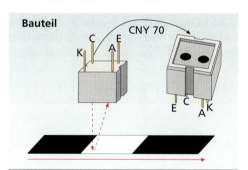

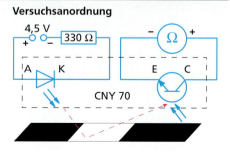

2 Reflexlichtschranke

Versuch 12:
Verhalten von Haaren bei Feuchtigkeitsänderung untersuchen

Untersucht, wie sich die Veränderung der Luftfeuchtigkeit auf die Länge menschlicher Haare auswirkt. Entwickelt eine Möglichkeit, dies dem Computer mitzuteilen.

Arbeitsmittel: 5 Haare, Länge mindestens 40 cm; Potis: 100 kΩ, 250 kΩ, 1MΩ; T-förmig montierte Holzleisten; Rundhölzer Ø 4 mm, Sprühflasche, Föhn

Durchführung
▶ Seht euch die folgende Abbildung sowie die Angaben auf Seite 63 und den Seiten 128–129 an.
▶ Baut mit den dargestellten Mitteln die Versuchsanordnung (Abb. 3) auf.

▶ Achtet bei der Wahl des Potis darauf, dass die Längenänderung der Haare einen Widerstandswert zwischen 14 und 19 kΩ bewirkt.
▶ Verbindet den Eingang und den Schleifer des Potis mit dem Analogeingang 1 des Interface (Eingänge F und B/C, Abb. 4)

4 Anschluss des Potis am Interface

3 Versuchsanordnung

▶ Entfettet die Haare und befestigt ein Ende der Haare mit der Holzleiste. Die anderen Enden müssen beweglich bleiben.
▶ Messt die Längenausdehnung der Haare bei extremer Feuchtigkeit (Sprühflasche) und nach dem Trocknen mit dem Föhn.
▶ Notiert eure Messergebnisse.
▶ Ordnet das Poti so auf der Leiste an, dass die Längenänderung der Haare eine möglichst große Drehbewegung der Potiwelle bewirkt.

▶ Schreibt ein Programm, das den Computer veranlasst, die Widerstandswerte des Potis anzuzeigen.
▶ Stellt mit dem Poti R_6 des Interface die Streckung so ein, dass schon geringe Feuchtigkeitsänderungen (Ansprühen) erfassbar sind.

Tipp: Seiten 128–129,

Auswertung
▶ Schreibt auf – z. B. in Form einer Wenn-Dann-Beziehung – , was ihr über den Zusammenhang zwischen der Feuchtigkeit an den Haaren und der Längenausdehnung herausgefunden habt.
▶ Macht Vorschläge, wie man die Längenausdehnung zum Anzeigen der Luftfeuchtigkeit mit Computern sichtbar machen kann.

Tipp: Seite 63

Erweiterung
▶ Kalibriert eure Widerstandswerte mithilfe eines handelsüblichen Feuchtigkeitsmessers in % Luftfeuchtigkeit.
▶ Erweitert euer Computerprogramm so, dass die gemessene Luftfeuchtigkeit als senkrechter Balken auf dem Monitor dargestellt wird.

Tipp: Seite 132

Aufgaben bearbeiten

Aufgabe 1: Begriffe erklären

Bei Fahrradcomputern wird die zurückgelegte Strecke über einen Reedkontakt erfasst, an dem ein Dauermagnet vorbeigleitet. Der Dauermagnet ist an einer Radspeiche befestigt und bewegt sich auf einer Kreisbahn. Erkläre anhand dieses Beispiels die Begriffe Information, Signal, analog, binär und digital.

Aufgabe 2: Trinkhalmregler erklären

In einer Reisebeschreibung aus dem 12. Jahrhundert über das südliche China wird von einem Trinkhalmregler berichtet (Abb. 1). In diesem befindet sich ein Rohr, das sich an den Enden konisch verengt. Darin kann sich ein kegelförmig zugespitzter Schwebekörper frei bewegen. Bei Durchfluss von unten erhält der Schwebekörper Auftrieb.
Kannst du den Regelkreis beschreiben, bei dem der Benutzer eine möglichst gute Wirkung erzielt?

Aufgabe 3: Temperaturregelung eines Bügeleisens beschreiben

Beschreibt ausführlich die Temperaturregelung eines Bügeleisens.
- Erklärt das Diagramm von Abb. 2.
- Begründet, weshalb die Temperatur zwischen zwei Werten hin- und herpendelt und nicht am Sollwert konstant gehalten wird.
- Stellt den Regelkreis in einem Blockschaltbild dar.

Versucht herauszufinden, welche anderen Haushaltsgeräte auch Temperaturregelungen haben und wie diese funktionieren.

Aufgabe 4: Bauteile einer Waschmaschine erklären

Ihr sollt herausfinden, durch welche Bauteile manuelle Tätigkeiten ersetzt werden und wie sie funktionieren. Anschließend sollt ihr den Wirkungsablauf beschreiben.

Arbeitshinweise
- Lest im Infoteil dieses Buches, in technischen Sachbüchern und Lexika nach, was euch unklar ist, z. B. Magnetventil, Temperaturregler, Druckwächter.
- Wählt einzelne Bauteile aus und beschreibt sie ausführlich.
- Wählt ein Bauelement aus, das ihr in einer Zeichnung darstellen könnt, und skizziert es.
- Übertragt die Tabelle von Abb. 3 in euren Ordner und ergänzt sie.
- Teilt die Bauteile in drei Gruppen ein:
  a) Bauteile, die den Vorgang beobachten, wahrnehmen, registrieren.
  b) Bauteile, die den Vorgang steuern und regulieren, bzw. die den Vorgang in der richtigen Reihenfolge ablaufen lassen.
  c) Bauteile, die die Arbeit ausführen.
- Versucht den Zusammenhang von Steuer- und Regelprozessen in Blockschaltbildern mit Rechtecken und Pfeilen darzustellen.

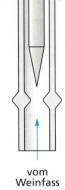

1 Trinkhalmregler

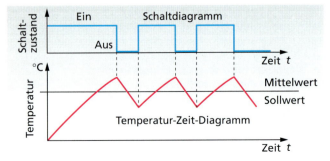

2 Zeitverhalten der Temperaturregelung beim Bügeleisen

Arbeitsgang	Bauteil
Wasser einfüllen	
Wasserstand kontrollieren	
Wasser erwärmen	
Temperatur kontrollieren	
Waschpulver zuführen	
Wäsche bewegen	
Wasser ausgießen	
Wäsche schleudern	
Reihenfolge, Zeitpunkt und Dauer der Arbeitsgänge einhalten	

3 Funktion von Bauteilen einer Waschmaschine

Aufgabe 5:
Steuerungen und Regelungen beschreiben

Zeichne folgende Schaltungen in deinen Ordner und beschreibe sie:
a) Temperatursteuerung, Seite 53
b) Temperaturregelung, Seite 54
c) Lichtsteuerung, Seite 52
d) Mittelwellenradio, Seite 56
e) Tonübertragung mit Licht, Seite 58

Aufgabe 6:
Funktionstabellen erklären

Erkläre die Funktionstabellen von Seite 145 anhand von Schaltungen
a) mit Schaltern
b) mit Relais
c) mit Transistoren

Aufgabe 7:
Funktionstabellen für diskrete Schaltungen erstellen

Wähle sechs Schaltungen zum Steuern oder Regeln eines Geräts aus.
a) Ordne den Schaltzuständen für die Eingangsgrößen E und die Ausgangsgrößen A jeweils Binärzeichen zu.
b) Stelle Funktionstabellen (Wahrheitstabellen) nach den Musterbeispielen von Seite 145 auf.

Aufgabe 8:
Sich über Elektronikschrott informieren

In Deutschland fallen pro Jahr etwa 1,5 Millionen Tonnen Elektronikschrott an. Die Deponierung für 1 Tonne kostet etwa 100 DM, eine umweltgerechte Entsorgung durch Recyclingverfahren kostet etwa 2000 DM!
Informiert euch beim Umweltamt eures Landkreises und bei einer Recyclingfirma für Elektronikschrott, weshalb die Probleme beim Recyclingverfahren zu solch hohen Kosten führen.
Notiert eure Erkenntnisse im Technikordner und berichtet darüber in eurer Technikgruppe.

Aufgabe 9:
Sich über künftige Entwicklungen informieren

Mit welchen Entwicklungen im Bereich der Elektronik, Automation und Informationsverarbeitung ist in den nächsten 10 Jahren zu rechnen? Können die Folgen bereits abgeschätzt werden? Informiert euch z. B. in Technikzeitschriften und berichtet darüber in eurer Technikgruppe.

Aufgabe 10:
Neue Kommunikationsmöglichkeiten erkunden

Begriffe wie Handy, Radiodatensystem (RDS), Telebanking, Globalfunk und Internet gehören zum Alltagswortschatz. Besonders das Internet und andere Netze boomen ohne Ende.
Informiere dich und beschreibe Nutzen und Nachteile der neuen Kommunikationsmöglichkeiten
a) für deinen persönlichen privaten Gebrauch,
b) für Unternehmen.

Aufgabe 11:
Berufe erkunden

Durch den immer breiteren Einsatz des Computers müssen sich viele Personen die notwendigen Kenntnisse für die Benutzung des Computers aneignen.
a) Beschreibe Beispiele für den Einsatz des Computers in traditionellen Lehrberufen.
b) Beschreibe, was man unter einem Telearbeitsplatz versteht.
c) Neue Jobs und Berufe sind entstanden, wie z. B. Software-Designer(in), Screen-Designer(in), Online-Redakteur(in), Netzwerk-Manager(in), Datenverarbeitungskaufmann(-frau), Informatikassistent(in), Informatikkaufmann(-frau), IT-Systemkaufmann(-frau) oder Infobroker(in). Informiere dich über neue Jobs und Informatikberufe durch berufskundliche Blätter, durch Broschüren, bei Fachleuten oder im Internet.
d) Wähle einen dieser neuen Jobs oder Berufe aus und beschreibe ihn.

Aufgaben bearbeiten

Aufgabe 12:
Eine IC-Schaltung verändern

Du sollst den Stromlaufplan der UND-Schaltung von Seite 149 so verändern, dass die LED leuchtet, wenn die Eingänge über die beiden UM-Schalter an L-Pegel (0 V) gelegt werden.
- Informiere dich zunächst im Infoteil auf Seite 147.
- Zeichne die Lösung in deinen Ordner.

Aufgabe 13:
Einen Stromlaufplan in einen Schaltplan umsetzen

Wähle einen Stromlaufplan von Seite 149 aus und zeichne den entsprechenden Schaltplan in deinen Ordner.

Tipp: siehe Seite 148

- Informiere dich zunächst über Schaltpläne von IC-Schaltungen.
- Skizziere den Schaltplan auf Karopapier.
Beginne mit dem Gatter an Pin 1, 2 und 3. Skizziere – wenn nötig – das nächste Gatter, indem du entgegen dem Uhrzeigersinn fortfährst. Überlege dir dabei, ob dieses Gatter unter oder rechts neben das vorhergehende zu setzen ist, damit der Schaltplan dem Stromlaufplan entspricht.
- Lass deine Schaltskizze überprüfen und korrigiere sie, wenn nötig.

Aufgabe 14:
Einen Schaltplan in einen Stromlaufplan umsetzen

Setze den Schaltplan nach Abb. 1 in einen entsprechenden Stromlaufplan um.

- Zeichne die Lösung in deinen Ordner.
- Orientiere dich an den Ziffern neben den Eingängen und Ausgängen der Gatter-Symbole. Sie entsprechen den Ziffern in der bildlichen Darstellung des IC 7400.

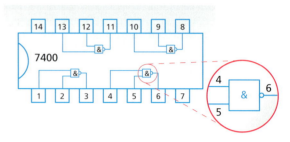

- Zeichne in kleinen Schritten von Pin zu Pin bzw. zu einem Bauteil oder einer Verzweigungsstelle. Orientiere dich dabei an der Darstellung der Stromlaufpläne auf Seite 149.

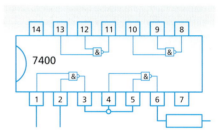

- Vermeide unnötige Leitungskreuzungen.
- Überprüfe den Stromlaufplan Schritt für Schritt auf seine Richtigkeit und Vollständigkeit.
- Lass deinen Stromlaufplan von jemandem kontrollieren.

Aufgabe 15:
Eine Funktions- oder Wahrheitstabelle erstellen

Erstelle für die Schaltung nach Abb. 1 eine Funktions- oder Wahrheitstabelle.
- Schau zuerst im Informationsteil nach.
- Erstelle die Tabelle danach auf einem Konzeptblatt, lass sie überprüfen und korrigiere sie, wenn nötig.
- Übertrage dann die Tabelle in deinen Ordner.

1 Schaltplan für eine Motorschaltung

Aufgabe 16:
Einsatzbereiche und Funktionen von Computern darstellen

Ihr sollt herausfinden, in welchen Lebensbereichen Computer eingesetzt werden und welche Funktionen sie dabei übernehmen. Stellt fest, welche manuellen Tätigkeiten und elektronischen Lösungen dadurch ersetzt werden. Stellt an ausgewählten Beispielen den Wirkungsablauf dar.
- Informiert euch bei Unklarheiten im Infoteil dieses Buches, in technischen Sachbüchern und Lexika.
- Stellt in einem Blockschaltbild dar, welche Aufgaben der Computer bezüglich des Erfassens, Verarbeitens und Ausgebens von Signalen (je nach ausgewähltem Beispiel) übernimmt.

Aufgabe 17:
Karteikarten für Programmierbefehle erstellen

Stellt für das rasche und übersichtliche Nachschlagen eine Kartei her (Karteikartenformat: DIN A6). Entnehmt die Befehle und Programmstrukturen dem Infoteil dieses Buches.
- Teilt die Kartei in zwei Gruppen (Befehle/Programmstrukturen) ein.
- Unterteilt die Gruppen in die Bereiche Eingabe, Verarbeitung und Ausgabe von Signalen.

Aufgabe 18:
Computerprogramm für einen Drehzahlmesser entwickeln

Stellt mit der Reflexlichtschranke (CNY 70) in Verbindung mit dem Eingabeinterface eine Messeinrichtung zum berührungslosen Feststellen der Drehzahl von rotierenden Teilen her.
- Entwickelt ein Programm, das die Drehzahlen je Minute oder Sekunde anzeigt.
- Erweitert die Anzeige zu einer Säulenanzeige (senkrecht oder waagrecht).
- Erklärt die Funktionsweise eines Fahrradcomputers und stellt dazu ein Blockschaltbild her.

Hinweis:
Lest dazu auch die Seite 62. Achtet darauf, dass die Anzeige erst nach abgeschlossener Messung erfolgt.

Aufgabe 19:
Ampelanlage erkunden und ein Steuerprogramm entwerfen

Erkundet den Funktionsablauf einer nahe gelegenen Ampelanlage und entwickelt ein Programm, das deren Signalabläufe simuliert.
- Stellt die Ampelphasen „vor Ort" fest (Messen mit der Stoppuhr).
- Erstellt mit den ermittelten Daten ein „Zeit-Tätigkeits-Diagramm".

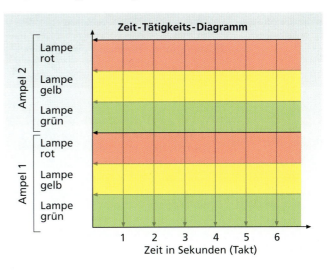

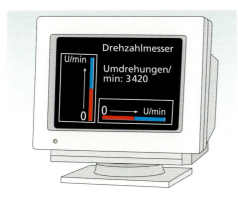

- Erstellt den Programmablaufplan für das Programm. Schaut euch dazu die Seite 139 an.
- Schreibt das Programm.
- Testet das Programm. Gebt dazu die Signale an ein Relaisinterface, eine Brettchenschaltung oder an das Modell einer Ampelanlage aus.

Überprüfe dein Wissen

1 Nenne Beispiele für den Informationsaustausch in der Natur und in der Technik.

2 Erkläre an Beispielen, wie Informationstechnik das berufliche und private Leben verändern kann.

3 Nimm Stellung zu folgender Aussage:
Mit dem Besitz von Informationen kann man Einfluss und Macht ausüben.

4 Gib an, was man unter dem EVA-Prinzip versteht.

5 Was ist der Unterschied zwischen einer elektronischen und einer informationstechnischen Betrachtungsweise einer Schaltung?

6 Womit können bei einer Computersteuerung
– Informationen eingegeben,
– Informationen verarbeitet,
– Informationen ausgegeben
werden?

7 Haben technische Zeichnungen etwas mit der Codierung und Speicherung von Informationen zu tun? Begründe deine Antwort.

8 Mache Angaben dazu, wie die Entwicklung des Computers verlaufen ist, beginnend mit der von Konrad Zuse 1941 gebauten Relais-Rechenanlage.

9 Stelle eine Steuerung und eine Regelung im Blockschaltbild dar.

10 Erkläre, wodurch sich eine stetige von einer unstetigen Regelung unterscheidet.

11 Wähle eine Steuerung oder Regelung aus. Formuliere mindestens fünf Fragen, mit denen man die informationstechnischen Zusammenhänge dieser Steuerung oder Regelung erklären kann, und beantworte die Fragen.

12 Erkläre die folgenden Steuer- oder Regelvorgänge und nimm Stellung dazu, ob die Aussagen „...regler", „geregelt" und „gesteuert" richtig oder falsch sind.
  a) Mit dem „Lautstärkeregler" eines Radios wird die gewünschte Lautstärke eingestellt.
  b) Ein Auto wird mit dem Lenkrad „gesteuert".
  c) Der Verkehr wird durch eine Ampel „geregelt".

13 Ein Frequenzgenerator erzeugt Schwingungen von 600 Hz bis 2 kHz. Berechne die Periodendauer dieser Schwingungen.

14 Begründe, weshalb bei der HF-Technik in Schwingkreisen keine Elkos verwendet werden.

15 Erkläre, weshalb ein Mikrofonverstärker brummt, wenn man mit den Fingerspitzen den Eingang berührt.

16 Erkläre folgende Begriffe möglichst ausführlich:
a) diskrete Schaltung, IC, digitales IC, analoges IC, Audio-IC, Chip, PC, Operationsverstärker, Hz, NF-Verstärker, HF-Verstärker, Resonanz, Schwingkreis, Parallelschwingkreis, Demodulation, Amplitudenmodulation, Pulscodemodulation, heißer Eingang, Pin, GND, passives Bauelement, aktives Bauelement
b) analoge Signale, digitale Signale, binäre Signale, logische Schaltung, high, low, L-Pegel, H-Pegel, UND, ODER, NICHT, NAND, NOR, NAND-Gatter.
c) codieren, decodieren, Interface, Port, kalibrieren, Temperaturdifferenzregelung, NC, CAD, CNC, Koordinatentisch, erfassen, Barcode, Verarbeiten von Signalen, Ausgeben von Signalen.

17 Erkläre folgende Anweisungen aus der Programmiersprache Q-Basic:
DO ... LOOP, STRIG(1), STICK(0), STRIG(5), STICK(1), AND, OR,
IF ... THEN ... END IF,
IF ... THEN ... ELSE ... END IF,
ON TIMER(1) GOSUB ...,
OUT ..., ...

18 Erstelle für die sechs logischen Grundfunktionen die Wahrheitstabellen.

19 Zeichne Transistorschaltungen, mit denen die logischen Grundfunktionen NICHT, UND, ODER, NAND und NOR realisiert werden können.

20 Du möchtest eine Schaltung entwerfen, die folgendes Logikverhalten zeigt: WENN Licht auf einen LDR fällt, DANN ertönt ein Summer. Entwirf einen Schaltplan
a) mit diskreten Bauteilen,
b) mit dem IC 7400.

21 Löse die vorausgegangene Aufgabe 20 mit einem Computer. Erstelle zu deinem Lösungsvorschlag einen Programmablaufplan.

Informationsteil Elektronik, Informationstechnik

Aus der Technikgeschichte von Radio und Fernsehen

Hörfunk und Fernsehen haben wie kein anderes Medium im 20. Jahrhundert Menschen und Gesellschaften beeinflusst.

Die Elektronenröhre war die entscheidende Erfindung, um Radiowellen weltweit zu senden und zu empfangen. Elektronenröhren waren aber auch der Ausgangspunkt für zahlreiche andere Erfindungen wie Röhrencomputer, Fernsehbildröhren, Mikrowellenröhren für die Radartechnik oder Erfindungen zur Automationstechnik. Mit der Elektronenröhre begann die Entwicklung der Elektronik.

Die einfachste Verstärkerröhre besteht aus einer evakuierten Glasröhre, einem Glühdraht (Kathode), einem Drahtgitter und einem positiv geladenen Blech (Anode). Vom Glühdraht werden Elektronen ausgesandt, passieren das Gitter und fliegen im Vakuum zur positiv geladenen Anode. Der Elektronenstrom reagiert sehr empfindlich auf die Spannung am Gitter. Wird eine kleine negative Spannung am Gitter angelegt, verringert sich der Anodenstrom sehr stark. Ist die Gitterspannung ein wenig positiv, wird der Anodenstrom erheblich verstärkt.

evakuieren: ein Vakuum herstellen

Elektronenfluss

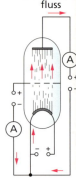

Verstärkerröhre von Lieben (1910)

Drei-Röhren-Gerät (1932)

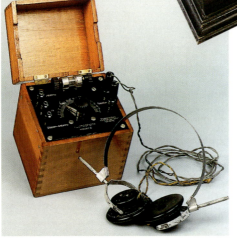

Detektorempfänger (1924)

Volksempfänger (1933)

Technikgeschichte

Man versuchte, als Konkurrenz zum Transistor kleinere und leistungsfähigere Röhren zu entwickeln. Durch den größeren Raum- und Energiebedarf und ihre hohen Herstellungskosten unterlag die Röhre bei der Rundfunktechnik im Wettbewerb mit der Halbleitertechnologie.

Die Röhrentechnik konnte sich jedoch bei der Bildröhre für Fernseher und Computermonitore sowie bei Senderöhren bis heute behaupten.

Der 1947 von den Amerikanern John Bardeen, Walter Brattain und William Shockley erfundene Germaniumtransistor hatte eine ähnliche Wirkung wie eine Verstärkerröhre, war aber im Vergleich zu ihr ein Winzling. Zwischen der Erfindung des Transistors im Labor und der kommerziellen Nutzung vergingen nur 3 Jahre. Dennoch war es 1950 noch „science fiction", man könne Rundfunkgeräte auf die Größe einer Zigarettenschachtel zusammenschrumpfen lassen.

Fernseher der 50er Jahre

Musikbox und Kofferradio der 50er Jahre

Fernsehen der Zukunft über Laser-Display?

85

Aus der Technikgeschichte des Computers

Am Übergang ins nächste Jahrtausend verändert und prägt der Computer das private und berufliche Leben sowohl zum Vorteil als auch oft zum Nachteil für Mensch und Umwelt. Die rasante Entwicklung ist einerseits faszinierend, andererseits bringt sie Unsicherheit über die künftige Arbeitsplatzsituation und das Zusammenleben der Menschen.

Mechanische und elektromechanische Rechenmaschinen waren die Vorläufer des Computers. Der Bauingenieur Konrad Zuse entwickelte die erste arbeitsfähige programmgesteuerte Rechenanlage. Sie wurde 1941 fertiggestellt. Die Rechenanlage „Z 3" arbeitete mit 2600 Relais. Diese wurden für logische Schaltungen und als binäre Speicherelemente verwendet (siehe Seiten 144–145). Der Speicher umfasste 64 Zahlen mit jeweils 22 Dualstellen. Das Rechenprogramm wurde in einen Filmstreifen gelocht.

Ebenso wie beim Radio gab die Elektronenröhre den entscheidenden Impuls für die Weiterentwicklung von Rechnern. 1946 trumpfte die Röhrentechnik in den USA mit einer vollelektronischen Rechenanlage auf, dem ENIAC. ENIAC konnte damals in drei Millisekunden die Multiplikation zweier zehnstelliger Zahlen rechnen. Für die damalige Zeit war dies eine hohe Rechenleistung!

Der Röhrencomputer ENIAC war ein Ungetüm. Er belegte eine Fläche von 135 m^2, arbeitete mit 18 000 Elektronenröhren, 100 000 Kondensatoren und 70 000 Widerständen und hatte 500 000 von Hand gelötete Verbindungen. Seine Programme mussten noch mit beweglichen Leitungen von Hand „gestöpselt" werden. Er wog 30 Tonnen – also so viel wie 30 Mittelklasseautos – und hatte eine Leistungsaufnahme von 150 Kilowatt (das entspricht der Heizkesselleistung von ca. 10 Einfamilienhäusern). Um den Verschleiß zu verringern, wurden die Röhren nur mit einem Viertel ihrer Nennleistung betrieben. Dadurch setzte der Computer „nur" dreimal pro Woche aus, wenn eine Röhre versagte. Heute ist die gleiche Rechenleistung mit einem Taschenrechner für ein paar Euro zu haben.

ENIAC wurde vor allem im militärischen Bereich für die Berechnung von Raketenflugbahnen verwendet. Bald hielt die Weiterentwicklung der Computer aber auch Einzug in die Geschäftswelt. Immer häufiger wurde er in Banken, Warenhäusern und Lohnabrechnungsabteilungen eingesetzt.

Nach der Erfindung des Transistors wurde die Halbleitertechnologie wesentlich stärker durch die Computerentwicklung vorangetrieben als durch die Radiotechnik. Der erste volltransistorisierte und in Serie hergestellte Computer kam 1957 auf den Markt.

1 Rechenanlage mit Relais von Konrad Zuse (1941)

2 Röhrencomputer ENIAC (1946)

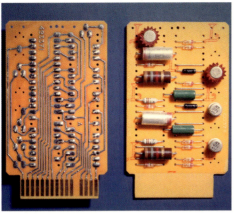

3 Gedruckte Schaltung aus einem Computer der 2. Generation

Digitalelektronik und Informationstechnik haben sich zu einer Schlüsselindustrie entwickelt, die sich auf alle Bereiche der Industrie, der Medizin, der Wirtschaft und der Gesellschaft auswirkt.

Die weltweite Präsentation von Produkten, Dienstleistungen und aktuellen Informationen, der Informationsaustausch zwischen Firma und Kunde, Teleshopping und Telebanking vernetzen immer mehr Menschen miteinander.
1998 waren mehr als 100 Millionen Menschen weltweit durch Computer miteinander verbunden. Experten rechnen mit einer Verdoppelung in wenigen Jahren.

Anfang der 60er Jahre kam es zu einem gewaltigen Technologiesprung. Mehrere Schaltfunktionen mit Dioden, Transistoren, Kondensatoren und Leiterbahnen wurden in ein Bauelement, ein IC, integriert. Schon 1970 konnten Computerchips hergestellt werden, die 1024 Informationseinheiten (Ja-Nein-Entscheidungen oder Bits) speicherten. Die Leistungsfähigkeit der Chips wuchs explosionsartig an.

1987 wurden die ersten 4-Megabit-Speicherchips (4 194 304 Bit) auf einem Siliziumplättchen mit einer Fläche von 9,5 mm x 9,5 mm hergestellt. Das entspricht einer Speicherfähigkeit von 250 Schreibmaschinenseiten im DIN-A4-Format.

5 Computergesteuerter Roboter

4 Mikroschaltung aus einem Computer der 3. Generation

6 Fahrsimulator – Busfahrt im virtuellen Verkehr

Technikgeschichte

87

Schaltpläne und Schaltungen analysieren und beschreiben

Am Beispiel der einfachen Schaltung „Badewannenwächter" soll gezeigt werden, wie man eine Schaltung systematisch analysiert und wie man sie in Worten beschreibt.

Halte dich an die Checkliste und die Beispielantworten. Sie helfen dir, weitere Schaltungen in ähnlicher Weise zu analysieren.

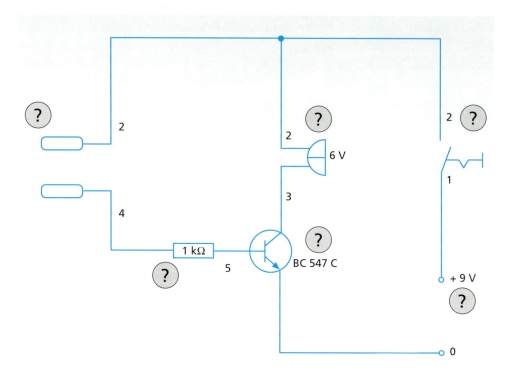

1 Beispiel-Schaltplan zum Analysieren von Schaltungen

Beispiel: Analyse eines Badewannenwächters	
Frage	*mögliche Antwort*
1. Welchen Hauptzweck (welche Funktion) hat die Schaltung?	MELDEN und ANZEIGEN des Zustands „Messfühler in Wasser eingetaucht" durch einen Signalton des Summers
2. Welche Bauteile gehören zur Schaltung?	Elektroden (Sensor), Widerstand 1 kΩ, Transistor Typ BC 547 C, Summer 6 V (Aktor), Stellschalter, Leitungen, Spannungsquelle 9 V
3. Welche Aufgabe übernehmen die einzelnen Bauteile?	Elektroden: FESTSTELLEN des Wasserstands Widerstand: SCHÜTZEN des Transistors Transistor: EIN- und AUSSCHALTEN des Summers Summer: ERZEUGEN eines akustischen Signals Stellschalter: EIN- und AUSSCHALTEN der Anlage Leitungen: VERZWEIGEN der Spannung und LEITEN des Stroms Spannungsquelle: BEREITSTELLEN der Betriebsspannung
4. Welche Art von Spannungsquelle(n) ist/sind erforderlich?	eine Gleichspannungsquelle (weil Summer und Transistor mit Gleichspannung betrieben werden müssen), z. B. eine 9-V-Blockbatterie; ein Netzgerät ist im Bad verboten!

Frage	mögliche Antwort
5. Welche Stromkreise bzw. Strompfade lassen sich unterscheiden?	der Steuerstromkreis (Potentiale 1, 2, 4, 5, 0) der Arbeitsstromkreis (Potentiale 1, 2, 3, 0)
6. Welche Bauteile (oder Baugruppen) sind für das Empfangen des Eingangssignals (den INPUT) zuständig?	die beiden Elektroden (der Feuchtigkeitssensor) = INPUT
7. Welche Bauteile (oder Baugruppen) sind für das Aussenden des Ausgangssignals (den OUTPUT) zuständig?	der Summer (als akustischer Signalgeber) = OUTPUT
8. Welche Bauteile (oder Baugruppen) sind für das Verarbeiten der Signale zuständig?	alle Teile, die sich zwischen dem Sensor und dem Summer befinden, also Vorwiderstand, Leitungen und Transistor als Schalter und Verstärker
9. Welche Schaltzustände kann die Anlage annehmen?	Schaltung AUS (Stellschalter geöffnet) Schaltung SCHARF (Stellschalter geschlossen) ALARM (Feuchtigkeits-Sensor im Wasser)
10. Welche Zusammenhänge gibt es zwischen dem INPUT und dem OUTPUT der Schaltung? Formuliere in Form einer WENN-DANN-Beziehung.	WENN die beiden Sensor-Elektroden (INPUT) in Wasser eintauchen, DANN ertönt ein Summersignal des Aktors (OUTPUT).
11. Schaltungsbeschreibung: • Wie ist die Schaltung aufgebaut? • Wie funktioniert sie in Betrieb?	*Aufbau der Schaltung:* *Die Schaltung hat einen Transistor, in dessen Kollektorleitung ein Summer liegt. Als Messfühler dient ein 3,5-mm-Klinkenstecker. Ein Widerstand von 1 kΩ schützt die Basis. Die Betriebsspannung liefert eine 9-V-Blockbatterie. Der Schalter dient zum Ein- und Ausschalten des Alarmtons.* *Funktion der Schaltung:* *Nach dem Einschalten – bei trockenen Elektroden – liegt keine Spannung an der Basis. Der Transistor ist gesperrt. Wenn das Wasser die beiden Elektroden überbrückt, überschreitet U_{BE} 0,6 V, sodass ein kleiner Steuerstrom zur Basis des Transistors fließen kann. Der Transistor schaltet durch. Der einsetzende Kollektorstrom betätigt den Summer.*
12. Welchen Nutzen, welche Vorteile, Nachteile und Auswirkungen hat die Schaltung für Menschen oder Umwelt?	So klein und einfach das Gerät ist, so groß kann sein Nutzen sein. Es verhütet, dass eine überlaufende Badewanne die Wohnung unter Wasser setzt und Schaden anrichtet, wenn z. B. beim Telefonieren das einlaufende Badewasser vergessen wird.

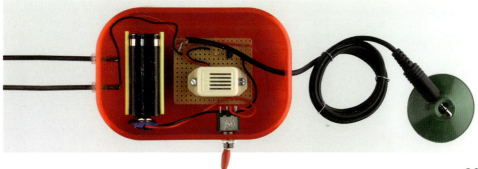

Eine unbekannte Schaltung analysieren

Ohne eine sorgfältige und systematische Analyse ist eine komplette Beschreibung hinsichtlich der Bauteile der Schaltung und ihres Verhaltens (ihrer Funktion) im Betriebszustand kaum möglich.

Mit den Fragen von den Seiten 88 und 89 wird hier nochmals in verkürzter Fragestellung gezeigt, wie du eine Schaltung mit Erfolg analysieren kannst.

1. Hauptzweck?
Automatisches Einschalten des Ventilators beim Überschreiten einer vorbestimmten Temperatur

4. Art der Spannungsquelle?
Für die Elektronik und das Relais ist Gleichspannung erforderlich. Da der Gleichstrommotor aus derselben Spannungsquelle gespeist wird wie die Elektronik, sollte ein Netzgerät so stabil sein, dass der Einschaltstromstoß des Motors die Spannung nicht merklich absenkt.

2. und 3. Bauteile und ihre Aufgaben?
– R_1 ist ein **NTC:** Er dient zum Erfassen des Temperatursignals. Der Nennwiderstand des Messfühlers beträgt bei 25 °C ca. 22 kΩ. Als NTC hat er einen negativen Temperaturkoeffizienten (Beiwert); bei Erwärmung sinkt deshalb sein Widerstand.
– R_2: Der **Stellwiderstand** (Potentiometer, „Poti") ermöglicht das feine Abstimmen auf eine gewünschte Schalttemperatur. Er bestimmt zusammen mit R_1 das Spannungsverhältnis des Basisspannungsteilers und damit die Steuerspannung des Transistors.
– **T BC 547:** Er dient zum Ein- und Ausschalten des Relais. Der BC 547 ist ein Kleinsignal-Transistor, der nur einen kleinen Arbeitsstrom zulässt.
– **D 1N 4003:** Die Diode schützt den Transistor beim Ausschalten des Relais vor Spannungsspitzen. Als Schutzdiode ist sie in Sperrichtung gepolt!
– **Relais mit Schließkontakt:** Es liegt im Arbeitsstromkreis (Kollektorstrompfad) des Transistors und schaltet den Strom für den Ventilatormotor ein und aus.
– **Gleichstrommotor:** Er dreht die Ventilatorflügel zur Luftzirkulation und wird aus derselben Spannungsquelle gespeist wie die Elektronik.
– **Spannungsquelle:** Sie stellt Gleichspannung für Elektronik und Motor bereit und sollte stabilisiert sein.
– **S Stellschalter:** Er dient zum Ein- und Ausschalten der ganzen Anlage.
– **Verbindungen, Anschlüsse, Schaltbuchsen:** Sie verzweigen die Ströme und schaffen sichere Kontakte. Die Motorleitungen liegen in Wirklichkeit außerhalb der Schaltung.

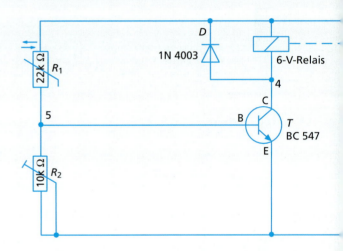

5. Stromkreise?

a) Steuerstromkreis
$1 \to 2 \to R_1 \to 5 \to B \to E \to 0$
$\qquad\qquad\quad \to R_2 \to 0$

b) Arbeitsstromkreis
$1 \to 2 \to \text{Rel} \to 4 \to C \to E \to 0$

c) Motorstromkreis
$1 \to 2 \to a_1 \to 3 \to M \to 0$

6. Input-Bauteile?
Der temperaturabhängige Messfühler (NTC-Sensor); er erfasst die Temperatur.

7. Output-Bauteile?
Der Gleichstrommotor M mit dem Ventilator (Aktor); er reagiert in Abhängigkeit von der Temperatur auf das Eingangssignal des Temperatursensors R_1.

8. Bauteile für die Signalverarbeitung?
Transistor und Relais mit Schließkontakt a_1. Der Gleichstromverstärkungsfaktor des Transistors und der Widerstand des Relais bestimmen den zeitlichen Verlauf der Signalverarbeitung.

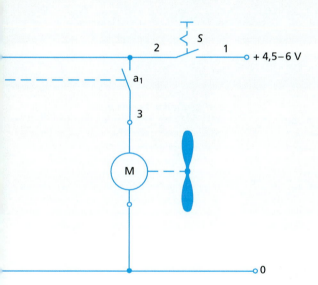

9. mögliche Schaltzustände?
a) Ruhezustand → Betriebsspannung AUS
b) „zu kühl": keine Ansteuerung → Ventilatormotor AUS
c) „zu warm": Ansteuerung → Ventilatormotor EIN
d) Abkühlung: Rückfall in Stellung „zu kühl"→ Ventilatormotor AUS

10. Zusammenhänge zwischen Input und Output?
WENN die Temperatur einen voreingestellten Wert übersteigt,
DANN schaltet sich der Ventilator ein.

11. Schaltungsbeschreibung
Schaltungsaufbau:

Die Schaltung besteht aus einem einfachen Transistor, der über ein Relais mit Schließkontakt einen Motor ein- und ausschaltet.

Vor der Basis liegt ein Spannungsteiler aus einem NTC und einem 10-kΩ-Poti. Der Temperatursensor liegt „oben" im Basisspannungsteiler. Das unten liegende Poti erlaubt die Voreinstellung der gewünschten Schalttemperatur

Der Transistor wird auf übliche Weise durch eine Diode geschützt, die in Sperrrichtung über den Anschlüssen der Relaisspule liegt.

Der Gleichstrommotor liegt an derselben Spannungsquelle.

Schaltungsfunktion:

Vorausgesetzt, die Schaltung ist abgestimmt, so liegt die Basis-Emitter-Spannung in Stellung „zu kühl" unter 0,6 V. Ist die gewünschte obere Temperaturschwelle erreicht, z. B. 25 °C, so ist der Widerstand des NTC auf einen bestimmten Wert abgesunken.

In gleichem Maße, wie über dem NTC die Teilspannung abfällt, steigt sie über R_2 an, bis die erforderliche Basis-Emitter-Spannung erreicht ist, um den Transistor durchzusteuern.

Der einsetzende Kollektorstrom schaltet das Relais ein und der Relaiskontakt a_1 schließt den Motorstromkreis.

Bei Abkühlung „schleppt" der Transistor leicht nach. Der Ausschaltpunkt liegt etwas unter dem Einschaltpunkt von 25 °C. Diese „Schalthysterese" ist bei dieser einfachen Schaltung üblich und sogar erwünscht.

12. Nutzen, Vorteile, Nachteile, Auswirkungen der Schaltung?
Eine automatische Belüftung oder Entlüftung ist vor allem dort nützlich, wo in Arbeitsräumen Maschinen große Wärme erzeugen und Menschen unter diesen Bedingungen arbeiten müssen. Das dauernde Ein- und Ausschalten eines Ventilators von Hand wäre sehr umständlich.

Ein zweiter Aspekt ist die Wirkung der sicheren Automatik: Maschinen, z. B. Computer, müssen gegen Überhitzung geschützt werden. Das Einschalten des Kühlventilators kann man nicht den Benutzern überlassen, weil sie eine Überhitzung zu spät bemerken würden.

Vom Schaltplan zur fertigen Platine

Diese symmetrisch gezeichnete Blinkschaltung dient als Beispiel für ein Platinenlayout. Das auffallende Problem dabei ist: Wie sollen sich überkreuzende Leitungen und das spiegelbildliche Transistorsymbol umgesetzt werden?

Die Lösung:
Überkreuzungen bewältigt man durch Überbrücken mit Bauteilen. Im Gegensatz zur Skizze haben beide Transistoren im Schaltungsaufbau die gleiche Ausrichtung. Um das Layout der Bauteil- und der Kupferseite zu entwerfen, werden folgende Schritte empfohlen:
1. Bauteileliste zusammenstellen
2. Potentiale durchnummerieren
3. Liste der Potentiale mit den Bauteileanschlüssen anlegen
4. Aufbaumethode festlegen
5. Layout der Bauteileplatzierung skizzieren

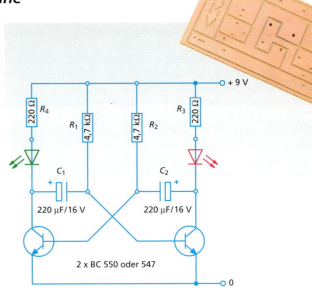

1 Blinkschaltung

Die Leiterbahnmethode
Es wird empfohlen, auf einer dicken Unterlage aus Hartschaum transparentes Millimeterpapier zu befestigen. Die Bauteile steckt man nach der Skizze durch das Transparentpapier in den Hartschaum. Zuerst legt man die Anschlüsse und Leiterbahnen für die Spannungsversorgung fest, dann werden mit weichem, dickem Bleistift die Leiterbahnen gezogen. Als Hilfe und Kontrolle dient die Liste der Potentiale.
Wenn alles zufriedenstellend aussieht, zieht man Teil für Teil heraus, markiert seinen Platz und die Polung. Die Stellen der späteren Lötaugen werden mit Kreisen versehen.

Streifenplatinen
brauchen weder geätzt noch gebohrt werden. Aufbau- und Funktionsfehler sind jedoch schwierig zu erkennen und zu reparieren. Geschicktes Verteilen der Potentiale auf die Streifen erleichtert das Bestücken (beachte die Nummerierung in Abb. 3). Drahtbrücken versucht man zu vermeiden.

Die „Isolierkanal"-Methode
Bei dieser Art werden die Potentialflächen voneinander getrennt (isoliert), indem man nur schmale „Kanäle" wegätzt. Im einfachsten Fall wird die Kupferseite der Platine mit Klebefolie abgedeckt, die Trennkanäle mit Filzschreiber aufgezeichnet, mit scharfer Klinge und Lineal doppelt eingeritzt und die Streifen abgezogen – fertig zum Ätzen. Wenn eine CNC-Maschine vorhanden ist, können die Kanäle auch ausgefräst werden (siehe Seite 57).

Achtung:
Bei allen Platinen liegen die Verbindungen der Kupferseite spiegelbildlich zur Bestückungsseite!

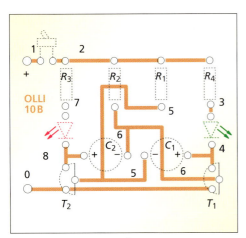

2 Platinenlayout einer Ätzplatine: Leiterbahnen der Kupferseite

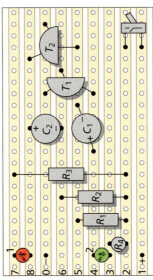

3 Streifenplatine, Bauteilseite

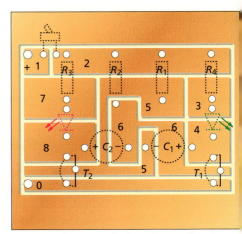

4 Platinenlayout Isolierkanäle: Kupferseite

Layout: Gestaltung, Anordnung

Layout übertragen

Das Transparentpapier wird **spiegelverkehrt** auf die Cu-Seite einer Platine gelegt und mit Klebeband fixiert. Soll direkt auf eine Platine übertragen werden, so körnt oder sticht man vorsichtig durch die markierten Einstichstellen der Bauteile als Markierung für die Lötaugen. Auch beim Übertragen auf eine Klarsicht-Polyesterfolie (Fotoverfahren) wird das Transparentpapier spiegelverkehrt unter der Folie mit Klebeband fixiert. Mit Aufreibesymbolen werden die Leiterbahnen und die Lötaugen aufgebracht. Das Auftragen von Ziffern, Buchstaben und Polungsmarkierungen bietet sich an. Die Leiterbahnen können ersatzweise auch mit wasserfestem Filzstift gezeichnet werden.
Die Leiterbahnseite, also die Kupferseite, sollte lesbar markiert sein, z.B. mit „Cu-Seite", einem Namen oder dem Zweck der Platine. So wird verhindert, dass die Folie verkehrt aufgelegt wird.

Ätzen von Platinen

Die Kupferschicht der Platinen ist meistens nur 0,035 mm dick. Das Trägermaterial ist hochisolierendes Hartpapier oder – etwas teurer – glasfaserverstärktes Epoxidharz. Die einzelnen Leiterbahnen oder Potentialflächen werden voneinander durch das Wegätzen der dazwischen liegenden Kupferschicht getrennt.

Arbeitssicherheit:
Der Umgang mit UV-Licht, Ätzgerät, Entwicklerlauge, Ätzsalz und Ätzflüssigkeit ist **Lehrersache!** Hantiere nicht unerlaubt mit diesen Chemikalien und Geräten!

schwarzen Klebefolie geschützt. Sie darf erst kurz vor der Belichtung abgezogen werden.

Belichten

Nach dem Abziehen der Schutzfolie wird die Layoutfolie auf die Fotoschicht gelegt. Eine dünne Glasplatte drückt sie fest aufliegend auf die Platine. Je nach Stärke der UV-Lampe dauert das Belichten einige Minuten.

Entwickeln

Alle nicht abgedeckten Lackflächen, die vom UV-Licht getroffen wurden, lösen sich in der Entwicklerflüssigkeit auf – das blanke Kupfer liegt frei. Die mit Lack abgedeckten Leiterbahnen bleiben übrig. Spülen in klarem Wasser entfernt die Laugenreste. In diesem Zustand ist die Platine sehr empfindlich gegen Kratzer.

Ätzen

Ein übliches Ätzmittel ist Ammoniumpersulfat-Lösung. Ätzgeräte, die die Flüssigkeit in Bewegung und die Temperatur konstant halten, ermöglichen ein relativ gefahrloses Ätzen.

Bohren, Reinigen, Konservieren

Die fertig geätzte Platine wird mit reichlich klarem Wasser gespült, getrocknet und von der Kupferseite her mit 1-mm-Bohrer gebohrt. Zuletzt entfernt man mit feiner Stahlwolle den Fotolack, sodass die Leiterbahnen blank hervortreten, und säubert die Bohrlöcher. Die Leiterbahnseite wird nun hauchdünn mit Lötlack besprüht. Das verhindert das Oxidieren (Fingerabdrücke!) und sichert ein gutes Fließen des Lots. Die Platine ist nach dem Trocknen bereit zum Bestücken.

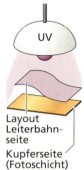

Das Fotoverfahren

Beim Fotoverfahren ist die Schaltung als schwarze, lichtundurchlässige Zeichnung auf einer transparenten Folie aufgebracht und wird mit ultraviolettem Licht auf **fotobeschichtete Platinen** übertragen.
Die Kupferseite dieser Platinen ist mit lichtempfindlichem und ätzbeständigem Fotolack überzogen und mit einer

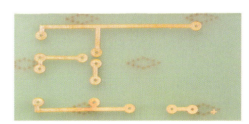

5 Fertige Platine

93

Berechnen physikalischer Größen

Ohmsches Gesetz: $U = R \cdot I$ **Elektrische Leistung:** $P = U \cdot I = \dfrac{U^2}{R} = R \cdot I^2$

U = Spannung in Volt (V) R = Widerstand in Ohm (Ω) I = Stromstärke in Ampere (A)

	Reihenschaltung (unbelasteter Spannungsteiler)	**Parallelschaltung**	**belasteter Spannungsteiler**
	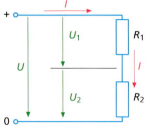	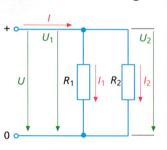	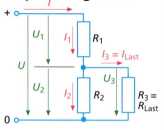
Widerstandsberechnung	Der Gesamtwiderstand der Reihenschaltung ist gleich der Summe der Einzelwiderstände. $$R_{ges} = R_1 + R_2$$ Das Verhältnis der Teilwiderstände ist gleich dem Verhältnis der Teilspannungen. $$\frac{R_1}{R_2} = \frac{U_1}{U_2}$$	Der Kehrwert des Gesamtwiderstands ist gleich der Summe der Kehrwerte der Teilwiderstände. $$\frac{1}{R_{par}} = \frac{1}{R_1} + \frac{1}{R_2}$$ oder $$R_{par} = \frac{R_1 \cdot R_2}{R_1 + R_2}$$	Der Gesamtwiderstand ergibt sich aus einer Kombination von Reihen- und Parallelschaltung. $$R_{ges} = R_1 + R_{par}$$ $$R_{par} = \frac{R_2 \cdot R_{Last}}{R_2 + R_{Last}}$$
Spannungsberechnung	Die Summe der Teilspannungen der Reihenschaltung ist gleich der angelegten Spannung. $$U = U_1 + U_2$$ Das Verhältnis der Teilspannungen ist gleich dem Verhältnis der Teilwiderstände. $$\frac{U_1}{U_2} = \frac{R_1}{R_2}$$	An beiden Widerständen liegt die gleiche Spannung. $$U = U_1 = U_2$$ Um mehrere Verbraucher mit derselben Spannung zu versorgen, müssen sie parallel zur Betriebsspannung liegen.	Die Summe der Teilspannungen ist gleich der angelegten Spannung. $$U = U_1 + U_2$$ Sind drei Werte bekannt, so lässt sich der vierte Wert berechnen. $$\frac{U_1}{U_2} = \frac{R_1}{R_{par}}$$
Stromstärkeberechnung	Durch die beteiligten Reihenwiderstände fließt die gleiche Stromstärke. Sie ist an allen Stellen des Stromkreises gleich. $$I = \frac{U}{R_{ges}} = \frac{U_1}{R_1} = \frac{U_2}{R_2}$$	Die Gesamtstromstärke der Parallelschaltung ergibt sich aus der Summe der Teilstromstärken. $$I = I_1 + I_2$$ oder nach dem ohmschen Gesetz: $$I = \frac{U}{R_{par}}$$	Das ohmsche Gesetz führt zu $$I = I_1 = \frac{U}{R_{ges}} = \frac{U_1}{R_1}$$ Der Strom I_1 teilt sich auf in die beiden Teilströme I_2 und I_{Last}. $$I_1 = I_2 + I_{Last}$$

Berechnungsbeispiel: belasteter Spannungsteiler

Gesucht ist ein Spannungsteiler für einen dreistufigen 5-V-Miniventilator. Er soll an einem 12-V-Akku betrieben werden. Die drei Stufen mit 13 mA, 17 mA und 25 mA entsprechen 390 Ω, 300 Ω und 200 Ω.

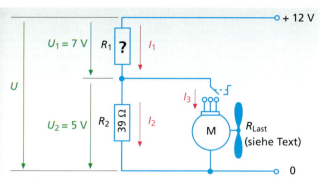

1 Belasteter Spannungsteiler

Immer dann, wenn ein Verbraucher seinen Widerstandswert verändert, ist die Schaltung des belasteten Spannungsteilers einem einfachen Vorwiderstand vorzuziehen.
Allerdings sollte die Bedingung

$$R_{Last} \approx 10 \cdot R_2$$

erfüllt sein.
Viele Transistorschaltungen werden deshalb über eine Spannungsteilerschaltung angesteuert.

Berechnung:
Da der parallel geschaltete Widerstand R_2 etwa 1/10 des Lastwiderstands betragen soll, wird 39 Ω als genormter Wert eingesetzt.
Damit kann der Parallelwiderstand R_{par} berechnet werden:

$$R_{par} = \frac{R_2 \cdot R_{Last}}{R_2 + R_{Last}} = \frac{39 \, \Omega \cdot 390 \, \Omega}{39 \, \Omega + 390 \, \Omega} = 35{,}4 \, \Omega$$

Da sich die Teilspannungen wie die Teilwiderstände verhalten, wird die Formel

$$\frac{R_1}{R_{par}} = \frac{U_1}{U_2} \quad \text{nach } R_1 \text{ umgestellt:}$$

$$R_1 = \frac{U_1 \cdot R_{par}}{U_2} = \frac{7 \, V \cdot 35{,}4 \, \Omega}{5 \, V} = 49{,}6 \, \Omega$$

Praktisch bietet sich für R_1 der Normwert 47 Ω an. Damit erhöht sich U_2 auf den noch tolerierbaren Wert von ca. 5,1 V.

Das Berechnen der 2. und 3. Schaltstufe zeigt, dass sich der Parallelwiderstand R_{par} und die Spannung U_2 nur geringfügig ändern:

Stufe	R_{Last}	R_{par}	U_1	U_2
1	390 Ω	35,4 Ω	6,9 V	5,1 V
2	300 Ω	34,5 Ω	7,0 V	5,0 V
3	200 Ω	32,6 Ω	7,1 V	4,9 V

Warum soll der parallel geschaltete Widerstand R_2 ca. zehnmal kleiner sein als der Lastwiderstand R_{Last}?
Die Antwort lässt sich in einen Satz fassen: Wenn sich R_2 zu R_{Last} wie 1:10 verhält, verändert sich die Teilspannung U_2 nur noch wenig, wenn der Lastwiderstand seinen Widerstandswert verändert (siehe Tabelle). Wenn die 1:10-Bedingung erfüllt ist, hat also eine Veränderung des Lastwiderstands nur geringen Einfluss auf R_{par} und damit auch auf die Teilspannung U_2.
Der gemeinsame R_{par} ist dann nur geringfügig kleiner als der Widerstandswert des R_2.

Wärmeleistung – nicht zu vernachlässigen!
An R_1 und an R_2 entsteht unvermeidlich eine beträchtliche Wärmeleistung (Verlustleistung) durch den „Querstrom" I_1 und I_2. Die entstehende Temperatur kann Widerstände mit zu niedriger Wärmefestigkeit zerstören.

Berechnung der Wärmeleistung (Stufe 1 aus der Tabelle) mit der Formel
$$P = \frac{U^2}{R}:$$
Wärmeleistung P_1 an R_1:

$$P_1 = \frac{U_1^2}{R_1} = \frac{6{,}9 \, V \cdot 6{,}9 \, V}{47 \, \Omega} \approx 1 \, W$$

Wärmeleistung P_2 an R_2:

$$P_2 = \frac{U_2^2}{R_2} = \frac{5{,}1 \, V \cdot 5{,}1 \, V}{39 \, \Omega} \approx 0{,}7 \, W$$

Um die Erwärmung zu verringern, wird bei der Auswahl der Widerstände in der Praxis der 2- bis 4fache Wert der rechnerisch ermittelten Wärmeleistung gewählt.

Technische Widerstände

Widerstände sind die wichtigsten und am häufigsten eingesetzten Bauteile in der Elektronik. Sie dienen zum Festlegen von Stromstärken und zum Einstellen erforderlicher Spannungen.

Festwiderstände
Der eigentliche Widerstand ist bei den kleineren Typen als Kohleschicht oder als Metallfilm auf einen Keramikkörper aufgebracht.

Zahlenwerte der Widerstände der Reihe E 12:

1,0
1,2
1,5
1,8
2,2
2,7
3,3
3,9
4,7
5,6
6,8
8,2

Bei der **Kennzeichnung** von Widerständen sind drei Werte von Bedeutung:
- der elektrische Widerstandswert in Ohm,
- die Toleranz in % Abweichung ± vom Nennwert,
- die höchstzulässige Leistungsaufnahme in Watt.

Die aufgedruckten Farbringe der Festwiderstände sind ein Zahlencode, aus dem die Werte abzulesen sind. Widerstände sind in standardisierten Reihen erhältlich. Gebräuchlich ist die Reihe E 12. Diese Benennung besagt, dass jeder Zehnerpotenzbereich (10 – 100, 100 – 1000 usw.) in zwölf Widerstandswerte unterteilt ist.

Stellwiderstände
Einstellbare Widerstände können je nach Bauart durch Drehen oder Schieben vom Widerstandswert null bis zu einem Maximalwert verstellt werden. Bei allen Bautypen ist das Prinzip gleich: Ein Schleifer gleitet auf einer Kohlebahn und greift stufenlos Widerstandswerte ab. Potentiometer („Poti") und Trimmer besitzen drei Anschlüsse. Der mittlere Anschluss führt zum Schleifer. Drehwiderstände sind gestaffelt nach den Werten 100, 220, 470 in vier oder fünf Zehnerpotenzbereichen (z.B. 220 Ω, 2,2 kΩ, 22 kΩ, 220 kΩ, 2,2 MΩ).

Die Belastbarkeit kleiner Potis und Trimmer ist gering, sie beträgt nur 0,1 bis 0,2 Watt. Überlastung führt sehr schnell zu Schmorstellen und Unbrauchbarkeit. Potis und Trimmer können entweder als Vorwiderstand wie in Abb. a) oder als „belasteter Spannungsteiler" geschaltet werden.
Nur die Spannungsteilerschaltung bringt die LED auf 0 Volt! In Abb. b) dient der Vorwiderstand nur als Schutz. Er verhindert, dass beim Drehen der Potiwelle die volle Betriebsspannung an die LED gelangt und sie zerstört wird.

a) Poti als Vorwiderstand

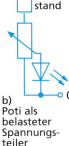

b) Poti als belasteter Spannungsteiler

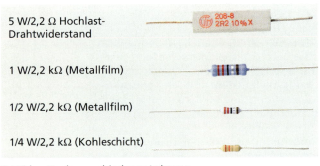

1 Widerstände verschiedener Leistung

5 W/2,2 Ω Hochlast-Drahtwiderstand
1 W/2,2 kΩ (Metallfilm)
1/2 W/2,2 kΩ (Metallfilm)
1/4 W/2,2 kΩ (Kohleschicht)

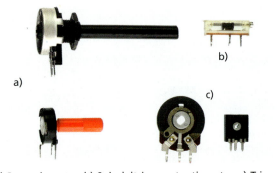

2 a) Potentiometer, b) Spindeltrimmpotentiometer, c) Trimmer

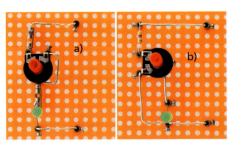

3 Anschluss eines Potentiometers

Ringfarbe	1. Ring	2. Ring	3. Ring	4. Ring (Toleranz)	Beispiel
schwarz	0	0	x 1 Ω		
braun	1	1	x 10 Ω		gelb
rot	2	2	x 100 Ω		violett
orange	3	3	x 1 kΩ		rot
gelb	4	4	x 10 kΩ		gold
grün	5	5	x 100 kΩ		
blau	6	6	x 1 MΩ		
violett	7	7	x 10 MΩ		
grau	8	8	x 100 MΩ		
weiß	9	9	x 1 GΩ		47 x 100 Ω =
gold				± 5 %	4,7 kΩ ± 5 %
silber				± 10 %	

4 Farbring-Code für Kohleschicht-Widerstände

Kondensatoren

Wichtig für Spezialisten:
Das Isolationsmaterial des Kondensators heißt auch „Dielektrikum" (sprich: Di-elektrikum).

Kondensatoren sind elektrische Bauteile mit vielfältigen Bauformen und Einsatzmöglichkeiten. Trotz der äußerlichen Unterschiede wirken alle Typen nach dem gleichen physikalischen Prinzip. Wie das Schaltsymbol zeigt, besteht ein Kondensator aus gegenüberstehenden und voneinander isolierten Metallflächen. Wird eine der Metallflächen positiv geladen, die andere negativ, so fließt kurzzeitig ein Strom, der den Kondensator auflädt, bis zwischen den Metallflächen die Ladespannung herrscht. Die elektrische Ladung bleibt erhalten, auch wenn die Spannungszuführung weggenommen wird. Der aufgeladene Kondensator wirkt nun wie eine Spannungsquelle. Ein Spannungsmesser zeigt die Ladespannung an. Bei genügend großer Kapazität blitzt ein Lämpchen kurz auf, wenn es an die Kondensatoranschlüsse gebracht wird.

Die *Kapazität* (Aufnahmefähigkeit) für eine bestimmte Elektrizitätsmenge ist abhängig von Größe und Abstand der Metallflächen sowie vom verwendeten Isolationsmaterial.

Die Einheit der Kapazität C ist das Farad (F), benannt nach dem englischen Physiker Michael Faraday.
1 Farad ist eine sehr große Einheit und kommt in der Praxis kaum vor.

Gebräuchliche Einheiten sind:
  Mikrofarad (µF):   0,000001 F = 1 µF
  Nanofarad (nF):   0,001 µF = 1 nF
  Picofarad (pF):   0,001 nF = 1 pF

typischer Einsatz:
Glättung, Langzeitschaltung → µF
NF-Bereich → nF, µF
HF-Bereich → pF

Technische Ausführung von Kondensatoren

Bei Kondensatoren mit kleiner Kapazität (pF-Bereich) sind die beiden Metallschichten auf die Innen- und Außenseite eines Keramikröhrchens aufgedampft. Solche Kondensatoren besitzen keine Polung.

Elektrolytkondensatoren, kurz „Elkos", ermöglichen große Kapazitäten bei kleiner Baugröße. Zwei lange Aluminiumbänder sind übereinandergewickelt. Die Isolation besteht aus einer Aluminiumoxidschicht.
Elkos sind immer gepolt. Bei Becherkondensatoren liegt die Minusseite am Metallbecher. Häufig ist die Polung aufgedruckt. Bei kleineren, kunstharzvergossenen Elkos ist die Minusseite durch einen Strich markiert.
Im praktischen Umgang mit Kondensatoren sind drei Begriffe von Bedeutung:
– die Kapazität C,
– die Spannungsfestigkeit,
– die Polung.

Einstellbare Kondensatoren – Drehkondensatoren („Drehkos") – sind nur in der Radiotechnik gebräuchlich. Die Kapazität der größten Drehkos für den Mittel- und Langwellenbereich beträgt nur 500 pF.

Diese Gefahr muss jeder „Elektroniker" kennen: Ein falsch gepolter Elko erhitzt sich und kann explodieren!

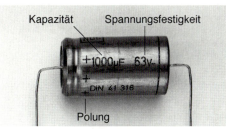
Drehkondensator

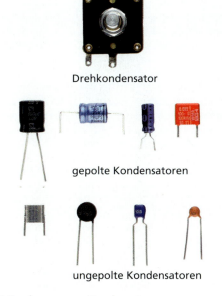
gepolte Kondensatoren

ungepolte Kondensatoren

5 Bauformen von Kondensatoren

Kondensator ungepolt

gepolter Kondensator

Drehkondensator

gepolter Elektrolytkondensator

Kondensatoren

Wichtig für Spezialisten:
kapazitiver Widerstand
$$R_C = \frac{1}{2 \cdot \pi \cdot f \cdot C}$$

Verhalten im Gleichstromkreis
Kondensatoren sperren Gleichströme, da die beiden isolierten Metallflächen wie ein geöffneter Schalter wirken. Beim Einschalten einer Gleichspannung fließt jedoch ein kurzer Stromstoß bis zur Aufladung des Kondensators.

Verhalten im Wechselstromkreis
Für Wechselstrom (Frequenzen z. B. im NF- oder HF-Bereich) zeigen sich ungepolte Kondensatoren scheinbar durchlässig, da sie sich im Takt der Frequenz aufladen und entladen. Je höher die Frequenz ist, desto stromdurchlässiger erscheint der Kondensator, das heißt, er setzt dem Wechselstrom einen frequenzabhängigen Widerstand entgegen.

Das RC-Glied

Das Aufladen oder Entladen eines Kondensators ohne Widerstand ähnelt einem Kurzschluss. Durch die Vorschaltung beliebig großer Widerstände kann aber die Auflade- und Entladezeit in weiten Grenzen verzögert werden.

Zeitbestimmend ist sowohl die Kapazität des Kondensators als auch die Größe des Widerstands. Eine variable (veränderbare) Einstellung von Lade- oder Entladezeiten erreicht man, wenn der Festwiderstand durch ein Poti ersetzt wird. Die Lade- und Entladekurve ist nicht linear, sondern verläuft in einer charakteristischen Weise (Abb. 1). Jede RC-Kombination hat ihre eigene „Zeitkonstante", nämlich die Zeit, die vergeht, bis die Spannung beim Laden auf 63 % gestiegen bzw. beim Entladen auf 37 % gesunken ist.

Wichtig für Spezialisten:
Die Halbwertzeit T (50 % Ladespannung) errechnet sich so:
$T \approx 0{,}7 \cdot R \cdot C$

Die Zeitkonstante t_1 in Sekunden errechnet sich aus dem Produkt $R \cdot C$. Die Entladekurve in Abb. 1 zeigt, dass nach der Zeitkonstante $t_1 = 10$ s die Spannung auf 37 % absinkt und dass nach dem 5fachen der Zeitkonstante, also nach 50 s, die Kondensatorspannung praktisch als null betrachtet werden kann.

Zeitverzögerungen im Millisekundenbereich zum Erzeugen von Tonschwingungen sind mit kleinen Kondensatoren (nF-Größe) möglich.
In elektronischen Zeitschaltungen ermöglichen größere Elkos minuten- bis stundenlange Schaltzeiten.

Der vielfältige Einsatz von Kondensatoren

Sie können z. B. verwendet werden zum …
– Sperren von Gleichstrom
– Durchlassen von Wechselspannung
– Glätten von welliger Gleichspannung
– „Schlucken" von Spannungsspitzen
– Entstören von Motoren und Schaltern
– Koppeln von Verstärkerstufen
– Verzweigen verschiedener Frequenzen
– Kurzschließen unerwünschter HF-Ströme
– Bestimmen des Zeitverhaltens von Schaltungen
– Verzögern von Ein- und Ausschaltvorgängen
– Erzeugen von synthetischen Tönen
– Einstellen von Sende- und Empfangsfrequenzen

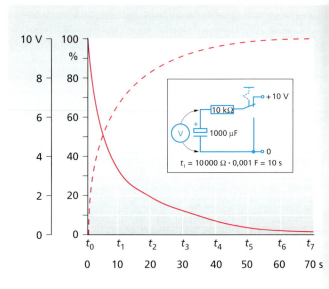

1 Beispiel einer Lade- und Entladekurve eines RC-Glieds

Zeitkonstante t_1 eines RC-Glieds:
Laden: $t_1 = R \cdot C$ → zu 63 % geladen
Entladen: $t_1 = R \cdot C$ → zu 37 % entladen
(t in s, R in Ω, C in F)

Berechnungsbeispiel (obige Anordnung):
$R = 10$ kΩ, $C = 1000$ μF
Formel: $t_1 = R \cdot C = 10000\ \Omega \cdot 0{,}001\ F = 10$ s
In der Praxis kann ein Kondensator nach $t_5 = 5 \cdot t_1$ als nahezu geladen oder entladen betrachtet werden.

Faustformel:
Lade- oder Entladezeit t eines RC-Glieds:
$$t \approx 5 \cdot R \cdot C$$

Dioden

Die richtige Polung für die Durchlassrichtung von Dioden kannst du dir so gut merken:

Diode ─▷|─ Schaltzeichen

Strich = Minus = Ring am Bauteil

	maximaler Durchlassstrom in A	maximale Sperrspannung in V	l; Ø (ca.) in mm
1N 4148	0,1	100	4; 1,6
1N 4003	1	300	6,5; 3
1N 5403	3	300	8; 4,6
SB 530	5	30	9; 5,2

1N ...: Universaldioden; SB ..., BAT ...: Schottkydioden

2 Häufig verwendete Siliziumdioden

Dioden verhalten sich wie elektrische Ventile. Sie lassen den Strom nur in einer Richtung durch, in der anderen sperren sie. Damit überhaupt ein merklicher Strom in der Durchlassrichtung fließen kann, muss die **Schwellenspannung** (auch Durchlassspannung genannt) überwunden werden. Abb. 3 zeigt diese Spannung für verschiedene Diodentypen.

Im Inneren der Diode befindet sich ein hochreiner dotierter Siliziumkristall. Es grenzen eine p- und eine n-Siliziumschicht aneinander. Der Ventileffekt spielt sich genau an dieser schmalen, nicht einmal 1/100 mm dicken **Grenzschicht** ab. Der pn-Übergang kommt dadurch zustande, dass Löcher auch ohne elektrisches Feld von außen in die n-Kontaktfläche wandern. Dasselbe machen auch die Elektronen, die ein wenig in die p-Schicht eindringen. Die Zone ist unterhalb der Schwellenspannung praktisch nicht leitend, weil sich die Ladungsträger ausgleichen (Rekombination).

Physik: pn-Übergang bei „Diode"

Durchlass- und Sperrstrom

Nach Abb. 4 wird die Grenzschicht in der **Durchlassrichtung** bei einem von außen angelegten elektrischen Feld von Elektronen und Löchern „überflutet" und somit die Schwellenspannung überwunden. Es fließt der Durchlassstrom, der durch einen Reihenwiderstand zur Diode so eingestellt werden muss, dass die Temperatur der pn-Schicht 150 °C nicht überschreitet. Bei 180 °C schmilzt der dotierte Siliziumkristall.

Wie Abb. 4 zeigt, wird bei Polung der Diode in **Sperrrichtung** die Grenzschicht durch den Entzug der Elektronen im n-Silizium und der Löcher im p-Silizium aufgrund des elektrischen Felds erheblich verbreitert. Hierdurch verringert sich die Stromstärke so stark, dass bei Universaldioden (wie 1N 4148, 1N 4003) der Sperrstrom nur noch einige Nanoampere beträgt. Diese Dioden sperren daher so gut, als ob sie Isolatoren wären.

Löcher: Elektronen-Fehlstellen im Si-Kristall (Elektronenlücken). Sie sind positiv geladen.

Nanoampere: Milliardstel Ampere, 1 nA = 10^{-9} A

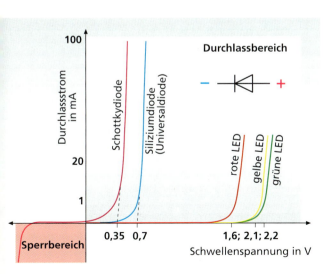

3 Kennlinie und Schwellenspannung von Dioden

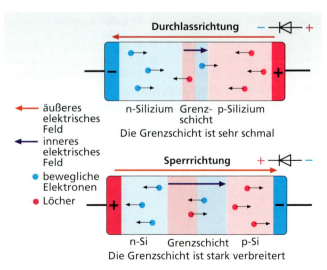

4 Vorgänge im Inneren einer Diode

Dioden

LED:
Light Emitting Diode = Licht aussendende Diode

Leuchtdioden

Diese spezielle Art von Dioden enthält im Siliziumkristall zusätzlich bestimmte Dotierungsstoffe. Beispielsweise ergibt sich bei Gallium-Arsen-Phosphor im Durchlassbetrieb rotes Licht. Das LED-Licht ist monochrom (einfarbig) und kommt im Kristall der Diode durch Abgabe überschüssiger Elektronenenergie zustande. Die Farbe des Lichts hängt nur vom Halbleitermaterial ab.

Display: Anzeigeelement mit Ziffern und Symbolen

Vor- und Nachteile der LEDs (gegenüber Glühlämpchen)

- unempfindlich gegen Erschütterung
- geringer Stromverbrauch (ca. 20 mA, low-current-Typen nur ca. 2 mA)
- preisgünstiger als Glühlämpchen
- nahezu trägheitsfrei (Lichttonübertragung und Lichtfernsteuerung möglich)
- mit Ausnahme der teuren, superhellen Typen nur zur Anzeige geeignet (nicht zur Beleuchtung)
- keine Fassung notwendig (kleiner Platzbedarf)
- hohe Lebensdauer (ca. 100-mal höher als Glühlämpchen)

U_F und I_F:
Durchlassspannung bzw. Durchlassstrom, F von engl. forward = vorwärts

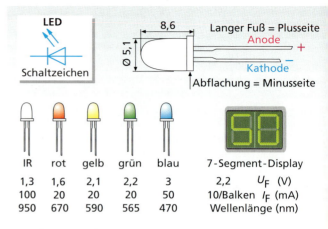

1 Häufig verwendete Leuchtdioden

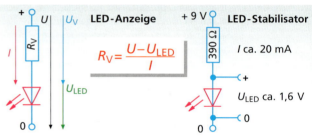

2 Leuchtdiode mit Vorwiderstand

$$R_V = \frac{U - U_{LED}}{I}$$

Thyristoren

Gate: Tor, Eingang

Man kann diese Art von Bauteilen als steuerbare Dioden auffassen. Im Inneren enthalten sie mehrere pn-Schichten. Der Steueranschluss (Gate G) öffnet die zuvor blockierte Strecke Anode (A) – Kathode (K), wenn der minimale Gatestrom erreicht wird. Dabei muss das Gate positives Potential haben. Damit die empfindliche Gateelektrode nicht „überreizt" wird, legt man in die Steuerleitung einen Schutzwiderstand (Abb. 4).

Ein Thyristor lässt den Anodenstrom auch dann noch durch, wenn der Gatestrom abgeschaltet wird. Erst durch eine Unterschreitung eines sehr kleinen Anodenstroms („Haltestrom") oder durch eine kurze Unterbrechung der Spannung A–K blockiert das Bauelement den Anodenstrom. Daher eignet sich der Thyristor als Speicherelement, z. B. für eine Selbsthalteschaltung. Im Gegensatz zum Relais wird im Haltezustand keine Steuerleistung benötigt. Beim Relais muss dagegen bei der Selbsthaltung stets der Spulenstrom fließen.

Der Gatestrom, der Anodenstrom und das Gehäuse (SOT 54) sind bei folgenden Typen stets gleich:

BRX 45: 60 V
BRX 46: 100 V
BRX 47: 200 V

Daten des BRX 45:
Maximale Spannung A–K: 60 V
Max. Durchlassstrom I_A: 1 A
Gatestrom I_G: ca. 0,2 mA

Anschlussbild des BRX (oder TIC) 45...47 (4,6 breit x 4,6 hoch, ohne Füße)

3 Kleinthyristoren

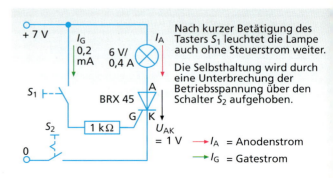

4 Selbsthaltung mit einem Thyristor

Transistoren

Aufgaben der Transistoren

In elektronischen Schaltungen müssen häufig kleine Spannungen und Ströme verstärkt werden. Diese Aufgabe übernehmen Transistoren. Sie können auch als sehr schnelle Schalter benutzt werden. Wie beim Relais kann ein kleiner Steuerstrom einen großen Arbeitsstrom steuern.

Unterschiedliche Transistortypen

Man unterscheidet Kleinsignaltypen, Transistoren für mittlere Leistungen und solche für große Leistungen. Wie beim Relais bestimmt in erster Linie der zu erwartende Arbeitsstrom die Wahl des Typs. Viele Kleinsignaltypen verkraften nur Arbeitsströme von maximal 200 mA. Dieser Strom darf aber nur wenige Sekunden fließen. Der Dauerstrom soll höchstens beim halben Maximalstrom liegen, damit der innere spezielle Siliziumkristall nicht schmilzt (bei 180 °C). Transistoren für mittlere Leistung erkennt man an ihren Kühlblechen, welche meistens ein Loch zur Schraubbefestigung an einen Kühlkörper haben. Für Arbeitsströme ab ca. 10 A sind die Gehäuse der Bauteile ganz aus Metall, damit die Verlustleistung noch besser an einen Kühlkörper abgeleitet werden kann.

Verlustleistung:
$P = R \cdot I^2$
I ist der Arbeitsstrom, R der innere Widerstand zwischen C und E.

Die Anschlüsse

Den Eingang für die zu verstärkenden Signale bilden die Basis (B) und der Emitter (E). Der Ausgang mit dem verstärkten Signal ist der Kollektor (C) und wiederum der Emitter. Transistoren haben daher nur 3 Anschlüsse.

Das Innenleben von Transistoren

Beim Kleinsignal-Transistor ist im schwarzen Duroplastgehäuse ein kleiner dotierter Siliziumkristall mit zwei pn-Übergängen. Es gibt Transistoren mit einer pnp- und solche mit einer npn-Schichtenfolge. In diesen Schichten spielen sich die physikalischen Vorgänge ab. Das Bauteil verhält sich wie ein Verstärkerelement: Am Ausgang erscheint der Ausgangsstrom etwa (typabhängig!) 50…900-mal größer als der Eingangsstrom. Abb. 8 zeigt, wie es in einem aufgeschnittenen Transistor aussieht.

5 Transistoren für kleine und große Arbeitsströme

Typ	Kleinsignal	mittlere Leistung	Powertyp
Maximalwerte	BC 550 C BC 547 C	BD 135	2N 3055
I_C (A)	0,2	2	15
I_B (mA)	5	50	500
U_{CE0} (V)	45	45	60
B	450…900	50…250	20…70
P_V (W)	0,5	10	115
speziell	Der BC 550 ist rauscharm	Einloch-Montage mit M-3-Schraube	2-Loch-Montage

Arbeitsstrom: Kollektorstrom I_C
Steuerstrom: Basisstrom I_B
Maximale Kollektor-Emitter-Spannung bei offener Basis: U_{CE0}
Gleichstromverstärkung: B
Max. Verlustleistung: P_V

6 Daten gängiger Transistoren

7 Anschlüsse und Symbol des npn-Transistors

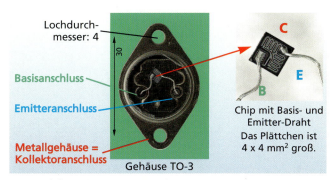

8 Innenleben eines Powertransistors

101

Transistoren

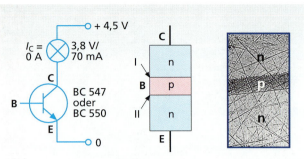

a) Ein Transistor mit offener Basis sperrt: d.h. I_C ist gleich null!
b) Die 3 dotierten Schichten ergeben 2 pn-Übergänge.
c) Der npn-Bereich eines Transistors (angeschliffen).

1 Ein Transistor mit offener Basis sperrt

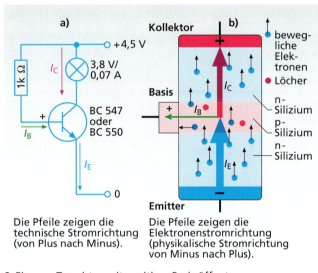

Die Pfeile zeigen die technische Stromrichtung (von Plus nach Minus).

Die Pfeile zeigen die Elektronenstromrichtung (physikalische Stromrichtung von Minus nach Plus).

2 Ein npn-Transistor mit positiver Basis öffnet

$$B = \frac{I_C}{I_B}$$

B Gleichstromverstärkungsfaktor
I_C Kollektorstrom in (m)A
I_B Basisstrom in (m)A

3 Formel zur Berechnung des Gleichstromverstärkungsfaktors

Kleinsignal-Transistor	B-Bereich (h_{FE})	Dauerstrom/ Grenzstrom	Feldeffekt-Transistor Arbeitsstrombereich
BC 547 A	125...260	0,1 A/0,2 A	BF 245 A 2...6,5 mA
BC 547 B	240...500	0,1 A/0,2 A	BF 245 B 6...15 mA
BC 547 C	450...900	0,1 A/0,2 A	BF 245 C 2...25 mA
BC 337–16	100...250	0,5 A/1 A	Max. U_{DS}: 45 V
BC 337–25	160...400	0,5 A/1 A	Steuerstrom
BC 337–40	250...630	0,5 A/1 A	5...500 nA

4 Einteilung von Transistoren nach dem Verstärkungsfaktor

Vorgänge im Transistor ohne Steuerstrom

Legt man an die Anschlüsse E und C über eine Lampe eine Spannung an (Abb. 1 a), so würde man erwarten, dass Elektronen vom Emitter zum Kollektor fließen. Von den beiden pn-Übergängen im Transistor befindet sich aber nur der untere in Durchlassrichtung (Abb. 1 b, II). Es fließt daher praktisch kein Kollektorstrom. Man sagt: „Der Transistor sperrt." Tatsächlich fließt aber noch ein winziger Sperrstrom von einigen Nanoampere.

Vorgänge im Transistor mit Steuerstrom

Legt man entsprechend Abb. 2 a an die Basis Pluspotential, so leuchtet die Lampe. Es fließt also jetzt ein Kollektorstrom. Man sagt: „Der Transistor öffnet." Wie kommt das?
Die Elektronen fließen vom Emitter zur positiv geladenen Basis. In Abb. 2 b bilden sie den Emitterstrom I_E. Die Basis eines Transistors ist aber sehr dünn (vergleiche Abb. 1 c) und hat deshalb nur wenige Löcher. Die wenigen Fehlstellen in der Basis sind somit schnell von den ankommenden Elektronen besetzt und es kommt in der dünnen Schicht zu einer Übersättigung mit Elektronen.
Am Kollektor liegt ein hohes positives Potential. Daher können die vielen freien Elektronen die dünne Basis durchwandern und werden größtenteils vom Kollektor „abgesaugt". In Abb. 2 b bilden sie den Kollektorstrom I_C. Nur ein kleiner Teil fließt über die Basis zum Pluspol der Spannungsquelle.

Der Verstärkungsfaktor B

Wenn beispielsweise der Kollektorstrom 50 mA und der Basisstrom 0,2 mA beträgt, so ist der Kollektorstrom 50 mA : 0,2 mA = 250-mal stärker als der Basisstrom. Die Zahl 250 ist der Gleichstromverstärkungsfaktor B. Er ist bei jedem Transistor anders und muss einzeln gemessen werden. Eine Messung von B kann mit einem DMM mit Transistorfassung im mit h_{FE} bezeichneten Bereich erfolgen. Um dem Anwender diese Arbeit zu erleichtern, teilen die Hersteller ihre Typen meistens in ein dreigliedriges Grobschema (A, B, C) ein. Abb. 4 zeigt hierzu einige Beispiele.

Emitter: Aussender – von ihm gehen die Elektronen weg.

Kollektor: Einsammler – er sammelt Elektronen auf.

Spannungen und Ströme am Transistor

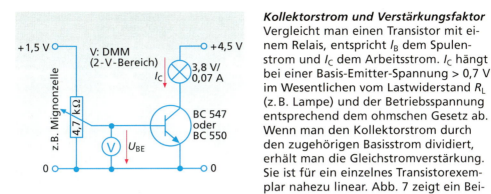

5 Messung der Steuerspannung U_{BE}

Kollektorstrom und Verstärkungsfaktor

Vergleicht man einen Transistor mit einem Relais, entspricht I_B dem Spulenstrom und I_C dem Arbeitsstrom. I_C hängt bei einer Basis-Emitter-Spannung > 0,7 V im Wesentlichen vom Lastwiderstand R_L (z. B. Lampe) und der Betriebsspannung entsprechend dem ohmschen Gesetz ab. Wenn man den Kollektorstrom durch den zugehörigen Basisstrom dividiert, erhält man die Gleichstromverstärkung. Sie ist für ein einzelnes Transistorexemplar nahezu linear. Abb. 7 zeigt ein Beispiel zur Bestimmung des Gleichstromverstärkungsfaktors B.

Steuerspannung

Zur Entstehung eines kräftigen Kollektorstroms müssen die Elektronen von der Emitterseite her die dünne Basisschicht durchbrechen. Hierzu ist ähnlich wie bei einer Siliziumdiode das Überschreiten einer Schwellenspannung nötig (ca. 0,7 V). Abb. 5 zeigt eine Anordnung zur Messung der Spannung zwischen Basis und Emitter (U_{BE}) eines Siliziumtransistors. Der Schleifer wird dabei ganz langsam vom Nullpotential so weit gegen die Mitte gedreht, bis die Lampe hell leuchtet.

Steuerstrom

Die Messung des Steuerstroms erfolgt nach der Anordnung in Abb. 6. In den Basisanschluss wird ein Amperemeter geschaltet.
Damit der Transistor nicht geschädigt wird, sollten die Grenzwerte von Abb. 6 auf Seite 101 beachtet werden. In der Regel setzt man zur Vorsorge vor die Basis eines Kleinsignal-Transistors einen Schutzwiderstand von 1…10 kΩ.

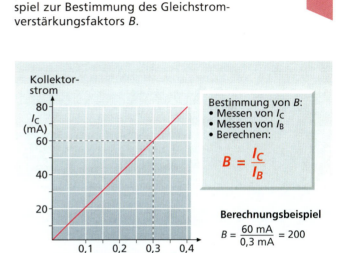

7 Bestimmung der Gleichstromverstärkung

Die Stromverhältnisse im Transistor zeigt Abb. 8 in einem Vergleich mit einem Wassermodell. Hierbei ist der Schieber für den Basisstrom auf derselben Welle befestigt wie der Schieber für den Kollektorstrom. Der kleine Basisstrom setzt die gesamte Flussbewegung in Gang.

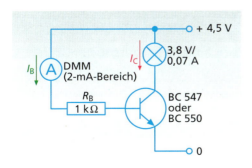

6 Messung des Steuerstroms I_B

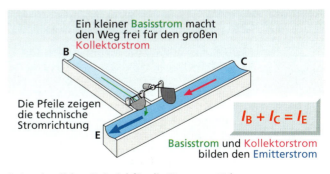

8 Anschauliches Beispiel für die Stromverstärkung

Berechnungen am Transistor

Warum ist eine Schaltungsberechnung sinnvoll?
Will man selbst eine Schaltung entwickeln oder eine vorhandene einem speziellen Zweck anpassen, kommt man ohne Berechnungen nicht aus. Erst durch die richtige Wahl der Bauteile wird die geforderte Funktionssicherheit erreicht. Besonders Halbleiter wie Transistoren verlangen eine zumindest überschlagsmäßig berechnete Außenbeschaltung, wenn sie ordentlich arbeiten sollen. Bei den folgenden Aufgabenbeispielen sind die Berechnungen vereinfacht, unter anderem weil davon ausgegangen wird, dass Betriebsspannung und Umgebungstemperatur sich nur wenig ändern.

Berechnung des Kollektorstroms
Die Größe des Kollektorstroms ist für die Auswahl des Transistortyps entscheidend. Ist I_C zu groß, kann ein Transistor sich binnen Sekunden so aufheizen, dass er zerstört wird. Es muss also I_C überschlägig berechnet werden.

In Abb. 1 ist die Rechnung vereinfacht, weil angenommen wurde, dass $U_{CE} = 0$ V sei. Tatsächlich ist dies nicht der Fall! Bei einem Kleinsignal-Transistor muss man bei 0,2 A Kollektorstrom mit $U_{CE} \approx 0,2$ V rechnen, bei einem Powertyp bei einigen Ampere mit 1 V.

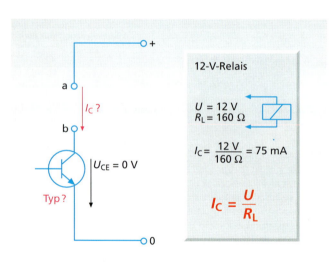

1 Berechnung des Kollektorstroms I_C

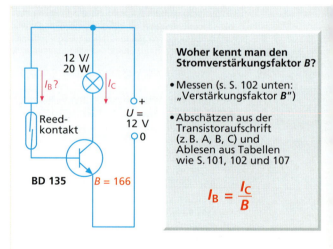

2 Berechnung des Basisstroms I_B

In Abb. 1 soll an die Klemmen a–b der vorgelegten Schaltung ein Relais gelegt werden. Die Betriebsspannung U und die Relaisdaten sind bekannt (blau). Dann ergibt sich der Kollektorstrom nach der angegebenen Formel (rot). Die Beispielrechnung (grün) ergibt 75 mA. Als Transistortyp kann nach der Datentabelle auf Seite 101 z. B. der BC 550 gewählt werden.

Berechnung des Basisstroms
In Abb. 2 soll die Lampe durch einen Reedkontakt über einen Transistor eingeschaltet werden. Wie groß muss der Basisstrom I_B mindestens sein? Der Lampenstrom beträgt 20 W/12 V = 1,66 A. Beim eingesetzten Transistor wurde $B = 166$ mit einem DMM gemessen. Der Basisstrom ergibt sich aus

$$I_B = \frac{I_C}{B} = \frac{1{,}66\ A}{166} = 0{,}01\ A = 10\ mA.$$

Auf Seite 107 unten findest du ein weiteres Berechnungsbeispiel zu I_B.

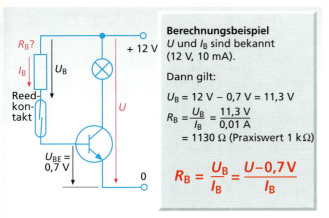

Berechnungsbeispiel
U und I_B sind bekannt
(12 V, 10 mA).
Dann gilt:
$U_B = 12\,\text{V} - 0{,}7\,\text{V} = 11{,}3\,\text{V}$
$R_B = \dfrac{U_B}{I_B} = \dfrac{11{,}3\,\text{V}}{0{,}01\,\text{A}}$
  $= 1130\,\Omega$ (Praxiswert 1 kΩ)

$$R_B = \dfrac{U_B}{I_B} = \dfrac{U - 0{,}7\,\text{V}}{I_B}$$

3 Berechnung des Basisvorwiderstands R_B

Berechnung des Basisvorwiderstands
Nach der Berechnung auf Seite 104 unten ist zwar der Basisstrom bekannt, aber nicht die Spannung am Basisvorwiderstand (U_B). Man erhält sie aus:
$U_B = U - U_{BE}$.
Abb. 3 zeigt hierzu ein Rechenbeispiel.

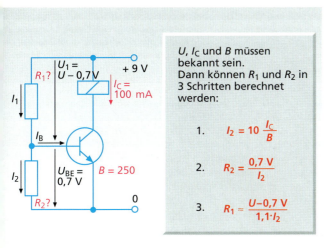

U, I_C und B müssen bekannt sein.
Dann können R_1 und R_2 in 3 Schritten berechnet werden:

1. $I_2 = 10\,\dfrac{I_C}{B}$

2. $R_2 = \dfrac{0{,}7\,\text{V}}{I_2}$

3. $R_1 \approx \dfrac{U - 0{,}7\,\text{V}}{1{,}1 \cdot I_2}$

4 Der Spannungsteiler R_1/R_2 liefert die Vorspannung U_{BE}

Berechnung des Basisspannungsteilers
Bei Schaltanwendungen mit Sensoren wird oft die Schwellenspannung eines Siliziumtransistors verwendet. Hierzu muss aber die Vorspannung U_{BE} genau eingehalten werden. Eine geringe Änderung der Betriebsspannung könnte den gewünschten Schaltpunkt verschieben. Der Spannungsteiler R_1/R_2 nach Abb. 4 liefert aufgrund der definierten Spannungsverhältnisse eine stabilere Basisvorspannung als ein einziger Basisvorwiderstand (Abb. 3). Um den Spannungsteiler durch den Basisstrom nicht zu stark zu belasten, soll der Strom I_2 mindestens 10-mal größer sein als der Basisstrom (siehe Seite 95 unter „belasteter Spannungsteiler").
Nach Abb. 4 ergibt sich für I_B:

$I_B = \dfrac{I_C}{B} = \dfrac{100\,\text{mA}}{250} = 0{,}4\,\text{mA}$.

Da I_2 10-mal größer als I_B sein soll, ist $I_2 = 4\,\text{mA}$.

Der Spannungsteiler muss nun so aufgeteilt werden, dass an R_2 0,7 V liegt, um den Transistor sicher durchzusteuern. R_2 ergibt sich dann aus:

$R_2 = \dfrac{U_{BE}}{I_2} = \dfrac{0{,}7\,\text{V}}{0{,}004\,\text{A}} = 175\,\Omega$.

Bei der überschlägigen Berechnung von R_1 geht man davon aus, dass aufgrund des kleinen Basisstroms $I_1 \approx 1{,}1 \cdot I_2$ ist. Dann gilt:

$R_1 = \dfrac{U_1}{I_1} \approx \dfrac{U_1}{1{,}1 \cdot I_2}$.

U_1 ergibt sich aus $U - U_{BE}$ (nach Abb. 4: 9 V – 0,7 V = 8,3 V).
R_1 ist somit ca. 8,3 V/0,0044 A bzw. 1886 Ω. Wäre bei einer Anwendung R_1 ein NTC mit ca. 2 kΩ am Schaltpunkt, würde man zur exakten Einstellung der Schalttemperatur für R_2 ein 250-Ω-Poti wählen.

Verlustleistung
Je heißer ein Halbleiter im Inneren wird, desto mehr Ladungen werden frei. Damit erhöht sich der Strom und das Bauteil wird noch wärmer. Wenn die Verlustleistung P_V ungenügend abgeführt wird, kann dieser Heißleitereffekt das Bauteil zerstören. In Elektronikgeräten werden zur Wärmeabfuhr daher oft Kühlkörper und Gebläse verwendet.

5 Kühlkörper

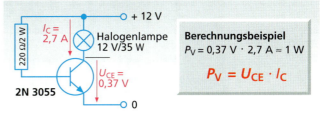

6 Verlustleistung eines Transistors

Berechnungsbeispiel
$P_V = 0{,}37\,\text{V} \cdot 2{,}7\,\text{A} \approx 1\,\text{W}$

$$P_V = U_{CE} \cdot I_C$$

Kopplung von Transistoren

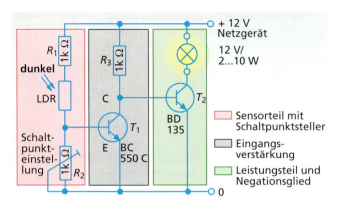

1 Zweistufiger Schaltverstärker für eine Negation

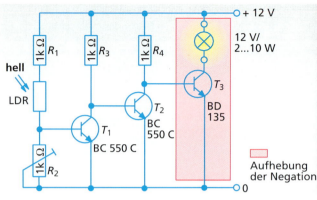

2 Ein dreistufiger Schaltverstärker vermeidet die Negation

Mehrstufiger Schaltverstärker

Es kommt öfter vor, dass der Arbeitsstrom eines Transistors sich umgekehrt zu seinem Steuerstrom verhalten soll. Beispielsweise soll bei Dunkelheit eine Lampe eingeschaltet werden. Im Dunkeln aber ist ein LDR hochohmig, wodurch der Steuerstrom sehr klein wird. Ein Transistor kann deshalb nicht durchschalten und hat somit keinen Kollektorstrom. Eine Lampe im Arbeitskreis wäre also gerade dann dunkel, wenn sie leuchten soll.

Die gewünschte Umkehrfunktion wird **Negation** genannt (siehe NOT, Seiten 145 und 149). Im Beispiel nach Abb. 1 ist der LDR tagsüber niederohmig. Dadurch erhält T_1 einen genügend hohen Basisstrom um durchzusteuern. Somit liegt die Basis von T_2 praktisch auf Nullpotential, denn die Leitung C–E von T_1 ist sehr niederohmig. T_2 erhält also keinen Steuerstrom und sperrt: Die Lampe leuchtet nicht.

Bei Dunkelheit wird der LDR hingegen so hochohmig, dass der Basisstrom von T_1 nicht mehr zum Durchschalten ausreicht. Die Strecke C–E von T_1 ist gesperrt und daher liegt die Basis von T_2 an Pluspotential. Über R_2 erhält jetzt T_2 so viel Basisstrom, dass er öffnet und durchschaltet: Die Lampe L leuchtet.

Vorteile des Schaltverstärkers

Eine Negation könnte man auch mit einem einzelnen Transistor erreichen, wobei lediglich der LDR mit dem Trimmerpoti R_2 vertauscht wird. Ein mehrstufiger Schaltverstärker hat jedoch eine deutlich größere Eingangsempfindlichkeit als der einstufige Verstärker und lässt sich viel präziser auf einen bestimmten Schaltpunkt einstellen.

Der Grund liegt darin, dass T_1 mit seiner hohen Verstärkung (siehe Tabelle auf Seite 101) T_2 vorgeschaltet ist. Zudem ist das Einschalten hier nicht so schleichend wie bei einer einstufigen Schaltung, wo sich der Schalttransistor bei Zwischenwerten durch den Spannungsabfall U_{CE} aufheizen kann.

Wird ein schlagartiges Kippen verlangt, ist dem mehrstufigen Verstärker ein Schmitt-Trigger nachzuschalten.

Glas- und Aufzugtüren werden bei Annäherung über Licht- oder Wärmesensoren durch Schaltverstärker gesteuert.

3 Schaltverstärker steuern die Elektromotoren von Türöffnern

Die Darlingtonschaltung

Um die Eingangsempfindlichkeit von Verstärkern zu erhöhen, kann man zwei Transistoren auch so verbinden, dass der Emitterstrom von T_1 der Basisstrom von T_2 ist. Dieser Transistorverbund heißt Darlingtonschaltung und ist leicht an den direkt miteinander verbundenen Kollektoren zu erkennen (Abb. 4).
Man kann die Kombination als einen „Supertransistor" mit den Anschlüssen B, C und E auffassen. Für die Gesamtstromverstärkung einer Darlingtonschaltung gilt:

$$B_{Darlington} = B_1 \cdot B_2$$

Wenn beispielsweise T_1 einen B-Wert von 200 und T_2 von 250 hat, so ist die Verstärkung: $B_{Darlington} = 200 \cdot 250 = 50\,000$!

Die Steuerspannung der Darlingtonschaltung ergibt sich aus der Summe der Eingangsspannungen von T_1 und T_2 (Abb. 4) und beträgt 1,1…1,4 V. Diese gegenüber einem Einzeltransistor etwa um den Faktor 2 erhöhte Eingangsspannung ist aber in vielen Schaltungen kein Nachteil. Hingegen ist die Spannung U_{CE} (Abb. 4 und 5) bei größeren Kollektorströmen gegenüber einem Einzeltransistor deutlich höher und bringt eine beachtlich hohe Verlustleistung mit sich. Daher ist bei Power-Darlingtonschaltungen oft ein Kühlkörper nötig. Den größten Vorteil der Darlingtonschaltung bietet die hohe Gleichstromverstärkung und bei Kleinsignaltypen der hohe Eingangswiderstand.

Der Darlingtontransistor

Es lohnt sich selten, eine Darlingtonschaltung aus Einzeltransistoren aufzubauen, da es preiswerte, integrierte Ausführungen gibt. Die Daten einiger Darlingtontransistoren, kurz Darlingtons genannt, zeigt Abb. 5.
Im folgenden Beispiel werden Basisstrom und Eingangswiderstand eines viel verwendeten Darlingtons überschlägig berechnet. In Abb. 6 liegt im Arbeitsstromkreis eine LED mit 20 mA Durchlassstrom. Nach Seite 104 unten errechnet sich der Basisstrom aus
$I_B = I_C/B = 20$ mA$/30\,000 = 0,66$ µA.

Den Eingangswiderstand R_{BE} erhält man aus:
$R_{BE} = U_{BE}/I_B = 1,3$ V$/0,66 \cdot 10^{-6}$ A ≈ 2 MΩ.

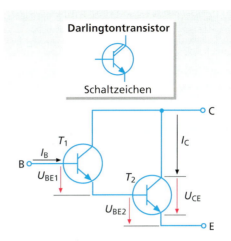

4 Darlingtonschaltung

Typ	Kleinsignal	mittlere Leistung
Maximalwerte	**BC 517**	**BD 675**
I_B/I_C	0,4 mA / 0,4 A	0,1 A / 7 A
U_{BE}	10 V	5 V
U_{CEO}	30 V	45 V
B	≥ 30000	750…1000
P_V	0,6 W	gekühlt 40 W
speziell	Gehäuse wie Kleinsignaltyp	Einloch-Montage (z.B. mit M-3-Schraube)
Anschlussbild	wie BC 550 s. S. 24	wie BD 135 s. S. 24 Randspalte

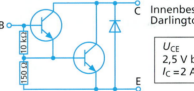

Innenbeschaltung des Darlington BD 675

U_{CE} 2,5 V bei $I_C = 2$ A	I_C kurz: 7 A I_C Dauer: 4 A I_C ungekühlt: 1 A

5 Daten gängiger Darlingtons

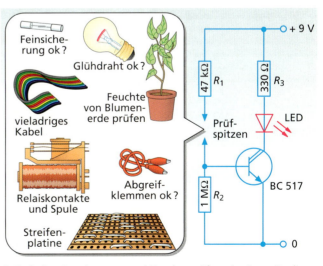

6 Einfacher Durchgangs- und Feuchteprüfer mit einem Darlington

Sensoren

Sensor: Fühler

Aktor: Signalgeber

Bei diesen elektronischen Fühlerelementen handelt es sich um spezielle Bauteile, die physikalische Wirkungen wie Lichtstärke, Temperatur, Lautstärke und Kraft in eine elektrische Spannung umsetzen. Da diese Signalspannung meist sehr klein ist, muss sie verstärkt werden, bevor sie ausgewertet werden kann. Die Auswertung besteht oft im Messen (z. B. Temperatur), Schalten (z. B. Alarmauslösung), Darstellen und Aufzeichnen (z. B. Computerauswertung, Ton- und Bildverarbeitung).

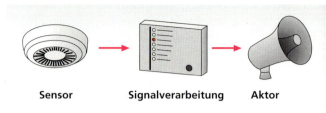

1 Prinzip einer Rauchmeldeanlage

Der LDR

LDR: Light Dependent Resistor = lichtabhängiger Widerstand

Der LDR ist ein Fotowiderstand und damit wie alle Widerstände unpolar. In seinem Inneren enthält er Cadmiumsulfid (CdS). In diesem Material sind die Elektronen so locker gebunden, dass sie schon durch wenige Photonen aus dem Atomverband gelöst werden können. Eine anliegende Spannung (es genügen schon wenige Volt) sorgt durch das elektrische Feld für einen Stromfluss durch den Widerstand. Der entstehende Spannungsabfall wird als Signalspannung genutzt.

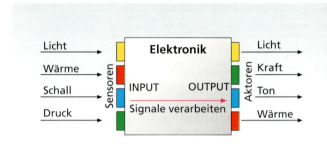

2 Wirkungskette: Sensor – Signalverarbeitung – Aktor

Vor- und Nachteile des LDR

unpolar: polungsunabhängig

- unpolares (und dadurch einfach zu handhabendes), sehr lichtempfindliches Bauteil
- relativ große Signalspannung über einen großen Beleuchtungsstärkebereich
- teuer, wenn der Typ großflächig ist
- träge (er folgt einem Lichtwechsel nur bis einige hundert Hz ohne Verzögerung) und deshalb für eine gute Lichttonübertragung ungeeignet

Lux (lx): Einheit der Beleuchtungsstärke, z. B. Bürolicht: 300 lx

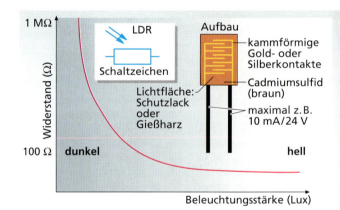

3 Kennlinie eines LDR

Die Solarzelle

Eine Silizium-Solarzelle kann als Lichtsensor benutzt werden. Sie liefert schon bei mäßiger Beleuchtung an ihrem pn-Übergang eine Spannung von ca. 0,5…0,7 V. Die Stromstärke ist proportional zur Bestrahlungsfläche.

Vor- und Nachteile der Solarzelle

- lichtempfindlicher, großflächiger Sensor
- praktisch trägheitsfrei
- teuer

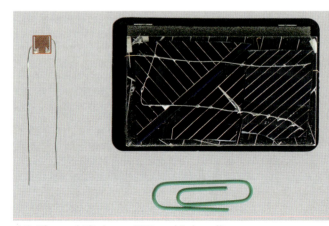

4 Größenverhältnis von LDR und Solarzelle

NTC

Der NTC ist ein unpolarer Widerstand, der im warmen Zustand den Strom wesentlich besser leitet als im kalten („Heißleiter"). Wie Abb. 5 zeigt, hat er eine fallende Kennlinie; in der Mathematik spricht man von negativer Steigung der Kurve. So kommt es zum (englischen) Namen des Bauteils: **n**egative **t**emperature **c**oefficient.

coefficient: Koeffizient = Beiwert vor veränderlichen Größen

Da bei höherohmigen Typen (10…47 kΩ) der Durchgangsstrom sehr klein ist und auch die Kennlinie steiler verläuft als bei niederohmigen Typen, werden sie vorwiegend als empfindliche Temperatursensoren eingesetzt.

Der NTC besteht im Inneren aus speziellen Metalloxiden.

PTC

Er stellt in der Funktion als Sensor das Gegenstück zum Heißleiter dar. Der positive Temperatur-Koeffizient erzeugt einen Kaltleitereffekt. Allerdings ist hier im Gegensatz zum NTC ein deutlicher Kennliniensprung festzustellen (siehe Abb. 5 bei der Bezugstemperatur).
Der PTC wird als Sensor z. B. zur Ölstandswarnung bei der Füllung von Heizöltanks verwendet. Der Sensorstrom steigt dabei von 20 mA (bei 20 °C Lufttemperatur) durch das Eintauchen in das kalte Öl rasch auf den 3fachen Wert an.
Der PTC besteht aus Bariumnitrat und speziellen Metalloxiden.

Elektretmikrofon

Membran: sehr dünne Trennwand

Elektretfolie: metallisierte Kunststofffolie, die in einem elektrischen Feld polarisiert wurde und daher Ladungen (+ und –) „eingefroren" enthält

Im Inneren der preisgünstigen Elektretmikrofonkapsel befindet sich eine Membran aus Elektretfolie, die in einem Abstand von nur etwa 1/100 mm vor der durchlöcherten Festelektrode angeordnet ist. Diese Lochscheibe vermeidet ein Luftkissen durch die Druckwellen. Die Anordnung wirkt wie ein Kondensator, dessen Kapazität sich durch die Schallwellen ändert. Da die Membran und die Lochscheibe an einer Gleichspannung liegen, entsteht eine Wechselspannung, die genau dem Schwingungsbild der Schalldruckwellen entspricht. Weil die Anordnung extrem hochohmig ist, muss der Innenwiderstand der Mikrofonkapsel mithilfe eines eingebauten Spezialtransistors (FET, siehe Abb. 8) an den relativ niederohmigen Eingang (ca. 200–1000 Ω) von Mikrofonverstärkern angepasst werden.

5 Kennlinie eines NTC und eines PTC

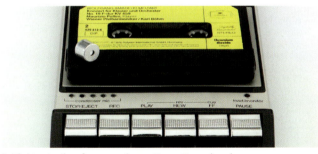

6 Ein NTC als Temperaturfühler

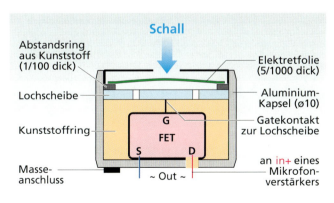

7 Elektretmikrofon aus einem Kassettenrekorder

8 Schnitt durch eine Elektretmikrofonkapsel

Spezielle Bauteile

Schottkydiode

Diese spezielle Siliziumdiode hat nur eine halb so große Durchlassspannung wie Universaldioden. Hierdurch ist es möglich, den Spannungsabfall z. B. von Verpolungsschutzdioden deutlich zu senken.

Diodenempfänger: einfaches Radio, bestehend aus Spule, Drehkondensator und HF-Diode

Die preiswerte Klein-Schottkydiode (BAT 41 oder 43) kann sehr gut die wärmeempfindliche Germaniumdiode (AA 116 und ähnliche) in HF-Schaltungen (z. B. Diodenempfänger) ersetzen. Universaldioden sind nicht HF-tauglich.

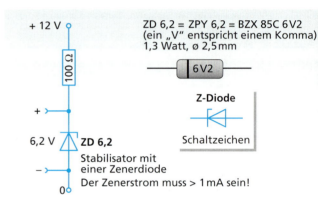

1 Durchlassspannung von Verpolungsschutzdioden

Zenerdiode

Zenerdioden, kurz Z-Dioden genannt, werden in der Sperrichtung betrieben. Sie leiten erst, wenn ihre angegebene Durchbruchspannung, die so genannte Zenerspannung U_Z, erreicht ist. Diese Spannung bleibt unabhängig vom Sperrstrom (Zenerstrom) nahezu konstant. Daher werden diese speziellen Dioden oft zur (einfachen) Spannungsstabilisierung oder als Überspannungsschutz eingesetzt.

Überspannungsschutzdioden: leistungsstarke Z-Dioden sind dem zu schützenden Gerät parallel geschaltet. Der über der Zenerspannung fließende Strom wird kurzgeschlossen.

Die 6,2-V-Zenerdiode hat die Besonderheit, dass ihre Durchbruchspannung nahezu temperaturunabhängig ist. Zenerdioden ab etwa 9 V haben eine steilere Kennlinie als darunter liegende. Daher ist die Stabilisierung umso präziser, je höher die Zenerspannung ist.

Beim Umgang mit Zenerdioden ist zu beachten:

- Zenerdioden werden stets anders herum als LEDs und Verpolungsschutzdioden geschaltet (Ringseite an Plusseite der Spannungsquelle!).
- Es ist immer ein Vorwiderstand nötig (wie bei allen Dioden).
- Der maximale Durchlassstrom ergibt sich für die 1,3-Watt-Typen aus:

$$I \text{ (in A)} = \frac{1{,}3 \text{ (in W)}}{U_Z \text{ (in V)}}$$

Leistungsformel $P = U \cdot I$ Hieraus ergibt sich für I: $I = P/U$

- Für eine gute Stabilisierung sollte nur die Hälfte des errechneten Maximalstroms gewählt werden, sonst kommt es zur Überwärmung der Diode.

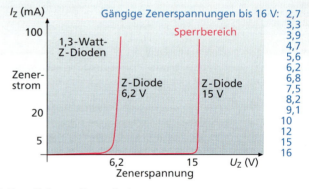

2 Schaltungsbeispiel für eine Zenerdiode

3 Kennlinie von Zenerdioden

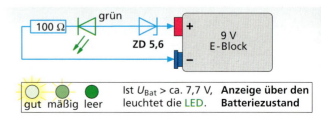

4 Einfacher Tester für Blockbatterien mit Z-Diode

Fototransistor

Dieser spezielle Transistortyp hat ein farbloses Gehäuse oder eine Glaslinse, sodass Licht auf die Basis-Emitter-Strecke fallen kann. Durch die einfallenden Photonen entsteht am pn-Übergang B–E eine kleine Spannung. Durch den Transistoreffekt wird das empfangene Signal verstärkt.

Das Bauelement kann wie ein LDR in eine Schaltung eingebaut werden, wobei aber auf die Polung zu achten ist (Kollektor an Plus).

Die Basis bleibt meistens unbeschaltet. Daher haben viele Typen keinen Basisanschluss. Der Fototransistor arbeitet praktisch trägheitsfrei.

PowerFET

PowerFET bedeutet: Leistungs-**F**eld-**E**ffekt-**T**ransistor.

Seine Beschaltung ist ähnlich der eines Darlingtontransistors, wobei er aber eine Steuerspannung von mehr als 5 V benötigt. Der benötigte Steuerstrom (Gatestrom) ist bei Gleichstromansteuerung sehr klein, aber bei höheren Frequenzen (> 1 kHz) steigt der Steuerstrom deutlich an. Statt einige µA benötigt er dann einige mA Gatestrom.

Der PowerFET hat von allen bekannten Transistortypen den kleinsten Durchlasswiderstand (R_{ON}). Daher kann man mit ihm große Ströme (je nach Typ 10 bis 200 A) direkt steuern. So ist es mit einem PowerFET möglich, einen starken Elektromotor mit Getriebe langsam zu starten, was den gesamten Antrieb schont. Mit einem gängigen Schalter oder Relais kann man einen E-Motor nur schlagartig anlaufen lassen.

Softschalter:
Er vermeidet durch ein langsames Ansteigen des Betriebsstroms den hohen Einschaltstrom bei E-Motoren und Lampen

Bauform wie 5-mm-LED
I_C bei 1000 lux: 6 mA
U_{CE}: 5...32 V

5 Bauform und Daten eines Fototransistors

Im Inneren besteht der PowerFET aus tausenden parallel geschalteter Einzel-FETs, von denen jeder nur Ströme von einigen Milliampere schalten kann. So erklärt sich der extrem kleine Durchgangswiderstand zwischen D und S (je nach Typ zwischen 0,004 und 0,2 Ω).

FET-Anschlüsse:
G = Gate = Eingang;
D = Drain = Abfluss;
S = Source = Quelle

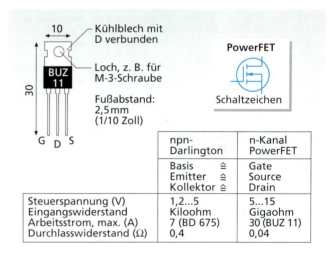

6 Vergleich Darlingtontransistor mit PowerFET

7 Drehzahlregelung mit PowerFETs

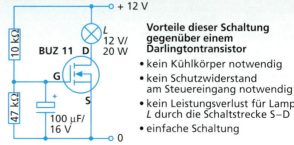

8 Softschalter mit PowerFET für leistungsstarke Lampen

Integrierte Schaltungen

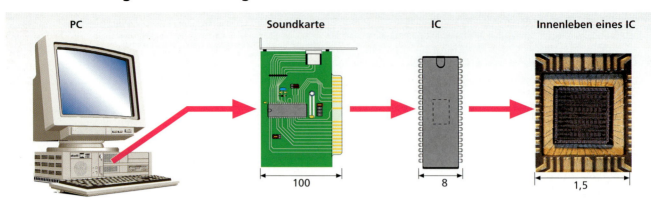

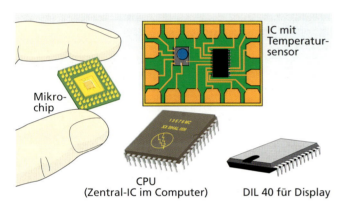

1 Verschiedene ICs

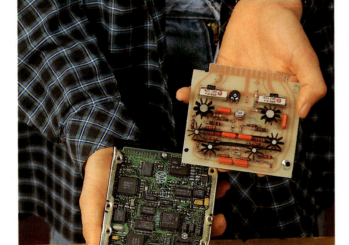

2 Gemischte Bauweise: diskrete Bauteile und IC

Warum ICs?
Ein elektronisches Gerät mit komplizierten Funktionen, wie beispielsweise der Computer, benötigt tausende von Dioden und Transistoren. Müsste man diese einzeln verlöten, so würde man nicht nur sehr viel Arbeitszeit aufwenden, sondern auch ein Gerät erhalten, das ein Mehrfaches an Volumen benötigt, als man es von einem Home-PC gewohnt ist.
Die Steckkarten eines Computers, z.B. Soundkarten, enthalten daher eine Reihe von integrierten Schaltkreisen, kurz IC genannt.

Schaltungen mit diskreten und integrierten Bauteilen
Bei nur wenigen Bauteilen oder ganz speziellen Schaltplanauslegungen lohnt sich der Einsatz eines IC nicht. Hier wird die Schaltung aus einzelnen Bauteilen zusammengebaut. Man nennt eine solche Schaltung **diskret**. Das Gegenteil ist eine **integrierte** Schaltung. In der Praxis wird oft beides gemischt. So sieht man auf einer Soundkarte oder Radioplatine sowohl ICs als auch einzelne Widerstände und Elkos. Dies hängt damit zusammen, dass in ICs nur ziemlich leistungsschwache Widerstände und sehr kleine Kapazitäten unterzubringen sind. Zudem wird durch eine Außenbeschaltung mit diskreten Bauteilen oft ein IC oder Chip funktionell nach den geforderten Aufgaben der Schaltung gezielt beeinflusst.
Häufig werden in ICs Speicherzellen untergebracht. Bei einem 4-Megabit-IC sind das ca. 4 Millionen Speicherzellen. Die Länge einer Speicherzelle beträgt dabei nur ca. 4/1000 mm!

IC:
Integrated
Circuit =
integrierter
Schaltkreis

PC:
Personal
Computer

Chip:
engl. Scheibchen,
bildhafter
Name für IC

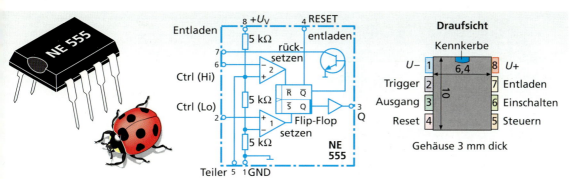

3 Blockschaltbild und Anschlussschema des IC 555

analog: sinngemäß übertragend

Analoge ICs
Unter Analog-ICs, auch Linear-ICs genannt, versteht man in erster Linie Verstärkerschaltungen, die nur wenige oder keine Logikteile enthalten. Diese sind meistens spezialisiert wie Operationsverstärker (kurz OP, OPAmps), Schwellenschalter, Timer (Zeitschalter) oder Audioverstärker.

OP, OPAmp: Operation Amplifier = Operationsverstärker

Die Ströme der Endstufentransistoren reichen von ca. 20 mA bei OPAmps bis zu einigen A bei NF-Verstärkern. Die maximale Stromstärke am Ausgang von Digital-ICs ist hingegen stets kleiner als 20 mA.

Operationsverstärker
Sie haben meist einen sehr hochohmigen Eingang, sodass z. B. selbst hochohmige Sensoren kaum belastet werden und ihre Signalspannung nicht absinkt. Ihre Verstärkung und Bandbreite ist einstellbar. Ein besonderer Vorteil ist die Temperaturkonstanz der Kleinstverstärker. Aufgrund der geringen Ausgangsstromstärke der OPAmps kann man direkt nur Kopfhörer, LEDs und Messinstrumente betreiben.

NF-Verstärker
Für eine Ausgabe der Informationen eines Funkgeräts (z. B. Handy), eines Radios, eines Computers und anderer elektronischer Geräte ist ein „Lautsprecherverstärker" erforderlich.
Audio- oder NF-Verstärker haben eine Vorstufe für die meist schwachen Eingangssignale. Ihre Endstufe enthält starke Transistoren, die je nach Typ 1…10 A für den Lautsprecher bereitstellen können. Alle modernen Audio-ICs enthalten einen internen automatischen Überlastungsschutz gegen Kurzschluss und Überwärmung.

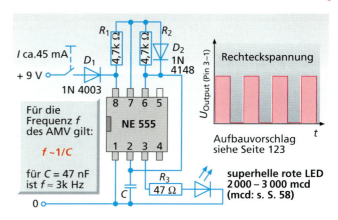

4 Lichtsender mit dem Timer-IC 555

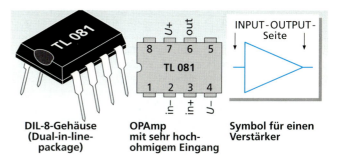

5 Beispiel für einen gängigen OPAmp

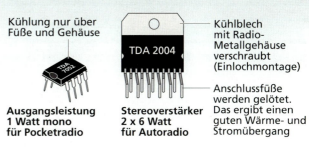

6 Beispiele für Audio-ICs

113

Gleichspannung aus Wechselspannung

1 Netzgerät

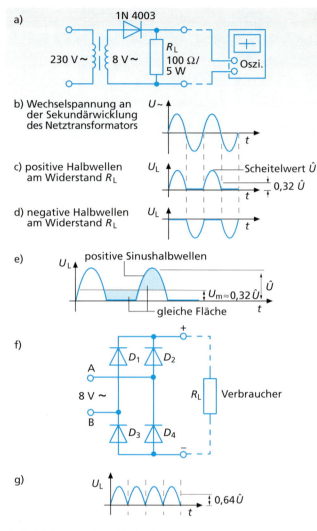

a)

b) Wechselspannung an der Sekundärwicklung des Netztransformators

c) positive Halbwellen am Widerstand R_L

d) negative Halbwellen am Widerstand R_L

e)

f)

g)

2 Gleichrichten einer Wechselspannung

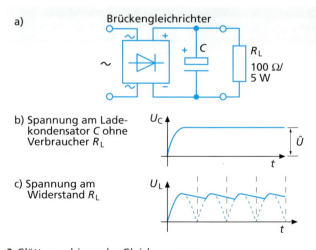

a) Brückengleichrichter

b) Spannung am Ladekondensator C ohne Verbraucher R_L

c) Spannung am Widerstand R_L

3 Glätten pulsierender Gleichspannung

Gleichrichten

Mit Netzgeräten kann die Spannung des Stromnetzes auf eine ungefährliche Wechselspannung heruntertransformiert und in Gleichspannung umgewandelt werden.

Bei der **Einweggleichrichtung** wird nur eine Diode verwendet (Abb. 2 a). Der Spannungsverlauf an einem angeschlossenen Widerstand kann mit einem Oszilloskop betrachtet werden. Es entstehen positive Halbwellen. Die negativen Halbwellen sind abgeschnitten (Abb. 2 c). Wird die Diode umgedreht, werden nur die negativen Halbwellen durchgelassen (Abb. 2 d). In einer Sekunde entstehen 50 „Spannungsbäuche". Durch den Lastwiderstand fließt ein pulsierender Gleichstrom. Wird die pulsierende Gleichspannung mit einem Vielfachmessgerät gemessen, so erhält man ungefähr das 0,32fache des Maximalwerts einer Halbwelle (Abb. 2 e). Man bezeichnet den Maximalwert als **Scheitelwert ($\hat{U}$)**.

Am gebräuchlichsten ist die **Brückenschaltung** (Abb. 2 f). Man verwendet einen Brückengleichrichter, der mit vier Dioden aufgebaut ist. Da jede Halbwelle genutzt wird, erhält man somit 100 Spannungsbäuche pro Sekunde. Mit der Brückenschaltung erhöht sich die Spannung auf das 0,64fache des Scheitelwerts. Das ist das Doppelte des Messwerts der Einwegschaltung (Abb. 2 g).

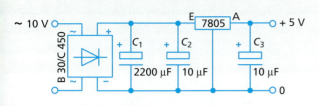

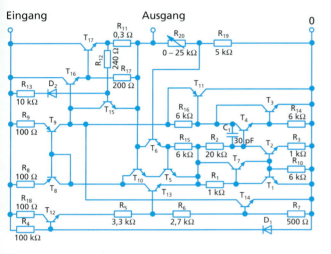

Schaltung mit einem Festspannungsregler und Innenschaltung des Spannungsreglers

Stabilisiertes Netzgerät

Soll eine gut geglättete Gleichspannung für wechselnde Lasten bereitgestellt werden, eignet sich eine Schaltung mit einem integrierten Festspannungsregler aus der Reihe 78xx (Abb. 4). Die letzten Buchstaben xx stehen für die Angabe der jeweiligen Ausgangsspannung. So bedeutet die Bezeichnung 7805 eine Ausgangsspannung von 5 Volt und 7824 eine Ausgangsspannung von 24 Volt. Der Festspannungsregler hat ein kompliziertes „Innenleben" (siehe Abb. 4). Er siebt die Restwelligkeit aus, hält die Ausgangsspannung bei wechselnder Belastung konstant, schützt sich selbst vor thermischer Überlastung und begrenzt einen Kurzschlussstrom.

Der Festspannungsregler hat nur Anschlüsse für Eingang, Ausgang und für das Nullpotential der Spannungsquelle. Je höher die Belastung ist, desto größer ist die entstehende Wärme des Festspannungsreglers. Um die Wärme an die Umgebungsluft abführen zu können, wird er auf einen Kühlkörper montiert. Das Schaltbild (Abb. 4) zeigt noch zwei zusätzliche Kondensatoren C_2 und C_3. Diese unterdrücken Schwingungserscheinungen.

Die Schaltung ist an einen Trafo angeschlossen, dessen Ausgangsspannung doppelt so hoch ist wie die Ausgangsspannung des Festspannungsreglers.

Festspannungsregler

Glätten

Eine pulsierende Gleichspannung ist in der Regel als Versorgungsspannung in der Elektronik nicht brauchbar. Sie muss geglättet werden.
Die einfachste Form des Glättens ist die Parallelschaltung eines großen Kondensators zum Gleichrichterausgang (Abb. 3 a). Der Kondensator lädt sich auf den höchsten Wert der pulsierenden Gleichspannung auf und versorgt mit seiner Spannung die Ausgangsspannung beim Abfallen der Halbwelle. Die Spannung erhöht sich auf den Scheitelwert einer Halbwelle.
Je höher die Kapazität des Kondensators ist, desto besser kann er die pulsierende Spannung glätten. Ohne Belastung des Ausgangs, also im Leerlaufbetrieb, ist die Glättungswirkung am besten (Abb. 3 b). Die Restwelligkeit hängt von der Belastung des Ausgangs ab. Je mehr Strom durch den angeschlossenen Verbraucher fließt, desto schneller wird der Kondensator entladen und desto größer wird die Welligkeit (Abb. 3 c).

5 Messen der geglätteten Gleichspannung

Automatische Zeitsteuerung

Alle zeitbestimmenden Baugruppen bestehen aus einem Widerstandsteil R und einem Kondensatorteil C. Deshalb nennt man eine solche Kombination auch kurz **RC-Glied**.
Der Kondensator nimmt je nach seiner Kapazität eine mehr oder weniger große Elektrizitätsmenge auf. Er wirkt dabei wie eine kleine aufladbare Batterie.
Der Widerstand hat die Aufgabe, den Lade- oder den Entladevorgang zu bremsen. Die mehr oder weniger starke Verzögerung ist von seinem Widerstandswert abhängig.

Beide Bauteile bestimmen durch das Zusammenwirken ihrer elektrischen Werte den zeitlichen Verlauf des Ladens oder Entladens. Grundsätzlich kann man gleiche Zeiten mit verschiedenen RC-Kombinationen erreichen. Zusätzliche Parallelschaltung von Kondensatoren und Serienschaltung von Widerständen erhöhen die zeitliche Verzögerung.
Die elektrischen Werte der Bauteile der 3 abgebildeten Prinzipschaltungen sind Beispiele, die beim Experimentieren verändert werden können.

Anwendungen
In der Steuerungstechnik sind drei Schaltungstypen möglich:
- Einschaltverzögerung:
  z. B. nach dem Stellen der Alarmanlage hat man noch Zeit, einen Raum zu verlassen.
- Ausschaltverzögerung:
  z. B. ein Lüfter im Bad läuft noch einige Zeit nach dem Ausschalten nach.
- Ein- und Ausschaltverzögerung:
  z. B. die Kühlung eines Geräts läuft erst nach einiger Zeit an, soll jedoch nach dem Abschalten noch nachlaufen.

Typ 1: Ausschaltverzögerung
Das kurze Schließen des Tasters lädt C schlagartig auf Betriebsspannung auf. Nach dem Öffnen des Tasters liegt C in Reihe mit dem 100-kΩ-Widerstand der Basis-Emitter-Strecke. Der Entladestrom ist der Steuerstrom. Der Transistor sperrt, wenn U_{BE} ca. 0,7 V unterschreitet.

Typ 2: Einschaltverzögerung
Der Kondensator C ist durch R_3 zunächst entladen. Nach dem Schließen des Schalters überschreitet U_{BE} erst dann ca. 0,7 V, wenn sich C über R_1 und R_2 aufgeladen hat. R_1 reduziert den maximalen Basisstrom auf einen unschädlichen Wert.
Eine Ausschaltverzögerung von weniger als 1 s wird bei dieser einfachen Schaltung in Kauf genommen.

Typ 3: Ein- und Ausschaltverzögerung
Nach dem Schließen des Schalters lädt sich C über R_1 auf. Erst wenn die Kondensatorspannung über 0,7 V angestiegen ist, schaltet der Transistor durch (Einschaltverzögerung).

Nach dem Öffnen des Schalters liefert der Kondensator über R_2 noch für eine bestimmte Zeit Steuerstrom (Ausschaltverzögerung).

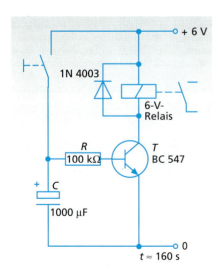

1 Ausschaltverzögerung

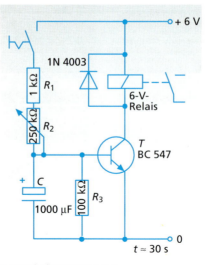

2 Einschaltverzögerung

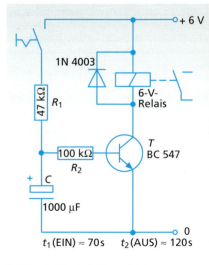

3 Ein- und Ausschaltverzögerung

Bistabile Kippstufe

Bistabile Kippstufen haben zwei stabile Schaltzustände. Sie sind wichtige Speicherglieder in zahlreichen Anwendungsgebieten, z. B. in der Computertechnik. Bistabile Kippstufen werden auch als *Flip-Flop* bezeichnet.

Das Schaltbild in Abb. 4 zeigt zwei zueinander symmetrische Transistor-Schaltstufen. Wird die Betriebsspannung angelegt, ohne einen Taster zu betätigen, schaltet einer der beiden Transistoren durch. Welcher zuerst durchschaltet, kann man nicht aus dem Schaltplan entnehmen. Dies hängt von den Toleranzen der Bauteile ab.

Die Ansteuerung der Transistor-Basisanschlüsse kann auch vom positiven Potential aus erfolgen (Abb. 5).

Wird die Ansteuerung mit Sensoren und weiteren Schaltstufen kombiniert, lassen sich zahlreiche technische Aufgaben lösen, z. B. Speicherung von Schaltimpulsen über Berührungstaster (Abb. 6), Signalspeicherung bei Sicherungsanlagen, Zeit- und Geschwindigkeitsmessungen mit zwei Lichtschranken.

In der Regel werden heute bei der Lösung solcher Aufgabenstellungen keine bistabilen Kippstufen aus Einzelbauteilen (diskreten Bauteilen) verwendet, sondern integrierte Schaltkreise (ICs).

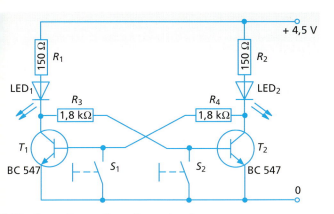

4 Flip-Flop mit negativem Steuersignal

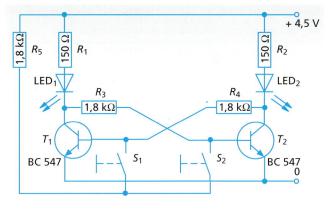

5 Flip-Flop mit positivem Steuersignal

Angenommen, der Transistor T_1 schaltet zuerst durch und die LED_1 leuchtet. Dadurch gelangt nahezu Nullpotential über den Widerstand R_3 an die Basis des Transistors T_2 und sperrt ihn. Drückt man den Taster S_1, erhält die Basis des Transistors T_1 Nullpotential und sperrt ihn. Am Kollektor von T_1 liegt nun gegenüber dem Emitter fast die Betriebsspannung an. Die Basis von T_2 wird dadurch gegenüber dem Emitter positiv und T_2 schaltet durch. Der Umschaltvorgang erfolgt schlagartig. LED_2 leuchtet, LED_1 leuchtet nicht. Lässt man den Taster S_1 los, bleibt T_1 weiterhin gesperrt, da die Basis von T_1 über den Kollektor von Transistor T_2 und den Widerstand R_4 nahezu Nullpotential erhält. Betätigt man den Taster S_1 erneut, bleibt dies ohne Einfluss auf den Schaltzustand. Er kann über den Taster S_1 nicht mehr rückgängig gemacht werden. Ein Umschalten der Transistoren bzw. Leuchtdioden wird durch kurzes Drücken von Taster S_2 erreicht.

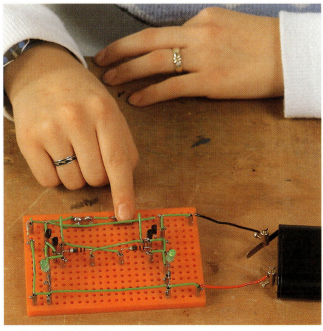

6 Flip-Flop mit Berührungstastern

Astabiler Multivibrator

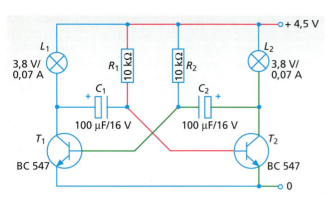

1 Blinkschaltung kurz nach dem Start

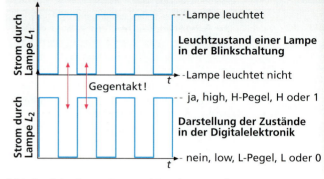

2 Verlauf der Lastströme und Leuchtzustände

Viele Namen – ein Prinzip
Die Schaltung hat mehrere Namen:
- astabile Kippschaltung
- astabile Kippstufe
- astabiler Multivibrator (AMV)
- Blinkschaltung
- Wechselblinker

Hierbei arbeiten zwei Transistoren gleichsam im **Gegentakt**. Während T_1 sperrt, öffnet T_2 und umgekehrt. So erhalten die Lastwiderstände (in Abb. 1 die Lampen) in ihrem Arbeitsstromkreis abwechselnd Strom. Der Kollektorstrom der beiden Transistoren ist in Abb. 2 dargestellt. Man erkennt, dass es sich um eine Rechteckschwingung handelt.

Wie funktioniert das Wechselspiel?
Aufgrund von Bauteiltoleranzen schaltet beim Anlegen des AMV an die Betriebsspannung einer der beiden Transistoren früher als der andere durch. Angenommen, T_2 erhalte vor T_1 eine Steuerspannung von 0,7 V über R_1 (beachte die rote Leitung in Abb. 1), dann spielt sich Folgendes ab:
Die Plusseite von C_2 erhält schlagartig Nullpotential. Hierdurch entsteht in C_2 eine Elektronenbewegung, die sich im Kondensator bis zu seiner Minusseite fortsetzt, sodass auch diese auf Nullpotential liegt. Diese Minusseite ist aber mit der Basis von T_1 verbunden. Damit erhält sie ebenfalls Nullpotential, sodass T_1 sperrt.

Nun aber beginnt die Minusseite von C_2 sich über R_2 aufzuladen. Damit steigt auch die Basisspannung an T_1. Erreicht sie 0,7 V, so öffnet T_1 und L_1 leuchtet. Jetzt liegt jedoch der Kollektor von T_1 schlagartig auf Nullpotential. Dies ergibt in C_1 eine Elektronenbewegung, die die Basis von T_2 auch auf Nullpotential setzt. Somit sperrt T_2 und L_2 erlischt. Danach lädt R_1 C_1 umgekehrt auf, sodass U_{BE} von T_2 steigt. Über 0,7 V öffnet T_2 und L_2 leuchtet wieder. Das Spiel geht nun, wie anfangs beschrieben, weiter.

Welche Bauteile beeinflussen die Schaltzeit?
Im Wesentlichen sind es die Kondensatoren mit ihren Umladezeiten. Je größer der Ladewiderstand R und die Kapazität C des zugehörigen Kondensators ist, desto länger ist diese Umladezeit.

Die Ablaufzeit (Schaltperiode) einer Ein- und Ausschaltzeit beträgt beim AMV:

$$T \approx 0{,}7 \cdot (R_1 \cdot C_1 + R_2 \cdot C_2)$$

T in Sekunden
R in Ohm
C in Farad

Die Aufladezeit ist um so größer, je größer das Aufnahmegefäß (Kapazität) und je größer der Widerstand für den Teilchenfluss ist.
Dasselbe gilt für die Entladezeit, wenn die Sanduhr umgedreht wird (entspricht Entladen eines Kondensators).

Engstelle ≙ Widerstand R
Aufnahmegefäß ≙ Kapazität C

3 Vergleich der Kondensatorumladung mit einer Sanduhr

Schmitt-Trigger-Schaltung

Das englische Wort „trigger" bezeichnet einen Auslöser, z. B. am Fotoapparat. Das Besondere dieser – nach ihrem Erfinder benannten – Schaltung ist die Fähigkeit, den (schleichenden) Einschalt- oder Ausschaltvorgang dynamisch zu beschleunigen, sobald der erste Auslöser zum Umschalten erscheint.
Der gemeinsame Emitterwiderstand (Abb. 4) bewirkt dieses gewünschte Schaltverhalten.

Die Schmitt-Trigger-Schaltung ist empfehlenswert oder dringend erforderlich bei langsam verlaufenden Zustandsänderungen der steuernden physikalischen Größe, z. B. langsam anschwellendes Licht, lang andauernde Temperaturänderung, lange Zeitspannen, also beim
– Schalten von Bewässerungspumpen,
– Schalten von Warnlicht, Notlicht,
– Zeitschaltungen mit Relais,
– Ein- und Ausschalten von Motoren.

Nicht erforderlich oder sogar unerwünscht ist das schlagartige Schalten bei stetigen Regelungen, wie z. B. bei der Wärmeregelung auf den Seiten 54 und 55. Hier schaltet der Regler mit dem Stellglied (Leistungstransistor) sanft oder etwas stärker auf „Heizen", entsprechend der Temperaturabweichung. Volles Einschalten bei der Meldung „zu kühl" würde die Regelung in unkontrolliertes Schwingen bringen.

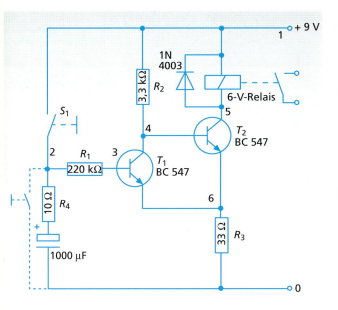

4 Schmitt-Trigger-Schaltung

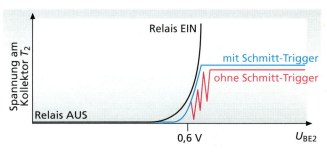

5 Langzeit-Schaltverhalten mit und ohne Schmitt-Trigger

Wenn bei den Steuerschaltungen der Transistor als Schalter betrachtet wird, dann hat das nur Gültigkeit, solange der Schaltvorgang sich in einem kurzen Moment vollzieht, z. B. beim Unterbrechen einer Lichtschranke oder eines Reißdrahts. Dass vor dem vollen Einschalten schon ein geringer Kollektorstrom fließt, bleibt ohne Auswirkung, weil das Durchfahren dieser halb durchgeschalteten Phase nur Millisekunden dauert.

Anders bei Zeitschaltungen: Die Zeitspanne des halb durchgeschalteten Zustands zieht sich entsprechend zur gesamten Schaltzeit in die Länge. Ein Elektromotor oder ein Relais käme während dieser Zeit ins „Stottern". Bei dem Gießautomat (s. Seite 26) kann diese Übergangsphase bei abtrocknender Erde sogar stundenlang dauern.

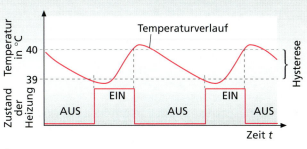

6 Schalthysterese mit Schmitt-Trigger am Beispiel einer Heizung

Die Differenz zwischen den beiden Schaltpunkten, also zwischen EIN („Hinweg") und AUS („Rückweg"), nennt man **Schalthysterese**. Einschaltpunkt und Ausschaltpunkt dürfen nicht zu nahe beisammen liegen, weil sonst ein zu schnelles Ein- und Ausschalten die Folge wäre.

Hysterese: „Nachhinken" elektrischer Größen nach dem eigentlichen Schaltvorgang

Tonverstärker mit Transistoren

Arbeitspunkteinstellung

Soll ein Siliziumtransistor Wechselspannung verstärken, muss er ständig über der Schwellenspannung von ca. 0,7 V betrieben werden.
Die Basis erhält daher über einen Widerstand R (Abb. 1) ein positives Potential („Vorspannung"). Die Einstellung mit diesem hochohmigen Widerstand nennt man Arbeitspunkteinstellung. Für eine verzerrungsarme Wiedergabe wird der Widerstandswert so gewählt, dass am Ausgang – in Abb. 1 ist dies der Kopfhörer – die halbe Betriebsspannung liegt. Würde hier wesentlich weniger Gleichspannung liegen, so würden im U_{out}-Diagramm beispielsweise die unteren Wechselstromanteile teilweise „abgeschnitten". Dies bemerkt man deutlich an der dann verzerrten Wiedergabe im Hörer.

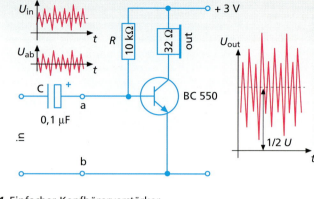

1 Einfacher Kopfhörerverstärker

Der mehrstufige Verstärker

Die winzige NF-Spannung, die ein Mikrofon beispielsweise abgibt (siehe dazu Seite 109, Abb. 8), reicht bei weitem nicht zur Leistungsansteuerung eines Lautsprechers aus. Selbst für einen Endverstärker sind ein paar Millivolt an seinem Eingang zu klein. Daher erhöht eine Vorstufe mit einem Transistor die Spannung zunächst einmal so weit, dass die Endstufe voll aussteuerbar ist. In Abb. 2 beträgt der Faktor der Spannungsverstärkung der Vorstufe ca. 20. Die Aufgabe der Endstufe ist es, durch weitere Spannungserhöhung einen kräftigen Strom (nach Seite 121, Abb. 3, bis zu 1,5 A!) in den Lautsprecher zu „treiben". Mit der stufenweisen Leistungserhöhung erreicht man eine besonders verzerrungsarme Tonwiedergabe.

Kondensatoren

Über C_1 am Vorstufeneingang gelangt nur die Mikrofonwechselspannung an die Basis des Transistors. So wird ein eventueller Gleichstromanteil im Signal, der den Arbeitspunkt verschieben würde, gesperrt.
Auch in der Schaltung nach Abb. 1 ist dies so, wie die beiden kleinen Diagramme zeigen. C_2 am Ausgang der Vorstufe (in Abb. 2) hält den Gleichstromanteil, den der Arbeitswiderstand R_3 der Vorstufe erzeugt, vom Eingang der Endstufe fern.

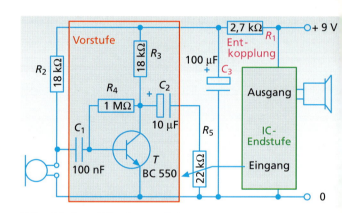

2 Zweistufiger Mikrofonverstärker

Entkopplung

Vorstufe und Endstufe sind zwei Verstärker, die aus praktischen Gründen aus einer Batterie versorgt werden. Wenn der Endverstärker große Stromimpulse benötigt, so sinkt die Batteriespannung ebenfalls impulsartig. Dies wirkt sich auf die Stromversorgung der Vorstufe so aus, dass der Transistor schwingt. Am Lautsprecher der Endstufe ist ein „Ploppern" zu hören.
R_1 und der Elko C_3 bauen für die Vorstufe eine einfache separate Stromversorgung auf. Sinkt kurzzeitig die Batteriespannung, so kann C_3 weiterhin die Vorstufe relativ spannungsstabil mit Strom versorgen. Der benötigte kleine Strom für die Vorstufe wird durch den Widerstand R_3 eingestellt.

Tonverstärker mit IC

Audio: elektronische Geräte mit Tonausgabe (ähnlich Video mit Bildausgabe (lat. audio = ich höre)

passive elektrische Bauteile: Widerstände, Kondensatoren, Transformatoren

Gegenteil: aktive elektronische Bauteile, z. B. Dioden, Transistoren, ICs

Vorteile eines Audio-IC

Es gibt einige wichtige Gründe, warum bei Audioverstärkern in Radios, Fernsehgeräten, Handys, Sprechanlagen und anderen Geräten mit Tonausgabe keine diskreten Schaltungen, sondern ICs benutzt werden.

- Ein Audio-IC ist preiswerter als zwei einzelne Transistoren mit den nötigen passiven Bauelementen.
- Die Qualität eines Audio-IC ist erheblich besser als die einer einfachen diskreten Schaltung.
- Vorverstärker und Endstufe sind im IC auf engem Raum vereint und optimiert.
- Ein Audio-IC enthält interne Schutzschaltungen, die beim diskreten Aufbau viel Raum, Zeit und Geld kosten würden. Eine einzelne NTC-Sensorschaltung für einen Überwärmungsschutz kostet mehr als ein kleines Audio-IC.
- Ein IC in einer Fassung ist leichter austauschbar als ein fest eingelötetes Bauteil.
- Viele Audio-ICs haben einen weiten Bereich für die Spannungsversorgung. Hierdurch wird eine gute Batterieausnutzung erreicht.

Besonderheiten bei der Beschaltung

Die Spannungsverstärkung ist im IC TDA 7052 festgelegt (ca. x 90). Daher kann die Lautstärke nur durch eine einstellbare Abschwächung der Eingangsspannung geändert werden. Dies geschieht mit einem Poti (LR in Abb. 3).

Zwischen dem „heißen" Eingang (Pin 2) und der Masse (Pin 6) muss ein Kondensator von ca. 1 nF geschaltet werden (C in Abb. 3). Hiermit werden HF-Einstreuungen kurzgeschlossen. Andernfalls kann es sein, dass im Lautsprecher starke Radiosender „mitzwitschern".

Berührt man den „heißen" Eingang (Pin 2) mit einem Finger, „brummt" der Verstärker. Dies kommt durch eine ganz schwach leitende Verbindung zwischen Haut und Erde („Erdschleife") zustande. Es werden auch winzige Wechselströme, die durch Magnetfelder von in der Nähe liegenden, netzbetriebenen Leitungen und Geräten eingestreut werden, mitverstärkt. Daher soll das Mikrofonkabel abgeschirmt sein und Geräte, die Spulen mit Eisenkernen enthalten (Trafos und E-Motoren), sollen nicht direkt neben dem Tonverstärker betrieben werden.

Pin: Anschlussfüßchen

GND: GROUND = Grund, Masse, Erde

TDA 7052
Technische Daten

U-Bereich: 3...18 V
Ruhestrom ca. 9 mA
R_{in}: etwa 100 kΩ
P_{out} typisch: 1,2 W
I_{out} maximal: 1,5 A
f: typ. 0,02...20 kHz
Out-kurzschlussfest
Überhitzungsschutz
(intern bei 150 °C)

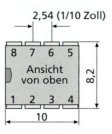

Gehäuse DIL 8

VV: Vorverstärker
V : Verstärker-Endstufe
LR: Lautstärkeregler
R : Interner Rückkopplungswiderstand (legt Verstärkungsfaktor fest)

Das Audio-IC TDA 7052, seine Kenndaten und sein Blockschaltbild

Senden und Empfangen: Infrarotlichtsender

Empfangsauge (z. B. Fototransistor)

1 Fernbedienung eines Fernsehgeräts mit Infrarotlicht

Platine einer Infrarot-Fernbedienung. Ganz oben ist die IR-LED sichtbar, unten das Spezial-IC.

mcd:
Millicandela
siehe Randspalte Seite 58

Drahtloses Senden und Empfangen

Die Übermittlung von Informationen über den freien Raum erfordert einen „Träger". Das kann Licht im sichtbaren oder unsichtbaren Bereich sein. In beiden Fällen handelt es sich um elektromagnetische Wellen.
Diese benötigen zur Weiterleitung im Gegensatz zum elektrischen Strom kein Leitermaterial.

Vorteile von Lichtsendeanlagen:

- Starke Bündelung des Sendestrahls möglich. Daher ist der Empfänger gezielt anpeilbar.
- Relativ abhör- und störsicher (Signal endet z. B. im Zimmer).
- Senderaufbau relativ einfach, preisgünstig und genehmigungsfrei herzustellen.
- Kein Elektrosmog wie bei HF-Sendern.

Das Sendeelement für Lichttonübertragungen

Mit dem Dauerlicht einer Glühlampe allein kann man noch keine Botschaft aussenden. Zumindest muss die Lampe ein- und ausgeschaltet werden und der Empfänger muss diese Botschaft verstehen. Das geschieht z. B. beim grünen Licht einer Ampelanlage.
Würde das Grünlicht schneller ein- und ausgeschaltet, könnte man eine weitere Information aussenden, nämlich die, dass in Kürze eine Rotlichtphase kommt. Sehr schnelle Ein-Aus-Wechsel sind jedoch mit Glühlampen nicht machbar, weil der Glühfaden träge ist. Vor allem benötigt er einige Zeit zum Abkühlen. Das Nachglühen kann man abends beim Abstellen von Pkw-Scheinwerfern deutlich sehen.
Starke Leuchtdioden, die teilweise eine Lichtstärke von 9500 mcd erreichen, können problemlos bis 100 kHz getaktet werden, auch in stufenlosen Übergängen von dunkel bis hell. LEDs sind also praktisch trägheitsfrei.

Modulation

Das An- und Abschwellen der Feldstärke des Trägers (Licht oder HF) im Takt der Information (z. B. Sprache) nennt man **Modulation**. Bei einem IR-Handsender geht beim Drücken einer Taste die in einem Spezial-IC gespeicherte Taktung als Impulspaket zur Sende-LED. Die Information liegt jedoch nicht in der Länge der Lichtimpulse, sondern in ihren relativ langen Pausen (Abb. 2). Damit kann man bei einem modernen Handsender die Batterien besonders lange nutzen.

IR:
Infrarot

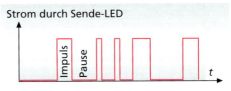

2 Pulscodemodulation (PCM)

Pulscode:
von Impuls (Stromstoß) und Code (Verschlüsselung)

Man kann auch die Lichtstärke einer Sende-LED laufend ändern. Dies wird z. B. bei Tonübertragungen gemacht (Abb. 3).
Damit es nicht zu Verzerrungen kommt, wird die LED „vorgespannt", d. h. sie leuchtet auch ohne Tonübertragung schon mittelstark. Ohne dieses Vorleuchten (mit Gleichstrom) würden nur die lauten Stellen übertragen, da nur sie die Durchlassspannung einer LED übersteigen.

Amplitude:
der größte Ausschlag von Schwingungsweiten

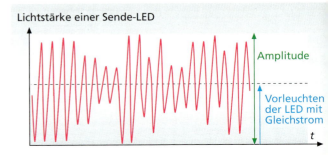

3 Amplitudenmodulation (AM)

Senden und Empfangen: Lichtsender

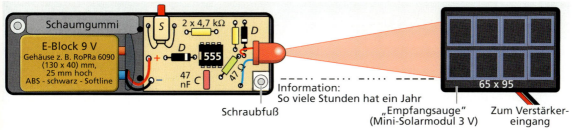

4 Übertragung von Morsezeichen mit Licht

Aufbau eines Lichtsenders

Auf der Senderseite sind Rechteckimpulse elektronisch leicht realisierbar. Der oben abgebildete Handsender verwendet hierzu einen AMV mit dem Timer-IC 555 (Schaltplan auf Seite 113, Abb. 4). Er benutzt das Rotlicht einer superhellen 5- oder 10-mm-LED, das ca. 3000-mal pro Sekunde ein- und ausgeschaltet wird. Bei einer Tonwiedergabe liegt daher der Ton im Maximum des menschlichen Hörbereichs. Somit ist der Piepston auch bei stärkerem Rauschen auf der Empfängerseite gut herauszuhören.

Rotlicht: *Die Verwendung einer Rotlicht-LED bringt die größte Reichweite, weil Silizium-Solarzellen ihr Empfindlichkeitsmaximum im Rotbereich haben.*

Sensoren auf der Empfangsseite

Als Sensoren dienen bei Lichttonübertragungen Fotodioden, Fototransistoren oder kleine Solarzellen. Nur diese Bauelemente können Signale trägheitsfrei verarbeiten. Im obigen Beispiel wird zur Steigerung der Sensorspannung ein Mini-Silizium-Solarmodul benutzt, das durch seine 8 in Serie geschalteten Zellen bei größerem Abstand zum Sender einen viel breiteren Lichtkegel erfasst als z. B. ein kleiner Fototransistor. So erhält man auch ohne speziellen Vorverstärker eine relativ große Sensorspannung, selbst wenn das Lichtbündel nicht optimal (d. h. senkrecht) auf den Sensor trifft.

Empfangsverstärker

In der Praxis muss der Empfangsverstärker schmalbandig sein, d. h. er soll nur das Frequenzband des Senders verstärken. Hierdurch werden die Empfindlichkeit und die Reichweite der drahtlosen Übertragung erhöht, denn Störeinflüsse werden somit fast ganz ausgeblendet.

Besondere Anforderungen werden an die erste Verstärkerstufe gestellt, da sie die oft sehr schwachen Sensorspannungen bei großer Reichweite vom Sender mit möglichst geringem eigenem Rauschen verstärken soll. In der Schule ist es aufgrund des erforderlichen schaltungstechnischen Aufwands nicht möglich, einen Empfänger zu bauen, der professionellen Anforderungen genügt. Wenn jedoch das oben abgebildete Solarmodul an den Mikrofoneingang des Tonverstärkers von Seite 28 (Abb. 3) angeschlossen wird, kann man mit dem vorgeschlagenen Rotlicht-Sender Morsesignale auf 5 bis 9 m übertragen. Die größte Reichweite wird bei Dunkelheit mit einer dicken Vorsatzlinse an der Sendediode erzielt.

Rauschen

Das informationslose Rauschen stört eine gute Tonwiedergabe. Vorwiegend kommt es durch die thermische Bewegung von Atomen zustande. Z-Dioden, hochohmige Widerstände und Darlingtons rauschen besonders stark. Daher wird für einen Mikrofonverstärker oft ein rauscharmer Transistor mit niederohmigem Eingang (Emitterschaltung) eingesetzt. Das Rauschen tritt vor allem bei hohen Frequenzen störend in Erscheinung und kann sehr schwache Signale im Verstärkerrauschen „untergehen" lassen, wie Abbildung 5 zeigt.

Störeinflüsse: *Kunstlichter, vor allem Leuchtstoffröhren. Sie gehen je Sekunde 100-mal an und aus, was die Tonwiedergabe erheblich stört.*

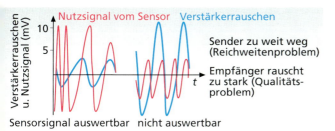

5 Sensorsignal und Verstärkerrauschen

Senden und Empfangen: Eigenschaften von Radiowellen

Frequenz (f):
Anzahl der Schwingungen pro Sekunde.
Einheit:
$1\,Hz = 1/s$
(1 Hertz)

Hochfrequenz
Je höher die Frequenz eines Wechselstroms ist, desto weniger bleibt die elektrische Energie an den Leiter gebunden. Sie löst sich ab ca. 20 kHz zum Teil in Form von elektromagnetischen Wechselfeldern („Wellen") von der Leiteroberfläche ab und durchströmt mit Lichtgeschwindigkeit den freien Raum. Hierbei durchdringen aber diese „Wellen" im Gegensatz zu Licht nicht nur Glas, sondern z. B. auch Mauerwerk, Holz und Nebel. Metalle aber schwächen das elektromagnetische Feld erheblich. Eisen schirmt diese Felder besonders stark ab.

Obgleich der Übergang von Niederfrequenz zur Hochfrequenz fließend ist, versteht man im Allgemeinen unter „Hochfrequenz" nur Frequenzen über 20 kHz.

Bei Hochfrequenz entstehen elektromagnetische Wellen, die sich von einem Leiter oder einer Antenne lösen und im Raum verteilen.

Handy 900/1800 MHz
Freisprechfunkgerät 433 MHz
CB-Funkgerät 27 MHz

2 Verhalten von HF-Wellen

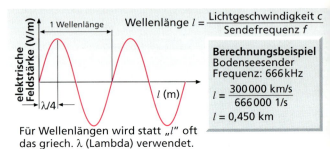

Für Wellenlängen wird statt „l" oft das griech. λ (Lambda) verwendet.

3 Berechnung der Wellenlänge von Hochfrequenzen

Radiowellen
Abb. 3 zeigt, dass man einer Frequenz eine Wellenlänge zuordnen kann. Die Wellenlängen von Radiostationen werden in Hörfunkbereiche eingeteilt. Abb. 1 zeigt diese Einteilung mit den deutschen und den englischen Kurzbezeichnungen.

Mittelwellen
Diese Wellenart breitet sich tagsüber vorwiegend entlang der Erdoberfläche aus. Nachts kommt noch eine Reflexion der Wellen an der Ionosphäre in 80–800 km Höhe dazu, sodass es zu Überreichweiten kommt (ca. 1500 bis 4000 km). Mittelwellen durchdringen ganz gut die Innenräume, auch Keller. Im Gegensatz zu UKW muss bei MW keine Sichtverbindung zum Sender bestehen. Allerdings schirmen Stahlskelettbauten (Schulen, Hochhäuser) in der Regel die Mittelwellen stark ab. Daher ist der Empfang bei solchen Gebäuden in Fensternähe oft besser.

87,5–108 MHz
Ultrakurzwelle (UKW)
FM Frequenzmodulation

5,9–15,5 MHz
Kurzwelle (KW)
SW Short Wave

525–1605 kHz
Mittelwelle (MW)
AM Amplitudenmodulation

153–281 kHz
Langwelle (LW)
LW Long Wave

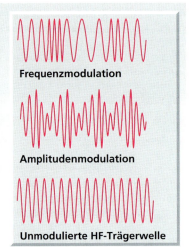

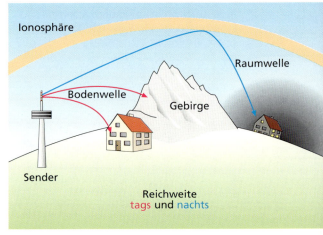

1 Wellenbereiche der Radiofrequenzen für Hörfunk

4 Ausbreitung von Mittelwellen

Senden und Empfangen: physikalische Gesetzmäßigkeiten

Parallelschwingkreis
Wird ein Kondensator mit einer Spule parallel geschaltet, kann man diese Anordnung zu Schwingungen anregen. Abb. 5 zeigt die einzelnen Zeitabläufe (Phasen).
In der 1. Phase wird der Kondensator geladen und baut ein elektrisches Feld (E-Feld) auf. Er entlädt sich über die Spule, wodurch in der 2. Phase ein Magnetfeld (M-Feld) entsteht. Nach seinem Aufbau bricht das M-Feld zusammen, wobei sich die Stromrichtung umkehrt, sodass der Kondensator in der 3. Phase umgekehrt wie in Phase 1 geladen wird. Daher dreht sich auch das M-Feld in der 4. Phase um. Bei ständiger Energiezufuhr geht das Spiel wie bei Phase 1 weiter. Der Strom fließt schnell hin und her. Dieser besondere Stromkreis heißt daher Schwingkreis.

Induktivität: Maß für die Magnetfeldänderung einer Spule. Einheit: 1 H (1 Henry)

Resonanz
Bei einer bestimmten Frequenz f_0 hat ein Parallelschwingkreis seinen höchsten Innenwiderstand. Er schwingt dann auch mit wenig Energiezufuhr von außen besonders gut. Die Spannung an der Spule steigt stark an. Man benutzt dies bei der Abstimmung eines Empfängers, wobei für die Einstellung von f_0 entweder die Kapazität des Kondensators oder die Lage des Spulenkerns verändert wird.

6 Resonanz beim Parallelschwingkreis

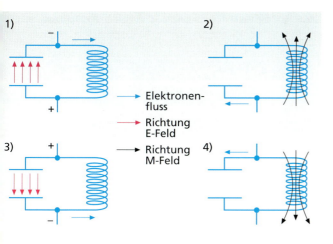

5 Vorgänge im Parallelschwingkreis

Demodulation
Eine Kopfhörermembran schwingt beim symmetrisch angelegten NF-Anteil einer HF-Welle nicht mit (Kräftegleichgewicht). Erst nach „Wegschneiden" einer HF-Hälfte hört man die NF-Information. Diesen Vorgang nennt man Demodulation.

HF-Schwingkreis im MW-Radio
Durch entsprechende Wahl des Kondensators und der Spule arbeitet der Schwingkreis im HF-Bereich. MW-Empfänger haben in der Regel eine Spule mit Ferritkern. Der Kern konzentriert das Magnetfeld in der Spule, sodass die Spulenspannung höher wird als ohne Kern. Durch die Ferritantenne kann man daher auf meterlange, frei hängende Antennendrähte verzichten.

Ferrit: Mischung aus Eisen- und anderen Metalloxiden. Die Pulverteilchen sind im Ferritstab mit Kunstharz zusammengepresst.

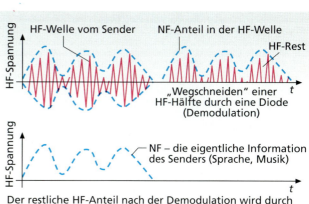

Der restliche HF-Anteil nach der Demodulation wird durch Kurzschluss über einen Kondensator beseitigt. Er würde im Kopfhörer oder Lautsprecher störendes Rauschen erzeugen.

7 Das „Herausschälen" der Information aus der HF-Welle

Codieren und Decodieren von Informationen

Mitteilungen für Menschen festhalten

Schon immer hatten Menschen das Bedürfnis, über Zeit und Raum hinweg anderen Menschen Nachrichten zukommen zu lassen.
Zunächst bildeten die Menschen auf einem Trägermedium (Höhlenwand, Stein, Ton, Papyrus) ihre Informationen z. B. als Höhlenzeichnungen, Keilschriften oder Hieroglyphen ab. So stand die Abbildung eines Sterns (vergleichbar einem Piktogramm) stets für den Begriff „Stern" oder „Himmel" oder „Gott".

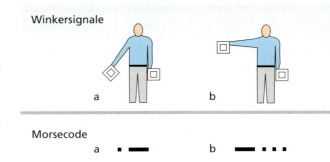

2 Nur kurzzeitig andauernde Signalzustände

Hieroglyphe	Gegenstand	Laut	Bedeutung
	Zepter	heka	Herrscher
	Säule	iun	Theben
	Oberägypt. Pflanze	resi	Süden
	Korb	re	Herr
	Mistkäfer	cheperu	verwandeln
	Sonne	ra	Sonnengott

1 Hieroglyphen

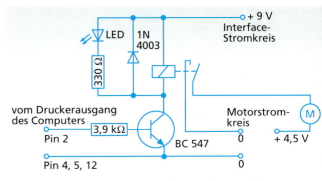

3 Schaltplan mit lang andauernden Signalzuständen

Die „Mutter" aller heutigen Buchstabenschriften wurde von Semitern im Vorderen Orient erfunden. Darin entspricht ein Zeichen im Wesentlichen einem Laut.
Bei den Schriften handelt es sich um ein System von Zeichen, die Laute oder auch Begriffe zum Zweck der Informationsübermittlung oder -aufbewahrung sichtbar machen.

Zeitdauer von Zeichen- und Signalzuständen

Neben zeitlich beständigen Trägermedien bedienten sich die Menschen auch vergänglicher optischer Trägermedien, wie z. B. Rauch, Licht, Signalflaggen oder Verkehrsampeln.
Akustische Signale, wie Trommeln oder Kanonenschüsse, wurden und werden noch immer zum Codieren und Übertragen von Informationen verwendet. Hier wird ebenfalls aus den optischen oder akustischen Zeichen erst dann eine Information, wenn Sender und Empfänger die vereinbarte Bedeutung dieser Zeichen und Signale kennen.

Schaltpläne und andere technische Zeichnungen stellen ebenfalls ein System von Zeichen zum Zwecke der Informationsübermittlung dar. Sie sind die „Sprache der Techniker". Die Kenntnis der zugrunde liegenden Vereinbarungen dieser „Sprache" ermöglicht es ihnen, sich über die Funktionsweise und die Konstruktion eines technischen Objekts zu informieren (decodieren) und zu verständigen.

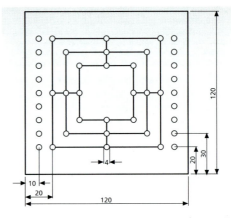

4 Technische Zeichnung – codierte Information

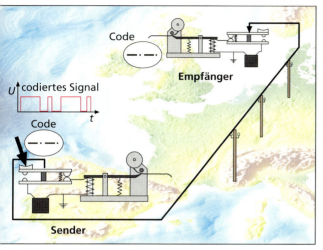

Prinzipdarstellung einer Morseanlage

Die Entdeckungen im Bereich der Elektrotechnik ermöglichten einen blitzschnellen Transport der Informationen über ungeahnte Entfernungen. Zunächst konnte man nur einen Stromkreis unterschiedlich lang öffnen und schließen. Das heißt, es war möglich, über weite Strecken Stromimpulse mit unterschiedlichen Längen und Pausen zu schicken. Diese wurden durch Elektromagnet, Anker mit Schreibstift und kontinuierlich laufender Papierrolle als Punkte und Striche sichtbar gemacht (Morseapparat). Schriftzeichen und Zahlen mussten aber in ein neues Zeichensystem, den Morsecode, übersetzt werden.

Die weitere Entwicklung führte zur drahtlosen Informationsübertragung. Hierbei wird eine hochfrequente elektromagnetische Welle zum Träger der codierten Informationen. So können zum Beispiel Toninformationen direkt und sekundenschnell rund um die Welt übermittelt werden.

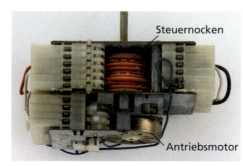

6 Nockensteuerung

Anweisungen an Maschinen übermitteln

Früher mussten die Menschen den Maschinen zunächst von Hand, z.B. durch Bewegen von Hebeln oder Drehen von Kurbeln, immer „vor Ort" Schritt um Schritt mitteilen, was sie zu tun hatten. Stiftwalzen, Kurvenscheiben, Nockenscheiben und Lochkarten waren lange Zeit die einzige Möglichkeit, Maschinen Arbeitsanweisungen automatisch mitzuteilen. Die Art und die Dauer der Arbeitsschritte und ihre Abfolge waren durch die Anordnung der Stifte, der Nocken und durch die Geschwindigkeit, mit der sie bewegt wurden, bestimmt.

Die rasante Entwicklung im Bereich der Elektronik, vor allem die Transistor- und IC-Technik, ermöglichte die Konstruktion von Maschinen mit elektronischen Speichern, deren Inhalt beliebig lange gespeichert und zudem verändert werden kann. Dabei wird jeder Arbeitsschritt codiert, d.h. als eine Folge von Nullen und Einsen in einer Binärzahl gespeichert.

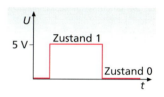

Bei neueren Werkzeugmaschinen (z.B. Koordinatentisch) hilft dabei ein Codierprogramm, sodass die Anweisungen vereinfacht als so genannte „G-Befehle" eingegeben werden können.

Codierung von Computerbefehlen

Computergesteuerte Maschinen können in kleinsten Speichereinheiten (Flip-Flops) nur zwei Zustände speichern: Spannung vorhanden: „1", Spannung nicht vorhanden: „0". Der Mensch muss der Maschine die Arbeitsschritte deshalb in Form codierter Befehle (Maschinensprache, Q-Basic, Pascal, …) verständlich machen.

Computerintern erfolgt die Weiterleitung der Informationen zwischen den einzelnen Baugruppen über Datenleitungen, die ebenfalls nur die Spannungspegel 0 V oder 5 V führen. Alle Informationen, die in Form von elektrischen Signalen codiert sind, gelangen über Interfaces und „Ports" (Türen für Signale) in den Computer.

Codieren und Decodieren von Informationen

Äußere Ereignisse wirken auf Sensoren und lösen Signale aus. Das erfasste Ereignis kann ein von einem Dieb geöffnetes Fenster sein oder eine Lichtschranke, die von einem Fahrzeug unterbrochen wird.
Das alleinige Melden des Ereignisses genügt in vielen Fällen nicht. Man benötigt z. B. bei einem Windmesser noch zusätzlich die Information, wie schnell sich das Windrad dreht, also wie oft eine Lichtschranke pro Sekunde unterbrochen wird. Das vom Sensor gelieferte Signal kann die Zustände „high" (+5 V) und „low" (0 V) annehmen. Das Programm entnimmt hieraus die entsprechende Information.

▶ Beschreibt mit Tabelle oder Programmablaufplan genau, welche Informationen wie und in welcher Reihenfolge aus dem Eingangssignal gewonnen werden sollen.

▶ Wählt je nach Aufgabenstellung eines oder mehrere der folgenden Sprachelemente (Befehlsbausteine) aus. Die Programmiersprache „Q-Basic" befindet sich in jeder WIN 3.x-Installation als Datei „qb.exe" im Verzeichnis „C:\DOS" und läuft auch unter WIN 95.

▶ Bindet die ausgewählten Befehlsbausteine in einen der beiden Strukturbausteine für komplette Programme ein.

▶ Untersucht die Programmbeispiele von Seite 129 auf ihre Eignung.

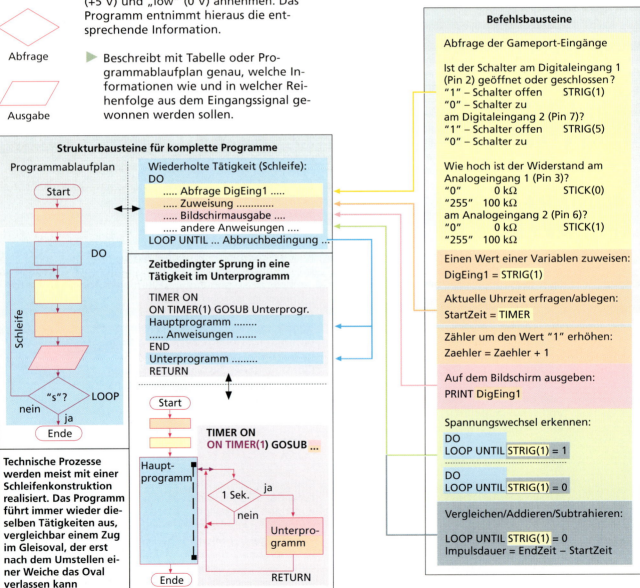

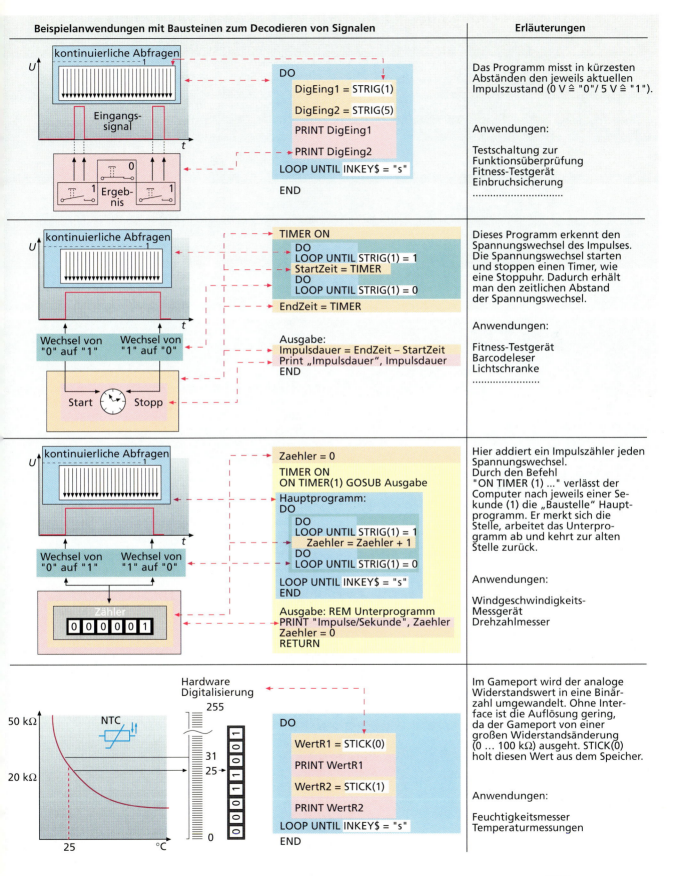

Signalerfassung und Signalverarbeitung in Natur und Technik

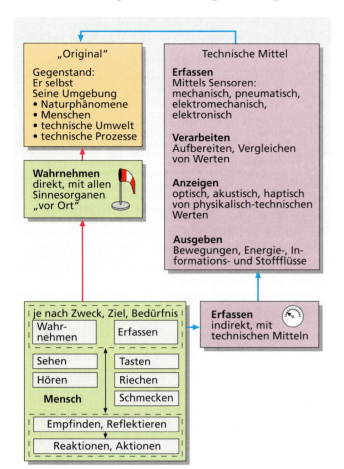

Unsere Sinne helfen, die Umgebung zu erfassen und zu verstehen. Wir können z. B. feststellen, wie hoch der Behälter einer Kaffeemaschine mit Wasser gefüllt ist, ob ein Gegenstand feucht oder trocken und ob dieser warm oder kalt ist.

Unsere Sinne können die empfangenen Signale aber häufig nicht eindeutig wahrnehmen. Dies kann zu Verfälschungen der codierten Informationen führen. Deshalb benötigen wir bei der direkten Wahrnehmung eines Sachverhalts mit unseren Sinnen meistens eine Vergleichsmöglichkeit (Maßstab). Die am Wasserbehälter angebrachte Tassenskala hilft z. B. beim Vergleich des Wasserstands mit der Skala, die Menge an Tassen zu erfassen.

An Autobahnbrücken mit Seitenwindgefahr erfasst ein Windsack Windrichtung und Windstärke. Er dreht sich mit dem Wind und erscheint je nach Windstärke mehr oder weniger prall gefüllt. Ein Autofahrer kann aufgrund seiner Erfahrung diese Kombination der Anzeigen richtig deuten und als Reaktion sein Fahrverhalten ändern.

Objekt		Physikalische Größe/Mittel/Funktion	Erfassen und Anzeigen
Windsack		Winddruck/Windsack/Aerodynamik: Aufblähen eines Hohlraumes durch Staudruck	Erfassen: mit Auge (optisch) Anzeigen: durch Form und Richtung des Windsackes (mechanisch)
Elektronisches Fieberthermometer		elektrischer Widerstand/ Analog-Digital-Wandler/ Umwandlung von Temperatursignalen in elektrische Signale	Erfassen: durch Sensorwiderstand Anzeigen: durch Display (digitale Anzeige)
Quecksilber-Fieberthermometer		Ausdehnung von Flüssigkeiten/ Röhrchen/ temperaturabhängige Volumenänderung	Erfassen: Volumenänderung der Flüssigkeit Anzeigen: durch Länge der Flüssigkeitssäule (analoge Anzeige)
Fritteuse		Widerstandsänderung/ Bimetallschalter/ temperaturabhängiges Öffnen und Schließen eines Schalters	Erfassen: durch Schalterzustand Anzeigen: durch Zustand einer Signallampe (leuchtet/leuchtet nicht; binäre Anzeige)

Es gibt eine Vielfalt von Sensoren, die stellvertretend für den Menschen physikalische Größen erfassen. Sie müssen dann in der für unsere Wahrnehmung (optisch, akustisch, …) geeigneten Weise angezeigt werden. Die Anzeige erfolgt analog oder digital mit der erforderlichen Präzision. Die analoge Anzeige eignet sich besonders zum Anzeigen von Tendenzen. Die digitale Anzeige eignet sich zum Erkennen von „Momentaufnahmen" (Wie hoch ist das Fieber?).

Signalerfassung und Signalverarbeitung mit Computern

Mit Sensoren und weiteren technischen Mitteln (Interfaces) können Computer physikalische Größen erfassen, verarbeiten und z. B auf dem Monitor ausgeben. Zusätzlich können wir den Computer veranlassen, die Werte zu speichern oder Maßnahmen zu ergreifen, damit z. B. eine Gefahr abgewendet wird (Feuerwarnanlage).
Sensoren wie NTC und PTC erfassen eine physikalische Größe (Temperatur) durch Ändern ihres Widerstandswerts.
Ein Analog-Digital-Wandler in einem Interface setzt die Widerstandswerte in Zahlenwerte (0…100 kΩ → 0…255) um. Mit der IF … THEN … ELSE IF-Struktur des Hauptprogramms können diese Werte mit einer „Skala" verglichen und analog oder digital auf dem Monitor angezeigt werden.

Erfassen, Vergleichen und Ausgeben von Informationen in Form von Zeichenelementen

Eigenschaften der Anzeigeelemente festlegen und Bildschirmeinstellungen festlegen

Hauptprogramm:
DO
  IF *Bedingung* THEN
    Anweisung(en)
    GOSUB Unterprogramm
  ELSE
    Anweisung(en)
    GOSUB Unterprogramm
  END IF
LOOP UNTIL … Abbruchbedingung …
END
Unterprogramm:
Informationen anzeigen
RETURN

Den aktuellen Bildschirm löschen:
CLS

Auf den aktuellen Grafikbildschirm „9" schalten (300* 600 Pixel, Farbe „2"):
SCREEN9: COLOR2

Die Zeichen schreiben, die in Anführungszeichen folgen:
PRINT "IMPULSE"

Den Inhalt der Variablen „Impulse" schreiben:
PRINT IMPULSE

Ab der 10. Zeile und der 20. Spalte schreiben:
LOCATE 10, 20

Ein Rechteck zeichnen und dieses mit der Rahmenfarbe „Farbe" füllen:
LINE(X1,Y1) - (X2,Y2), Farbe, BF, 4

Aufgrund von Bedingungen Entscheidungen treffen und Anweisungen erteilen:
IF *Bedingung* THEN
Anweisung(en)
ELSE
Anweisung(en)
END IF

▶ Beschreibt mit Tabelle oder Programmablaufplan, welche Informationen wie dargestellt werden sollen.
▶ Wählt je nach Aufgabenstellung Anzeige-Befehl-Module aus.
▶ Bindet die ausgewählten Ausgabemodule in die nebenstehende Programmstruktur ein.
▶ Testet die auf der nächsten Seite folgenden Programmbeispiele auf Eignung und untersucht sie auf ihre Funktionsweise hin.
▶ Ergänzt die Beispielprogramme durch weitere Befehlsbausteine oder wandelt sie ab.

Informationstechnik

Signalerfassung und Signalverarbeitung in Natur und Technik

Örtlich unbestimmte Zeichenausgabe

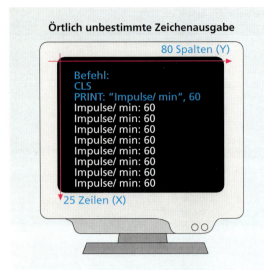

Örtlich bestimmte Zeichenausgabe

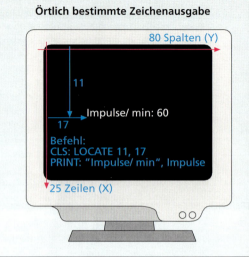

```
REM: Anzeige des Digitaleingangs 1 (als Leuchtfeld)
REM: Rechteckwerte:
    DigAnzeigX1 = 450: DigAnzeigX2 = 500
    DigAnzeigY1 = 100: DigAnzeigY2 = 150
    rot = 4: blau = 1
REM: Bildschirmeinstellungen:
    CLS: SCREEN9: COLOR2
REM: Hauptprogramm:
    DO
        IF STRIG(1) = 1 THEN
            Farbe = rot
            GOSUB DigitalAusgabe1
        ELSE
            Farbe = blau
            GOSUB DigitalAusgabe1
        END IF
    LOOP UNTIL INKEY$ = "s"
    END
DigitalAusgabe1:
    LINE (DigAnzeigX1, DigAnzeigY1) - (DigAnzeigX2, DigAnzeigY2), Farbe, BF, 4
    RETURN
```

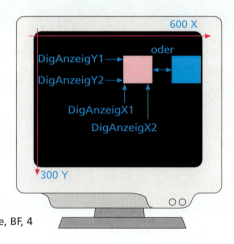

```
REM: Programm zur Balkenanzeige des Analogeingangs 1
REM: Balkenwerte:
    BalkXstart = 200: BalkYstart = 300
    BalkXende = 220: GegBalkYende = 50

REM: Bildschirmeinstellungen:
    CLS: SCREEN9: COLOR2

REM: Hauptprogramm:
    DO
        MessWert = STICK(0)
        BalkYende = BalkYstart - MessWert
        GOSUB Anzeigen:
    LOOP UNTIL INKEY$ = "s"
    END

REM: Unterprogramm
Anzeigen:
    LINE (BalkXstart, BalkYstart) - (BalkXende, BalkYende), 4, BF, 4
    LINE (BalkXende, BalkYende) - (BalkXstart, GegBalkYende), 1, BF, 4
    RETURN
```

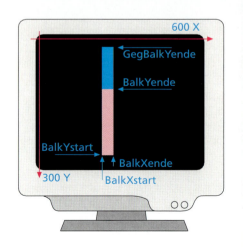

Ausgabe von Impulsen über die Leitungen des Druckerausgangs des PC

Der Computer soll die Arbeitsergebnisse nicht nur auf dem Bildschirm anzeigen. Er soll für uns auch auf andere Maschinen und Geräte Einfluss nehmen. So kann er in einer Intensivstation die Lebensfunktionen der Patienten überwachen, dokumentieren und bei Gefahr einen Arzt oder eine Ärztin herbeirufen. In der Technik kann er z. B. zum Steuern einer Werkzeugmaschine oder zum Regeln des Klimas in einem Gewächshaus eingesetzt werden.

Ein Tor zur Außenwelt ist der Druckerausgang (LPT1). Dieser Druckerport hat eine Adresse (888, manchmal auch 956), unter der er ansprechbar ist. Durch dieses Tor führen acht Leitungen.

Befehlsbausteine zur Ausgabe von Impulsen

Schaltbefehl

OUT 888, xxx

Schaltet die Signalleitung(en) xxx auf +5 V
888 – bei manchen Computern: 956
xxx – steht für den dezimalen Stellenwert der Ausgabeleitung

Zeitbefehl

FOR T = 1 TO yyy: NEXT T

yyy – Die Größe des Wertes entscheidet über die Schaltdauer

Impulsausgabe am Druckerport (Blinklicht, Leitung PB0)

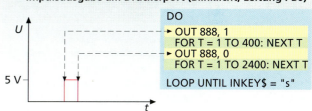

```
DO
  OUT 888, 1
  FOR T = 1 TO 400: NEXT T
  OUT 888, 0
  FOR T = 1 TO 2400: NEXT T
LOOP UNTIL INKEY$ = "s"
```

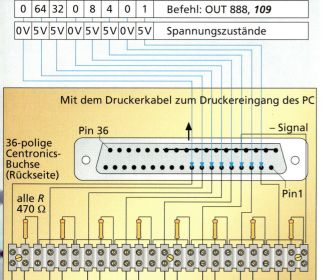

Diese Leitungen können unabhängig voneinander auf 0 V oder +5 V Spannung (zur Masse, Pin 25) geschaltet werden. Es sollte nicht mehr als ca. 10 mA Strom je Leitung fließen.

Die nebenstehende Brettchenschaltung eignet sich zur Anzeige der Spannungszustände auf den acht Datenleitungen des Druckerports und zum Programmieren eines Blink- oder Lauflichts. Für das Schalten größerer Leistungen, z. B. für Elektromotoren, wird ein Relaisinterface benötigt.

▶ Beschreibt mit Tabelle oder Programmablaufplan genau, zu welcher Zeit welcher Spannungszustand auf welcher Leitung anliegen soll.
▶ Wählt aus nebenstehender Übersicht die Dezimalwerte der entsprechenden Leitungen aus und addiert sie. Das Ergebnis wird dem Schaltbefehl hinzugefügt, in unserem Beispiel: OUT 888, 109.
▶ Bindet die „Schaltbefehle" mit dem auf die Schaltdauer abgestimmten „Zeitbefehl" in die oben dargestellte Programmstruktur ein.

Steuern, Regeln, Automatisieren

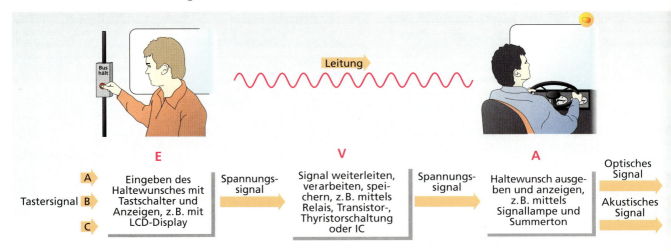

1 Blockschaltbild für Bus-Stopp

Steuern

Wenn du mit einem Bus oder einer Straßenbahn fährst und an der nächsten Haltestelle aussteigen möchtest, drückst du die Stopp-Taste. Dadurch wird ein Kontakt geschlossen, der ein elektrisches Signal zu einer Lampe beim Fahrer weitergibt. Du gibst dem Fahrer die Information: „Ich möchte an der nächsten Haltestelle aussteigen." Der Fahrer beobachtet die Signallampe und entnimmt daraus die *Information*, dass Fahrgäste bei der nächsten Haltestelle aussteigen möchten. Das *Signal* bleibt gespeichert, bis es der Fahrer löscht.

Da die Signaleingabe von verschiedenen Stellen aus erfolgen kann, den Stellen A oder B oder C usw., spricht man von einer ODER-Schaltung. Dieser Wirkungszusammenhang lässt sich in einem *Blockschaltbild* darstellen.

Bei unserem Beispiel könnte die logische ODER-Verknüpfung durch parallel geschaltete Taster realisiert werden. Als *Speicherglied* könnte man ein Relais in Selbsthalteschaltung, einen Thyristor, eine bistabile Kippstufe mit Transistoren oder ein IC mit Speicherfunktion verwenden.

Bei der soeben beschriebenen Steuerung können die Taster nur zwei Schaltstellungen einnehmen, sie sind geschlossen oder offen. Die Lampe leuchtet oder leuchtet nicht. Die Signale werden somit *binär* verarbeitet.

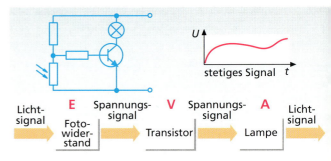

2 Blockschaltbild: Helligkeitssteuerung einer Lampe

3 Schaltuhr

Eine Dunkelschaltung, bei der eine Lampe mit einem Transistor direkt gesteuert wird, kann **automatisch** und **stetig** arbeiten.

Eine Lampe kann mit einer Schaltuhr gesteuert werden. So eine Steuerung bezeichnet man als **Programmsteuerung**.

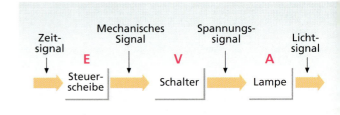

4 Blockschaltbild: Programmsteuerung einer Lampe

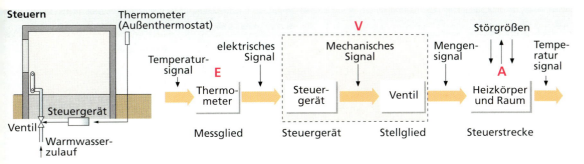

5 Prinzipdarstellung und Blockschaltbild einer Raumtemperatur-Steuerung

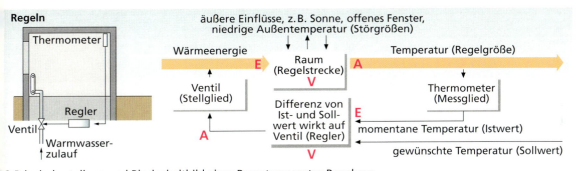

6 Prinzipdarstellung und Blockschaltbild einer Raumtemperatur-Regelung

Raumtemperatur steuern
Wird die Temperatur eines Raumes in Abhängigkeit von der Außentemperatur gesteuert, muss die Außentemperatur erfasst werden. Der Messwert wird einer Steuereinrichtung zugeführt. Sinkt die Außentemperatur unter einen bestimmten Wert, so öffnet sich das Ventil und der Heizkörper gibt Wärme ab. Die Raumtemperatur bzw. die Ausgangsgröße wirkt nicht auf die Eingangsgröße der Steuerung (= Außentemperatur) zurück. Die Heizung arbeitet ausschließlich in Abhängigkeit von der Außentemperatur, ganz gleich ob der Raum durch die Sonne aufgeheizt wird oder durch langes Lüften kalt ist. Die Steuerung reagiert also nicht auf Temperaturänderungen im Raum.

Raumtemperatur regeln
Soll sich die Temperatur eines Raumes automatisch auf einen gewünschten Wert einstellen, muss die Raumtemperatur dauernd erfasst werden. Der gemessene Wert (Istwert) wird bei einer Temperaturregelung im Regler mit dem gewünschten Wert (Sollwert) verglichen. Bei einer Abweichung des Istwerts vom Sollwert wird das Signal an das Ventil (Stellglied) weitergegeben. Die Wärmeabgabe ändert sich. Die Temperatur wird wieder verglichen. Dies wiederholt sich fortlaufend, bis die Temperaturdifferenz sehr klein geworden ist. Im Gegensatz zur offenen Steuerkette ist beim Regelvorgang der Wirkungskreislauf geschlossen. Störungen von außen werden berücksichtigt und automatisch korrigiert.

> Steuern ist ein Vorgang, bei dem eine oder mehrere Größen am Eingang andere Größen am Ausgang nach einer bestimmten Gesetzmäßigkeit beeinflussen. Die Ausgangsgrößen wirken nicht auf die Eingangsgrößen zurück. Diesen offenen Wirkungsablauf bezeichnet man als **Steuerkette.**

> Regeln ist ein Vorgang, bei dem die zu beeinflussende Größe fortlaufend gemessen und einem gewünschten Wert angeglichen wird. Der Wirkungsablauf ist ein geschlossener Kreisprozess. Man bezeichnet ihn als **Regelkreis.**

Steuern, Regeln, Automatisieren

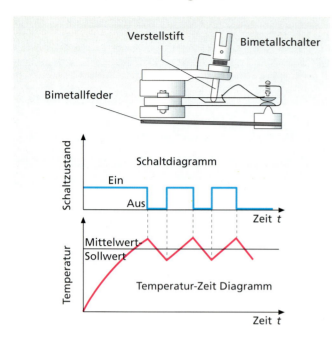

1 Zweipunktregelung beim Bügeleisen

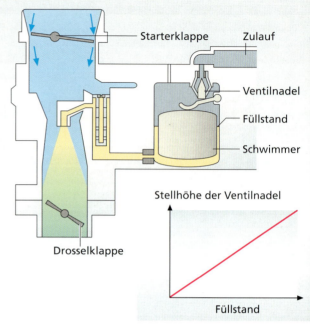

2 Stetige Regelung beim Vergaser

Zweipunktregelung

Beim Bügeleisen wird die Temperatur an der Sohle mit einem Bimetallschalter geregelt. Ist die gewünschte Temperatur (Sollwert) erreicht, schaltet der Bimetallschalter den Strom für die Heizwendel ab. Bei Abkühlung wird der Heizstromkreis wieder zugeschaltet. Da es nur zwei Schaltzustände gibt, Strom fließt oder fließt nicht, bezeichnet man so eine Regelung als *unstetige Regelung* oder als *Zweipunktregelung.* Die Temperaturhöhe, bei welcher der Heizstrom unterbrochen werden soll, kann mit der Stoffwahlscheibe des Bügeleisens eingestellt werden. Bei richtig eingestelltem Temperaturbereich spielt der Feuchtigkeitsgrad der Wäsche keine Rolle. Bei feuchter Wäsche wird das Bügeleisen automatisch häufiger erwärmt als bei trockener Wäsche. Das Bügeleisen korrigiert die „Störung" automatisch.

Bei einer Zweipunktregelung pendelt die Temperatur dauernd zwischen zwei Werten. Der Sollwert wird nur als Mittelwert erreicht. Zweipunktregelungen können verwendet werden, wenn es nicht auf ein genaues Einhalten des Sollwerts ankommt, z.B. beim Kühlschrank, beim Heizkissen, bei Kochplatten oder Warmwasserboilern.

Stetige Regelung

Beim Vergaser hebt und senkt sich der Füllstand des Kraftstoffs in der Schwimmerkammer, wenn Zufluss und Abfluss verschieden groß sind. Der Füllstand wird durch einen Schwimmer erfasst. Dieser schließt und öffnet mit einer Nadel den Zufluss. Die Nadel sitzt direkt auf dem Schwimmer oder wird über ein Hebelsystem betätigt. Sie reagiert auf die kleinste Änderung des Flüssigkeitsstands. Zwischen oberem und unterem Anschlag kann die Nadel jeden beliebigen Zwischenwert annehmen.

Man bezeichnet diese kontinuierlich arbeitende Regelung als *stetige Regelung.* Sie wird auch als *Proportionalregelung* bezeichnet, da die Verstellung der Ventilnadel einer Abweichung vom gewünschten Füllstand proportional folgt.

Die Kennlinie in Abb. 2 zeigt diesen Zusammenhang. Ist allerdings die Kraftstoffzufuhr unterbrochen oder die Abflussmenge durch die Hauptdüse größer als die größtmögliche Zulaufmenge, so liegt keine proportionale Funktion mehr vor.

Einteilung von Steuerungen und Regelungen
Man kann Steuerungen und Regelungen nach verschiedenen Gesichtspunkten einteilen, z. B.
- nach der Art der Betätigung
  – willensabhängig arbeitend (Handsteuerungen, Handregelungen)
  – automatisch arbeitend (automatische Steuerungen oder Regelungen)
- nach der Art der zu beeinflussenden physikalischen Größe (z. B. Temperatur-, Druck-, Licht-, Durchflussmengen-, Geschwindigkeitssteuerungen oder -regelungen)
- nach der Art der Signalverarbeitung (stetig oder unstetig arbeitende Steuerungen und Regelungen)
- nach der Einbeziehung von Computern (Steuerungen und Regelungen ohne oder mit Computer).

Automatisieren
Durch Steuerungen und Regelungen können technische Vorgänge automatisiert werden, also ohne Zutun des Menschen ablaufen.

Die Verkehrsregelung durch einen Polizisten kann von einer Ampel übernommen werden. Allerdings wird bei einer automatisch arbeitenden Verkehrssteuerung der Fahrzeugfluss nicht beobachtet. Die Ampel steuert ihn also lediglich. Durch Kontaktstreifen in den Fahrbahnen kann die Verkehrsdichte aber erfasst werden. Der Verkehr wird nun nicht mehr automatisch gesteuert, sondern automatisch geregelt, weil der Fahrzeugfluss gemessen und entsprechend beeinflusst wird. Damit es bei vielen Kreuzungen nicht zu einem Verkehrschaos kommt, können die Daten in einem zentralen Rechner erfasst und die Ampeln mit einem Computerprogramm geregelt werden.

Weitere Beispiele für automatische Steuerungen und Regelungen sind u. a. Waschmaschine, Geschirrspüler, Toaster, Schweißroboter, Flaschenabfüllanlagen oder Kraftwerke.

Viele technische Prozesse könnten ohne automatische Abläufe nicht funktionieren. Automaten nehmen den Menschen körperliche und geistige Routinearbeit und gesundheitsschädigende Arbeit ab. Sie entlasten, erhöhen die Produktivität, setzen aber auch Arbeitskräfte frei. Es entstehen neue Tätigkeiten, z. B. das Einstellen, Kontrollieren und Überwachen der Automaten. Die erhöhte Produktivität bedarf allerdings einer entsprechenden Nachfrage nach den produzierten Gütern auf dem Binnen- und Weltmarkt.

3 Automatischer Tomatenpflücker

4 Flaschenabfüllanlage

Steuern und Regeln mit Computern

Einsatz von Computern

Computer können Messwerte erfassen, Signale verarbeiten, Werte speichern und diese auf dem Bildschirm ausgeben. Ihr Haupteinsatzgebiet in der Technik ist aber in der Automatisierung von technischen Vorgängen und Prozessen. Der „Autopilot" im Cockpit eines modernen Passagierflugzeugs kann selbsttätig den vorgegebenen Kurs und die Flughöhe halten. Der Computer kann eine CNC-Fräsmaschine zur Herstellung komplizierter Werkstücke steuern oder im Pkw den Bremsvorgang regeln (ABS).

ABS: Anti-Blockier-System

Steuern mit Computern

In der Abfolge einer Steuerkette (z. B. einer Warnanlage) übernehmen die Computer die Aufgabe des Steuergeräts. Ein Computer kann die umfangreiche Absicherung des Computerraums gegen Einbruch und Feuer übernehmen. Preiswerte Sensoren, das Eingabe- und ein Ausgabe-Interface genügen, um die Warnsignale bis in eine Hausmeisterwohnung zu leiten.

Abb. 1 zeigt das Blockschaltbild einer **Haltegliedsteuerung,** die eingehende Signale auswertet und speichert. Der Programmaufbau gleicht dem Weg eines Modellzugs in einem Gleisoval.

2 Cockpit eines Passagierflugzeugs

Dieser kommt immer wieder an derselben Stelle vorbei, bis er das Signal zur Ausfahrt erhält.
Die von den Messgliedern kommenden Signale können sehr kurz sein. Sie müssen deshalb laufend abgefragt und ausgewertet werden. Im Alarmfall wird die Tätigkeit zugunsten der Alarmausgabe unterbrochen und der Computer „merkt" sich den Alarmzustand. Ein schneller Computer kann mehrere tausend „Abfragerunden" in der Sekunde schaffen. Obwohl er nur Befehl um Befehl abarbeiten kann, führt er diese somit scheinbar gleichzeitig aus.

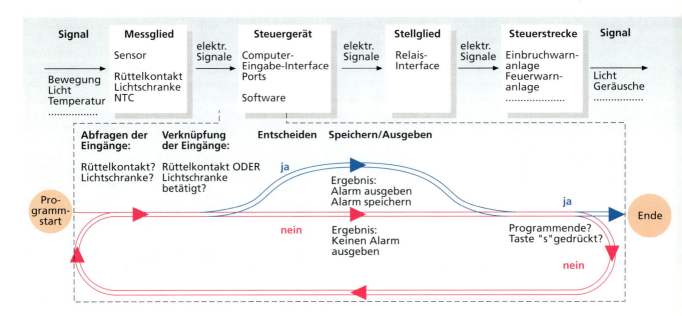

1 Funktionsblöcke einer computergesteuerten Warnanlage (vereinfachte Darstellung)

Informationstechnik

Haltegliedsteuerung

Programmablaufplan

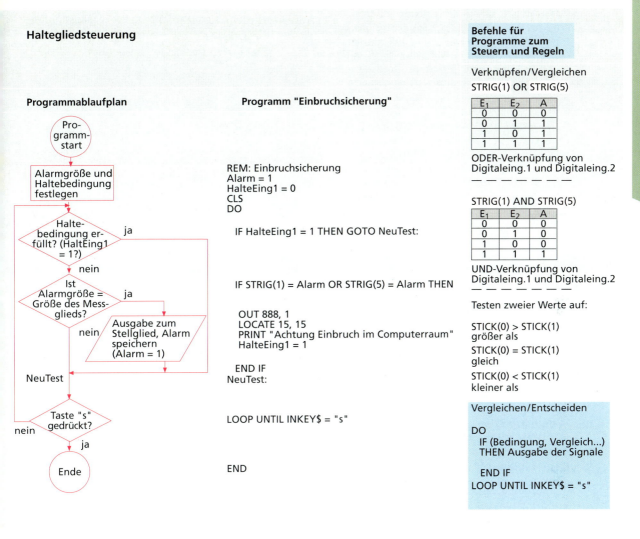

Programm "Einbruchsicherung"

```
REM: Einbruchsicherung
Alarm = 1
HalteEing1 = 0
CLS
DO

    IF HalteEing1 = 1 THEN GOTO NeuTest:


    IF STRIG(1) = Alarm OR STRIG(5) = Alarm THEN

      OUT 888, 1
      LOCATE 15, 15
      PRINT "Achtung Einbruch im Computerraum"
      HalteEing1 = 1

    END IF
NeuTest:

LOOP UNTIL INKEY$ = "s"

END
```

Befehle für Programme zum Steuern und Regeln

Verknüpfen/Vergleichen

STRIG(1) OR STRIG(5)

E_1	E_2	A
0	0	0
0	1	1
1	0	1
1	1	1

ODER-Verknüpfung von Digitaleing.1 und Digitaleing.2

— — — — — —

STRIG(1) AND STRIG(5)

E_1	E_2	A
0	0	0
0	1	0
1	0	0
1	1	1

UND-Verknüpfung von Digitaleing.1 und Digitaleing.2

— — — — — —

Testen zweier Werte auf:

STICK(0) > STICK(1)
größer als

STICK(0) = STICK(1)
gleich

STICK(0) < STICK(1)
kleiner als

Vergleichen/Entscheiden

```
DO
    IF (Bedingung, Vergleich...)
    THEN Ausgabe der Signale

    END IF
LOOP UNTIL INKEY$ = "s"
```

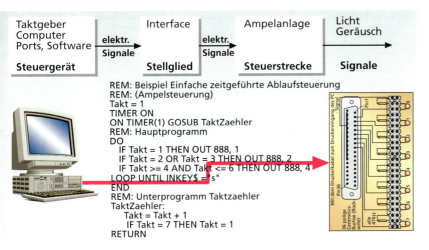

Zeitgeführte Ablaufsteuerung

Typische Beispiele sind die Abläufe in Ampelsteuerungen und Lauflichtern. Kennzeichen einer solchen Steuerung ist ein Zeittaktgeber. Dieser gibt für die zu steuernden Arbeitsgänge den Zeitpunkt der Arbeit und die Zeitdauer vor. Im Computer ist so ein Taktgeber schon eingebaut. Es ist gleichgültig, welchen Befehl das Programm gerade abarbeitet, der Computer führt den Arbeitsgang aus, der im Anschluss an „ON TIMER(1) GOSUB…" steht. Das heißt, er erhöht den Wert des Sekunden-Taktgebers um den Wert 1. Mit „ON TIMER(10)…" geschieht dieser Vorgang nach jeweils zehn Sekunden.

139

Steuern und Regeln mit Computern

Der Zeittakt ist die Führungsgröße für eine zeitgeführte Ablaufsteuerung. Im Programm muss der aktuelle Taktstand erfragt und die entsprechende Tätigkeit (Signale ausgeben) befohlen werden. Dementsprechend sollte auch bei der Planung vorgegangen werden.
- In einem Zeit-Tätigkeits-Diagramm wird die Abfolge der Tätigkeiten geplant.
- Darauf aufbauend wird der Programmablaufplan erstellt.
- Die notwendigen Befehle werden ausgewählt und das Programm eingegeben.

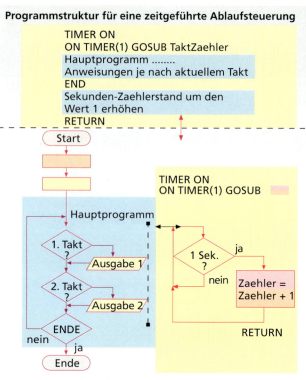

3 Programmstruktur für eine zeitgeführte Ablaufsteuerung

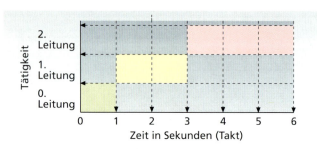

1 Zeit-Tätigkeits-Diagramm

Regeln mit Computern

Innerhalb eines Regelkreises übernimmt der Computer die Aufgabe eines Reglers. Er überprüft fortlaufend die zu regelnde Größe (z. B. Fahrtrichtung). Entspricht diese nicht mehr dem gewünschten Wert (… Fahren in Richtung des Lichtstrahls), korrigiert er diese über Relaiskontakte. Somit entspricht der Wirkungsablauf einem geschlossenen Kreisprozess (Regelkreis).

Das Regel-Programm baut auf dem der Halteglied-Steuerung auf. Eine erweiterte Messeinrichtung (LDR) und der Sollwert kommen hinzu. Die Befehle zum Steuern der Motoren hängen von deren Verdrahtung mit den Kontakten des Relaisinterface ab.

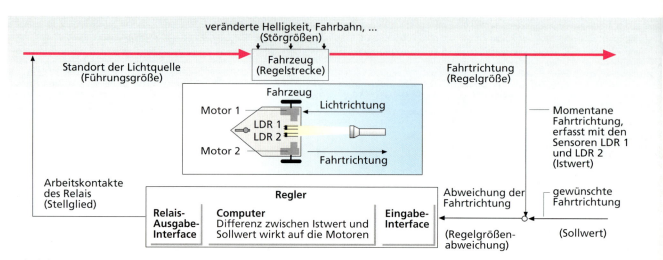

2 Blockdiagramm einer computergeregelten Anlage (Fahrtrichtungsregelung)

```
REM: Licht-Nachfuehrregelung fuer ein Fahrzeug
SollWert = 0
DO
    IF STICK(0) + SollWert > STICK(1) THEN OUT 888, 2
    IF STICK(0) + SollWert < STICK(1) THEN OUT 888, 4
    IF STICK(0) = STICK(1) THEN OUT 888, 2 + 4
LOOP UNTIL INKEY$ = "s"
```

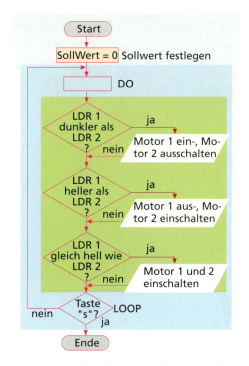

5 Programmablaufplan zur Fahrzeugregelung

kalibrieren: an einen Bezugswert anpassen

Kalibrieren von Eingangsgrößen

Bei Mess-, Prüf-, Steuer- und Regelungsaufgaben besteht die Notwendigkeit, die Eingangsgrößen zu kalibrieren. Mit dem Programmmodul von Abb. 4 kann diese Aufgabe durchgeführt werden. Es kann in den Hauptteil aller Programme eingefügt werden. Die Kalibrierung geschieht in folgenden Schritten:

Nullwerteinstellung
- Gebt das Programmmodul zur Kalibrierung ein (Abb. 4).
- Schließt einen NTC (22 kΩ bei 25 °C) am Analogeingang 1 des Interface an.
- Dreht am Poti R_6 des Interface, bis die Anzeige für den „MessWert" 60 beträgt.
- Messt die aktuelle Raumtemperatur.
- Passt durch das Verändern des „NullWerts" (ca. 43) den angezeigten „TempWert" der aktuellen Raumtemperatur an.

Streckung/Stauchung
- Bringt den NTC und das Thermometer gleichzeitig auf z. B. 37 °C (Föhn).
- Passt den auf dem Bildschirm angezeigten Wert durch Verändern des Streckwerts (−7) an die aktuellen Werte des Thermometers an.
- Führt die Nullwerteinstellung nochmals durch.

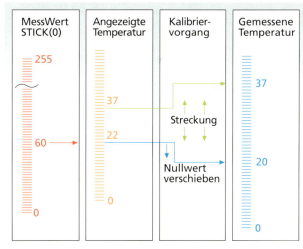

6 Abfolge des Kalibriervorgangs

```
NullWert = 43
DO
    MessWert = STICK(0): PRINT "Messwert" MessWert
    TempWert = -7* (1 / (1 - EXP (MessWert * (-1) / NullWert)) - 1/ (1 - EXP (-1)))
    TempWert = FIX (TempWert * 10): PRINT , , "Temperatur:" TempWert
LOOP UNTIL INKEY$ = "s"
```

4 Programmmodul zur Kalibrierung

Computer-Eingabe-Interface

Interface: Gerät zur Anpassung zwischen Computer und zu steuerndem Objekt

Die beiden Übersichten zeigen den Aufbau und die Funktionsweise der analogen und digitalen Teile des Interface. An die Analogeingänge (A bis F) des Interface können Sensoren wie NTC, LDR, ... und Gleichspannungen (0...2 V) angeschlossen werden.

Die Digitaleingänge können für mechanische und elektronische Schalter genutzt werden. Die Steckermodule schützen durch ihre Gestaltung vor Fehlanschlüssen und stellen eine optimale Anpassung der Sensoren an das Interface sicher.

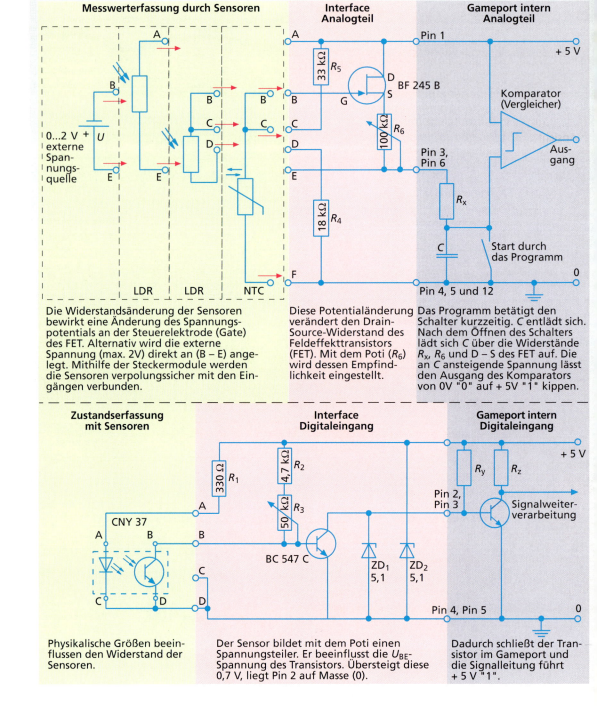

Die Widerstandsänderung der Sensoren bewirkt eine Änderung des Spannungspotentials an der Steuerelektrode (Gate) des FET. Alternativ wird die externe Spannung (max. 2V) direkt an (B – E) angelegt. Mithilfe der Steckermodule werden die Sensoren verpolungssicher mit den Eingängen verbunden.

Diese Potentialänderung verändert den Drain-Source-Widerstand des Feldeffekttransistors (FET). Mit dem Poti (R_6) wird dessen Empfindlichkeit eingestellt.

Das Programm betätigt den Schalter kurzzeitig. C entlädt sich. Nach dem Öffnen des Schalters lädt sich C über die Widerstände R_x, R_6 und D – S des FET auf. Die an C ansteigende Spannung lässt den Ausgang des Komparators von 0V "0" auf + 5V "1" kippen.

Physikalische Größen beeinflussen den Widerstand der Sensoren.

Der Sensor bildet mit dem Poti einen Spannungsteiler. Er beeinflusst die U_{BE}-Spannung des Transistors. Übersteigt diese 0,7 V, liegt Pin 2 auf Masse (0).

Dadurch schließt der Transistor im Gameport und die Signalleitung führt + 5 V "1".

Montage des Interface

- Übertragt das Platinenlayout auf die Platine.
- Ätzt die Platine. Alternativ kann die Platine auch nach der Isolierkanal-Methode mit einer CNC-Maschine hergestellt werden.
- Bohrt die Löcher.
- Bestückt die Platine mit den Bauteilen nach den Vorgaben des Bestückungsplans.
- Stellt die Boden- und die Deckplatte des Gehäuses sowie eine Leitungszugentlastung nach den Vorgaben (Bohrpunkte) des Platinenlayouts her.
- Stellt Sensor-Stecker-Module (30 mm x 40 mm) aus Platinen her (Sägen von Nuten in die Kupferseite – siehe Ansicht Unterseite/Kupferseite).
- Bestückt die Module oder schließt die Verbindungsleitungen an die Sensoren an und verlötet die Verbindungsstifte (Lötnägel, Ø 1,3 mm, oder Silberdraht).

Testen des Interface

Beim Anschließen des Interface an ein Netzgerät sollte (ohne Sensormodul) nicht mehr als 40 mA Strom fließen. Danach werden die Reaktionen des Interface nach dem Anschließen und Betätigen der Sensoren gemessen (Spannungen der Ausgänge zur Masse). Die Spannungen an den Digitalausgängen müssen sich schlagartig zwischen 0 V und 5 V ändern (z. B. beim Abdunkeln des Fototransistors).
Die Spannungen an den Analogausgängen ändern sich kontinuierlich mit dem Verändern der Bedingungen für die Sensoren, z. B. beim Ändern der Lichtverhältnisse.

143

Analoge und digitale Signale

Wir nehmen ununterbrochen mit unseren Sinnesorganen technische Signale unterschiedlichster Art auf und entnehmen ihnen ganz bestimmte Informationen. In welcher Form ein Signal dargestellt wird, hängt vom System ab, zu dem dieses Signal gehört.

System, z. B.	Signal		Information
Verkehrsampel	Ampel auf Rot		HALT!
Thermometer	Flüssigkeitssäule		20 °C
Kaffeemaschine	Lampe in Schalter leuchtet		Gerät EIN

Binäre logische Schaltungen

Beobachtet man die LED bei betätigtem Schalter, so stellt man fest: *„Wenn* der EIN-Taster betätigt wird, *dann* leuchtet die LED." Zwischen EIN-Taster und LED besteht eine logische „Beziehung". Entsprechend kann man diese Schaltung als *logische Schaltung* bezeichnen.

Typisch für logische Schaltungen ist also, dass der Schaltzustand am Ausgang A (hier: LED) durch den Schaltzustand am Eingang E (hier: EIN-Taster) bestimmt wird.

Binären Schaltzuständen an Ein- und Ausgängen logischer Schaltungen ordnet man die Zeichen 0 und 1 zu. Wird wie in der Tabelle zugeordnet, so weist unsere Schaltung die logische Funktion „1" auf, das heißt, Eingang (Input) und Ausgang (Output) verhalten sich gleichartig. Fachleute nennen diese logische Funktion auch *Identität.*

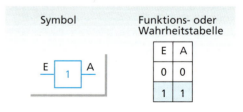

Logik: die Lehre vom schlüssigen und folgerichtigen Denken und Argumentieren

Eingang E		Ausgang A	
Schaltzustand	Binärzeichen	Schaltzustand	Binärzeichen
EIN-Taster nicht betätigt	0	LED leuchtet nicht	0
EIN-Taster betätigt	1	LED leuchtet	1

Von den obigen Beispielen weist nur das Thermometer Signale auf, die zur Information analog sind. Das heißt, entsprechend der Temperatur steigt oder fällt die Flüssigkeitssäule. Solche Signale bezeichnet man auch als *analoge Signale.*

Signale, die nur bestimmte, abgestufte Informationen oder Werte annehmen und sich durch Abzählen unterscheiden lassen, wie z. B. die Finger einer Hand, nennt man *digitale Signale.* Dies trifft z. B. bei der Verkehrsampel und der Kaffeemaschine zu.

Können digitale Signale nur zwei verschiedene Werte annehmen, so bezeichnen wir sie als *binär.*

digital: von lat. *digitus* = Finger

binär: von lat. *binarius* = zwei enthaltend, aus zwei Einheiten oder Teilen bestehend

Lampe im Schalter		Kaffeemaschine
leuchtet	●	eingeschaltet
leuchtet nicht	○	ausgeschaltet

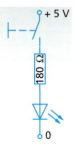

Typische Bauelemente, mit denen ihr binäre Signale erzeugen könnt, sind z. B. Schalter oder Relais. Elektrische Signale könnt ihr z. B. durch Leuchtdioden sichtbar machen.

EIN-Taster	Strom	LED
betätigt	fließt	leuchtet
nicht betätigt	fließt nicht	leuchtet nicht

Logische Funktionen werden unabhängig vom schaltungstechnischen Aufbau durch Symbole und Funktionstabellen dargestellt.
Für die „1"-Funktion (Identität) sieht das dann so aus:

Symbol	Funktions- oder Wahrheitstabelle
E — [1] — A	E | A 0 | 0 1 | 1

Welche weiteren logischen Grundfunktionen es gibt und wie sie mithilfe von Schaltungen aus diskreten Bauteilen oder unter Verwendung von integrierten Schaltkreisen (ICs) aufgebaut werden können, zeigen die Seiten 145 bis 149.

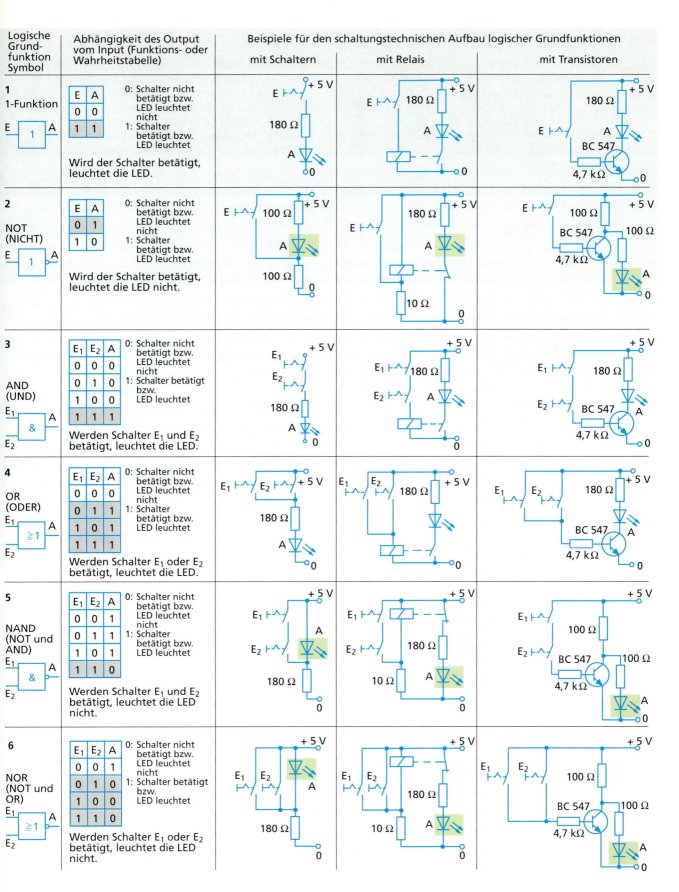

Digitale Schaltkreise der 74er-Reihe

Das NAND-IC 7400
Die einfachste Art, die Eingänge an L- und H-Pegel zu legen, ist die Verbindung mit 0 V oder +5 V der Betriebsspannung. Welcher Pegel am Ausgang A vorhanden ist, kann z. B. mit einem Pegelprüfer oder durch eine LED angezeigt werden.

IC: Integrated Circuit

diskrete Bauteile: einzelne Bauteile, also Bauteile in nicht-integrierter Form

Zum Erzeugen und Verarbeiten elektrischer Signale werden heute überwiegend integrierte Schaltkreise verwendet, kurz ICs genannt. Dies spart im Vergleich zur Verwendung diskreter Bauteile Platz und Zeit und senkt die Kosten. Ein Pentium-Chip wird euch beim Schalten und Steuern mit ICs zwar nicht begegnen, aber auch das Arbeiten mit integrierten Schaltkreisen der Reihe 74... kann Spaß machen.

Das IC 7400 könnt ihr in digitalen Schaltungen sehr vielfältig einsetzen. Das IC 7414 (siehe Seite 150) hilft, schleichendes Schalten zu vermeiden.

Integrierte Schaltkreise der Reihe 74...
Ähnlich wie bei Schaltungen mit diskreten Bauteilen sind Eingänge und Ausgänge von Schaltkreisen der Reihe 74... logisch miteinander verknüpft. Im Unterschied zu logischen Schaltungen, z. B. mit Transistoren (Seite 145), spricht man bei diesen ICs anstelle von Spannungspotentialen von **Pegeln.**

L-Pegel: low = niedrig

H-Pegel: high = hoch

a) LED zwischen Ausgang und + 5 V

b) LED zwischen Ausgang und 0 V

NAND-Symbol:

Pegelprüfer

100 Ω

LED leuchtet

LED leuchtet nicht

1 Schaltvarianten mit dem NAND-IC

Für den Anschluss von Vorwiderstand und LED gilt:

Abb.	LED zwischen Ausgang und ...	Pegel am Ausgang A	LED zwischen A und ...
1 a)	+ 5 V	L-Pegel	A + 5 V
	+ 5 V	H-Pegel	A + 5 V
1 b)	0 V	H-Pegel	A 0 V
	0 V	L-Pegel	A 0 V

Die Tabelle zeigt, dass die LED nur dann leuchtet, wenn sie richtig gepolt zwischen einem H-Pegel und einem L-Pegel liegt.

Wenn ... → **dann ...**

Eingänge
- H-Pegel: 2 V bis 5 V
- L-Pegel: 0 V bis 0,8 V

Verarbeitung
logische Verknüpfungen: z. B. 1 (Input gleich Output)
NOT, AND, NAND, OR und NOR

Ausgänge
- L-Pegel: 0,1 V bis 0,4 V
- H-Pegel: 2,4 V bis 3,8 V

Das IC 7400 – vielseitig einsetzbar

Die vier Schaltkreise des 7400 bezeichnet man auch als Gatter.

Die NAND-Verknüpfung
Welche logische Funktion zwischen den Ein- und Ausgängen eines IC vorliegt, hängt davon ab, wie die integrierten Bauteile der Schaltkreise (siehe auch Seite 148, Abb. 1) miteinander „verknüpft" sind.

Beim IC 7400 liegt eine logische NAND-Verknüpfung vor (auch NOT-AND oder NICHT-UND genannt): Der Ausgang A weist nur dann einen L-Pegel auf, wenn die beiden Eingänge E_1 und E_2 H-Pegel aufweisen.

Welche Schaltvarianten das NAND-IC ermöglicht, zeigt die so genannte Funktions- oder Wahrheitstabelle.

Wenn ...		dann ...	
Pegel an E_1	Pegel an E_2	Pegel an A	LED zwischen A und 0 V
L	L	H	A ▷ 0 V ●
L	H	H	A ▷ 0 V ●
H	L	H	A ▷ 0 V ●
H	H	L	A ▷ 0 V ○

NAND – ein Vielzweckgatter
Wie die Seite 149 zeigt, könnt ihr im Technikunterricht mit dem IC 7400 die gebräuchlichsten Verknüpfungen und Funktionen 1 (Input gleich Output), NOT, AND, NAND, OR und NOR aufbauen.
Am häufigsten werdet ihr die Funktionen 1, NOT und AND benötigen.
Bei der **NOT-Funktion** müsst ihr die beiden Eingänge miteinander verbinden.

Beim Vergleich der Pegel an Eingang und Ausgang zeigt die Funktionstabelle, dass am Ausgang der jeweils andere Pegel herrscht. Man sagt, das NAND-Gatter wirkt wie ein **Inverter.**

Wenn ...	dann ...	
Pegel an E	Pegel an A	LED zwischen A und 0 V
L	H	●
H	L	○

Verbindet man den Ausgang der NOT-Schaltung mit den Eingängen eines weiteren Gatters, so erhält man die **1-Funktion**. Das zweite Gatter invertiert den Pegel an Pin 3.

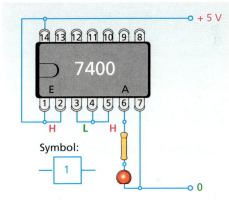

Symbol: ─|1|─

Wenn ...	dann ...	
Pegel an E	Pegel an A	LED zwischen A und 0 V
H	H	●
L	L	○

3 1-Funktion aus NAND

Werden am ersten Gatter die beiden Eingänge einzeln als E_1 und E_2 genutzt, so wird aus der 1-Funktion eine **AND-Schaltung**.

Wenn ...		dann ...	
Pegel an E_1	Pegel an E_2	Pegel an A	LED zwischen A und 0 V
H	H	H	●
L	H	L	○
H	L	L	○
L	L	L	○

AND-Symbol:

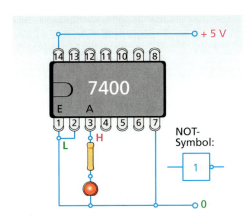

NOT-Symbol: ─|1|─

2 NOT aus NAND

4 Funktionstabelle: AND aus NAND

Schaltungen mit dem IC 7400 aufbauen

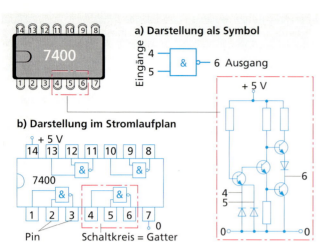

Streifenplatine für IC

Die Leiterbahnen befinden sich auf der Unterseite

1 IC 7400 mit vier NAND-Gattern

Sollen IC-Schaltungen erprobt und untersucht werden, eignet sich eine Experimentierplatte mit IC-Platine (siehe dazu Seite 70, Abb. 1–3). Die Gattereingänge können auch schnell und einfach über kurze Verbindungen mit kleinen Abgreifklemmen an +5 V oder 0 V gelegt werden.

Für den dauerhaften Aufbau sind Streifenplatinen für IC zu empfehlen (siehe auch Seite 92). Wo notwendig, werden die Kupferbahnen unterbrochen.

Häufig wird die Verdrahtung der Bauteile dem Stromlaufplan (wie z.B. auf Seite 149) entsprechen. Wo dies nicht möglich ist, solltet ihr im Heft einen Verdrahtungsplan skizzieren. Schaut dazu eventuell im Band für die Klasse 8 auf den Seiten 100 und 101 nach.

Schaltpläne von IC-Schaltungen, z.B. in Zeitschriften und Fachbüchern, enthalten logische Funktionen als Symbole (Abb. 1a). Sie müssen vor dem Aufbau in Stromlaufpläne umgesetzt werden (siehe Seite 149, Beispiele 1 bis 6).

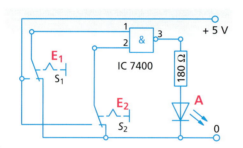

2 Schaltplan für NAND-Schaltung

Hinweise zum Schaltungsaufbau:

▶ Verbindet in kleinen Abschnitten Pin mit Pin bzw. Pin mit einem Bauteil oder einer Verzweigungsstelle.
▶ Überprüft die Verdrahtung Schritt für Schritt auf ihre Richtigkeit und Vollständigkeit mit einer Checkliste.
▶ Bringt zu weit auseinander stehende IC-Anschlussreihen auf den passenden Abstand, indem ihr sie leicht gegen eine Unterlage drückt.

vorher   nachher

Schaltungsaufbau mit dem IC 7400

Der Chip besitzt 14 Anschlüsse, auch Pins genannt, und wird grundsätzlich in eine entsprechende IC-Fassung gesteckt. Eine Markierung an IC und Fassung zwischen Pin 1 und 14 hilft, Verwechslungen zu verhindern. Alle Gatter erhalten ihre Betriebsspannung über Pin 7 und Pin 14. Die Pin-Abstände weisen ein Rastermaß von 2,54 mm auf.

▶ Setzt das IC erst am Ende des Schaltungsaufbaus in die Fassung.
▶ Legt es dazu zunächst so auf die Fassung, dass die Markierung des IC über der Markierung der Fassung liegt.
▶ Drückt dann das IC vorsichtig so weit in die Fassung, dass zwischen seiner Unterseite und der Fassung noch ein schmaler Spalt bleibt. Dieser Spalt erleichtert es euch, das IC später aus der Fassung zu entfernen.
▶ Haltet die Betriebsspannung möglichst genau ein.
▶ Sorgt für eindeutige Pegel (H- oder L-Pegel) an den Eingängen der Schaltungen.

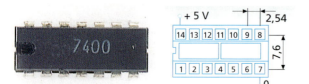

148

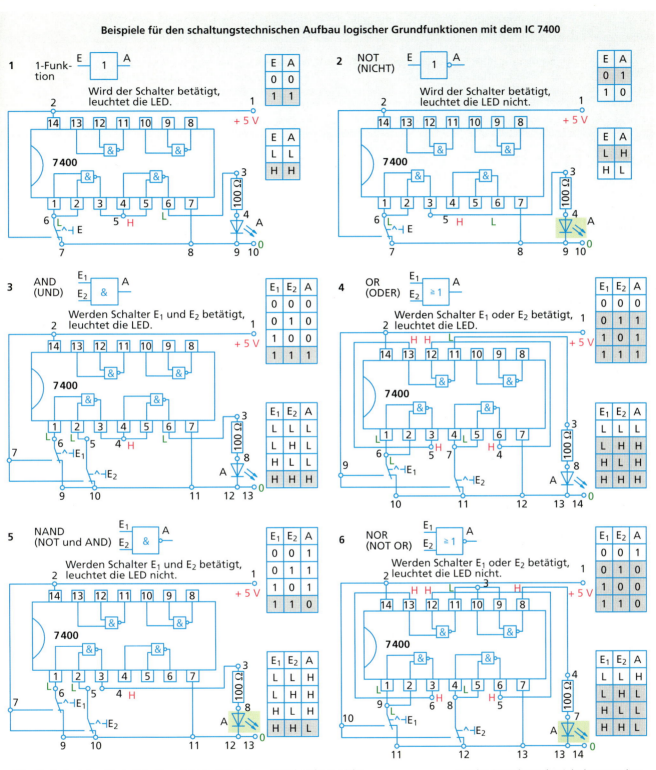

Schalten und Steuern mit dem IC 7414

Neben Transistorschaltungen kann man auch IC-Schaltungen einsetzen, um z. B. Leuchtdioden, Lampen, Relais oder Elektromotoren über Sensoren wie LDR, NTC oder Reedkontakt anzusteuern.

Soll ein „Verbraucher", ähnlich wie bei Transistorschaltungen, schlagartig ein- und ausgeschaltet werden, so kannst du das Schmitt-Trigger-IC 7414 verwenden.

Schmitt-Trigger-IC 7414

Schmitt-Trigger mit NOT:

Der Baustein 7414 enthält sechs invertierende Schmitt-Trigger mit je einem Eingang und Ausgang: Liegt am Eingang E eines Gatters L-Pegel, so weist sein Ausgang A H-Pegel auf und umgekehrt. Es liegt also eine logische NOT-Verknüpfung vor.

Das IC 7414 zeigt an seinem Ausgang bereits dann einen L-Pegel, wenn der Eingang mehr als 1,7 V erhält. H-Pegel am Ausgang ist dann vorhanden, wenn am Eingang zwischen 0 V und 0,9 V anliegen.

Spannung an Pin 1. Sinkt sie unter 0,9 V, herrscht an Pin 1 L-Pegel. Pin 2 nimmt dann H-Pegel an und die LED leuchtet. Um die Schaltung einzustellen, bleibt der LDR beleuchtet. Der Stellwiderstand wird – ausgehend vom größten Widerstandswert – so lange verändert, bis die LED leuchtet.

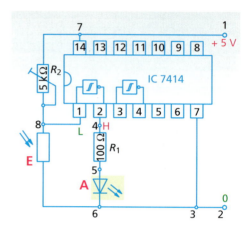

2 Hellschaltung mit IC 7414

Soll die Schaltfunktion umgekehrt werden und die LED leuchten, wenn der LDR abgedunkelt wird, so muss man ein weiteres Gatter beschalten.
Steigt die Spannung an Pin 1 über 1,7 V, weist Pin 1 H-Pegel auf. Pin 2 und Pin 3 haben dann L-Pegel. Pin 4 invertiert das Signal und nimmt H-Pegel an. Die LED leuchtet also.
Der Stellwiderstand braucht nicht verändert zu werden.

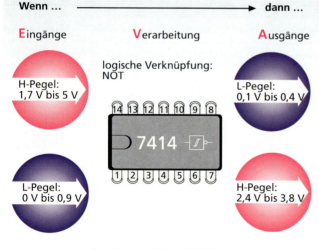

1 Spannungspegel und Logik beim IC 7414

Schalten mit Sensoren

Wie Abb. 2 zeigt, liegt bei Sensorschaltungen der Eingang des beschalteten Gatters an einem Spannungsteiler aus Sensor (z. B. LDR oder NTC) und Stellwiderstand. Verkleinert sich der Widerstand des LDR bei zunehmender Beleuchtung, so verringert sich die

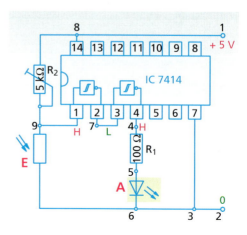

3 Dunkelschaltung mit IC 7414

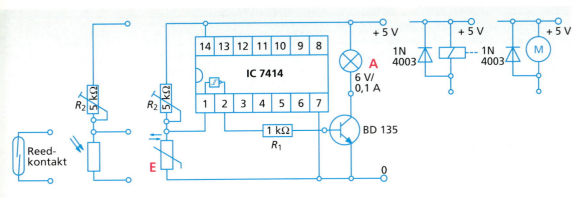

4 Schaltkombinationen mit dem IC 7414

Sensoren können beliebig mit Bauteilen auf der Ausgangsseite kombiniert werden (Abb. 4). Benötigen solche „Verbraucher" Ströme über 16 mA, so muss dem IC 7414 – wie beim 7400 auch – z.B. ein Transistor als Verstärker nachgeschaltet werden.

Impulse erzeugen mit dem IC 7414
Häufig steuert man IC-Schaltungen mit dem 7400 durch Impulse an. Solche Impulse lassen sich z.B. durch einen astabilen Multivibrator (siehe Seite 118) mit dem IC 7414 erzeugen. In der Schaltung nach Abb. 5 und 6 werden sie schon durch die Multivibratorschaltung selbst angezeigt.

Als Ausgangslage wird angenommen, dass an Pin 2 3,8 V liegt, also H-Pegel herrscht, und die LED leuchtet.

Der Kondensator lädt sich über den Stellwiderstand auf 1,7 V auf. Dadurch erhält Pin 1 H-Pegel und der Gatterausgang weist L-Pegel (0 V) auf: Die LED erlischt.

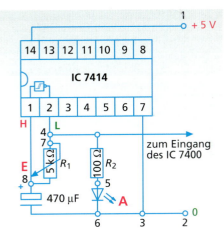

6 Impulserzeugung – Zustand 2

Nun entlädt sich der Kondensator, bis er 0,9 V erreicht und Pin 1 wieder auf L-Pegel wechselt. Eine Schwingung ist damit beendet und es beginnt die nächste.

5 Impulserzeugung – Zustand 1

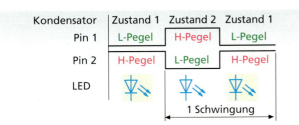

Eine Abschlussarbeit vorbereiten

In der Abschlussarbeit kannst du zeigen, dass du über eine grundlegende technische Bildung verfügst. Mit deinen erworbenen Fähigkeiten und Fertigkeiten bist du nun in der Lage, ein technisches Objekt selbstständig zu planen, herzustellen und zu präsentieren.

Die richtige Wahl eines Themas für deine Abschlussarbeit ist Voraussetzung für ein zielstrebiges und erfolgreiches Handeln und damit auch mit entscheidend für den Erfolg deiner Abschlussprüfung.

Plane schon im ersten Schulhalbjahr und sprich mit deinem Lehrer oder deiner Lehrerin über deine Ideen.
Das Thema sollte aus dem Stoffgebiet der Klassen 9 oder 10 gewählt werden. Zur Erinnerung sind im Folgenden die Lehrplaneinheiten aufgeführt:

9.1	Aus Treibstoff wird Bewegung
9.2	Bautechnik und Energie
9.3	Technologie und Umweltschutz
9.4	Entwickeln, Herstellen und Bewerten eines Produkts
10.1	Elektronik – Möglichkeiten und Auswirkungen
10.2	Informationstechnik

Welche Lehrplaneinheiten haben dir besonders viel Spaß gemacht? Überlege, ob sie sich thematisch erweitern lassen oder ob du sie mit deinen seither gewonnenen Fähigkeiten und Fertigkeiten aus einer anderen Perspektive interessanter bearbeiten und darstellen kannst.

Die Lehrplaneinheit 9.4 ist für alle Lehrplaneinheiten der Klassen 9 und 10 wichtig. Mit ihrer Hilfe kannst du deine Abschlussarbeit selbstständig planen, herstellen und sie bei der mündlichen Abschlussprüfung präsentieren und beschreiben. Informiere dich dazu in deinem Technikbuch von Klasse 9.

Natürlich darfst du auch ein Thema aus dem Technikbereich bearbeiten, das im Unterricht noch nicht behandelt wurde.

Themenvorschläge

Lehrplaneinheit 9.1
- Gestalten eines Schaukastens zu unterschiedlichen Kolbenformen von Verbrennungsmotoren
- Herstellen und Beschriften eines Zweitakter-Schnittmodells
- Verschiedene Schaufelprofile für das Modell eines Turbinenlaufrads entwickeln, herstellen und sie mit einem Versuchsaufbau auf ihre aerodynamische Kraftwirkung erproben

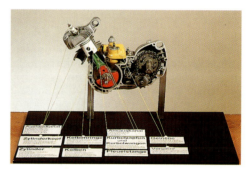

1 Schnittmodell eines Zweitaktmotors

Lehrplaneinheit 9.2
- Besondere Fachwerkkonstruktionsmodelle aus Holzleisten oder eine Vorrichtung zur exakten Ermittlung der Durchbiegung bei Belastungsversuchen herstellen
- Wiederverwendbare Schalung zum rationellen Gießen von Profilsteinen aus Beton aufbauen
- Akkusolarladegerät mit Sonnenstandsnachführregelung bauen
- Transportable Solardusche für den Einsatz im Freien herstellen

2 Akkusolarladegerät mit Sonnenstandsnachführung

Lehrplaneinheit 9.3
- Gewässergütebestimmungen mit ausgewählten Untersuchungsgeräten und übersichtliche Darstellungen der Auswertungsergebnisse aufstellen
- Schautafel über die Herstellung von Recyclingpapier gestalten und Untersuchung der Qualität unterschiedlicher Papiersorten durchführen
- Modell des mechanischen Teils einer Kläranlage herstellen
- Messen von Lärm an verschiedenen Orten, Protokollieren der Messergebnisse, Entwickeln und Präsentieren eines Plans zur Lärmdämmung

Lehrplaneinheit 10.1
- Planung und Herstellung einer akustischen Alarmanlage für ein Zweirad oder für einen Fahrradanhänger
- Planung und Herstellung eines Messgeräts, z. B. Leitwertmessgerät, Schallpegelmessgerät, Rußprüfer oder Durchgangsprüfer

Lehrplaneinheit 10.2
- Programme schreiben für den Computer
  - zur Regelung einer Modelleisenbahnanlage oder Abfüllanlage
  - zum Steuern von Schrittmotoren (Fahrstuhl, Schwenkarm)
  - zur Simulation maschineller Abläufe
- Aufbau logischer Grundschaltungen für ein lichtgesteuertes Fahrzeug
- Erfassen und Verarbeiten von Informationen mit dem Computer, z. B. Fitnesstester oder Wetterstation

Abschlussarbeit

3 Messung mit Schallpegelmessgerät

4 Mechanischer Teil einer Kläranlage

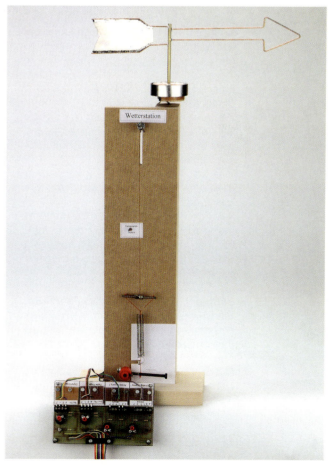

5 Wetterstation

Eine Abschlussarbeit vorbereiten

Problemstellungen zu Elektronik und Informationstechnik formulieren

Beispiel 1: Alarmanlage
Bei Unterbrechung einer Lichtschranke soll Alarm gegeben werden. Ein akustisches Signal soll eine halbe Minute lang alarmieren, eine Leuchtdiode aber dauernd blinken, bis der gespeicherte Alarmimpuls mit einer Taste von Hand gelöscht wird.

Beispiel 2: Automatisches Nachtlicht
Eine Lampe schaltet sich ein, wenn es dunkel wird, und schaltet sich aus, wenn genügend Tageshelligkeit oder Fremdlicht vorhanden ist. Die Lampe soll aber nicht sofort reagieren, sondern erst nach einer einstellbaren Zeit. Die Schaltung soll mit einem Steckernetzgerät betrieben werden, das nur pulsierende Gleichspannung liefert.

Beispiel 3: Automatisches Notlicht
Eine Lampenschaltung wird mit einem Netzgerät betrieben. Bei Ausfall der Netzspannung schaltet diese Lampe als Notlicht automatisch auf Batteriebetrieb um.

Beispiel 4: Warnlicht für Kellerraumbeleuchtung
Wenn in einem Kellerraum das Licht an ist, soll ein Blinklicht im Flur zu sehen sein. Wird das Licht gelöscht, soll auch das Blinken aufhören.

Beispiel 5: Warnlicht für die Dunkelkammer eines Fotolabors
Solange das Licht in einer Dunkelkammer erloschen ist, wird vor der Dunkelkammer durch ein Blinklicht angezeigt, dass der Raum nicht betreten werden darf.

Beispiel 6: Lichtgesteuertes Fahrzeug
Ein Modellfahrzeug soll in Abhängigkeit von einem Lichtstrahl automatisch gelenkt werden. Das Licht wird durch zwei Fotowiderstände erfasst.
Durch Veränderungen der Position der Lichtquelle und der Fotowiderstände werden verschiedene Versuchsreihen durchgeführt und die Ergebnisse protokolliert. Die Vorderräder des Modellfahrzeugs können durch zwei Elektromotoren angetrieben werden. Bei Stillstand des einen Motors und Weiterlauf des anderen kann das Fahrzeug Kurven fahren. Am Heck ist eine Nachlaufrolle montiert.

1 Lichtgesteuertes Modellfahrzeug

Beispiel 7: Elektronischer Stromstoßschalter
Ein an 12 Volt betriebenes Gerät wird über den elektronischen Stromstoßschalter einer Schaltbox auf Knopfdruck wechselweise ein- und ausgeschaltet.

Beispiel 8: Mit Computer und Interface Drehzahl messen
Auf der Welle eines Gleichstrommotors sitzt eine Scheibe mit einem Schlitz. Mit einer Gabellichtschranke wird bei laufendem Motor die Anzahl der Unterbrechungen und damit auch die Umdrehungszahl pro Minute gezählt. Bei einer vorher festgelegten Höchstumdrehungszahl schaltet der Motor ab. Ein Computerprogramm erfasst diese Abläufe und reagiert darauf.

Beispiel 9: Mit Computer und Interface Regenmenge messen
Mit einer Regenmesseinrichtung wird die Niederschlagsmenge mehrerer Tage festgestellt. Das aktuelle Messergebnis wird auf dem Monitor ständig angezeigt.

Beispiel 10: Mit Computer und Interface Temperatur erfassen
Ein Temperaturfühler erfasst fortwährend die Umgebungstemperatur und aktiviert bei einem festgelegten Sollwert einen Ventilator.

Abschlussarbeit

Vorüberlegungen zu einem Thema

Wenn du dich für ein bestimmtes Thema interessierst, musst du mit deinem Lehrer oder deiner Lehrerin darüber sprechen. Arbeite vor dem Gespräch folgende **Checkliste** durch:

Checkliste zur Vorplanung der Abschlussarbeit	
Kann in Partnerarbeit gearbeitet werden?	✓
Ist ein Aufgabenteil für einen Partner oder eine Partnerin genau definierbar?	
Kann ein Partner oder eine Partnerin den Aufgabenteil als Abschlussarbeit bei der Prüfung vorlegen?	
Lässt sich die Arbeit im festgelegten Zeitraum bewältigen?	
Sind die zur Bearbeitung notwendigen Materialien in der Schule vorhanden?	
Stehen die notwendigen Werkzeuge zur Verfügung?	
Erfordert die Bearbeitung des Themas Spezialvorrichtungen?	
Lässt sich Fehlendes besorgen?	
Sind Spezialwerkzeuge oder -einrichtungen erforderlich?	
Werden entstehende Kosten von der Schule übernommen?	
Sind Einrichtungen und Medien der Schule zugänglich?	
Müssen zur Lösung einzelner Aufgabenteile Experten befragt werden?	
Verbleibt die Abschlussarbeit nach der Prüfung als Lehrmittel, Lernmittel oder Ausstellungsstück in der Schule?	

Eine Abschlussarbeit vorbereiten

Thema festlegen

Notiere Absprachen mit deinem Lehrer oder deiner Lehrerin und formuliere nach dem Besprechen aller notwendigen Gesichtspunkte das Thema deiner Abschlussarbeit.
Sehr gut eignen sich Themen aus der „Elektronik", weil du Grundschaltungen, die du im Unterricht bereits angefertigt hast, zu Schaltungen kombinieren kannst, die mehrere Bedingungen gleichzeitig erfüllen. An den Themenformulierungen auf der Seite 154 kannst du dich orientieren.
Lass deinen Themenvorschlag von deinem Lehrer oder deiner Lehrerin endgültig genehmigen.

Gesamtorganisation

Mit einem Projektierungsplan kannst du die Durchführung deiner Abschlussarbeit organisieren. Damit werden Projekte zunächst gedanklich in Einzeltätigkeiten zerlegt und übersichtlich dargestellt.

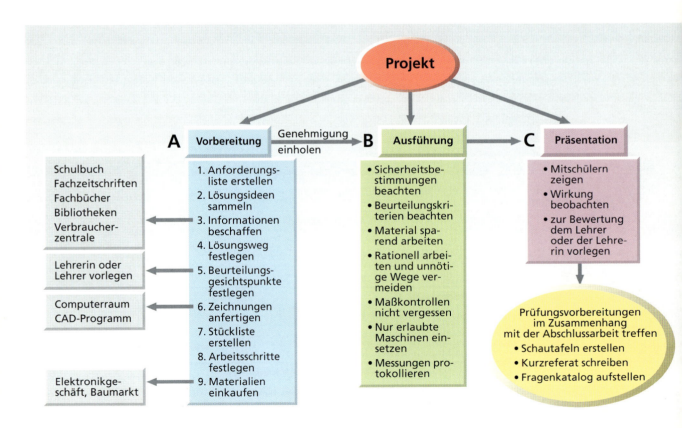

Beurteilung und Bewertung der Abschlussarbeit

Deine Abschlussarbeit wird von deinem Lehrer oder deiner Lehrerin beurteilt. Die Note wird als Leistungsnachweis zur Berechnung deiner Jahresleistung herangezogen.

Festlegen der Beurteilungskriterien

Erstelle eine Beurteilungstabelle, nach der du später deine Abschlussarbeit kontrollieren kannst. Besprich sie mit deinem Lehrer oder deiner Lehrerin.
Du kannst dich z. B. an folgendem Vorschlag einer Beurteilungstabelle orientieren:

Vorbereitung auf die mündliche Abschlussprüfung

Wenn du eine Abschlussarbeit machst, könnte sie Bestandteil der mündlichen Abschlussprüfung sein. Hier wird nicht die Qualität deiner praktischen Arbeit beurteilt, sondern ihre Dokumentation und Präsentation.
In dieser Prüfung könnte man dich z. B. Folgendes fragen:

- Weshalb hast du dich mit diesem Thema auseinander gesetzt?
- Welche Ziele hast du dir gesteckt?
- Welche Ziele hast du erreicht, welche nicht oder nur unzureichend?
- Hattest du genügend Zeit, um alle Arbeiten sorgfältig zu erledigen?
- Welche Schritte von der Idee bis zur fertigen Abschlussarbeit waren erforderlich?
- Warst du auf Ratschläge von Experten angewiesen?
- Wurden dir auch Ratschläge gegeben, die nicht zum gewünschten Erfolg geführt haben?
- Haben Mitschülerinnen oder Mitschüler für deine Abschlussarbeit Interesse gezeigt und dir wichtige Hinweise geben können?
- Hat deine Arbeit sofort, wie von dir geplant, zu dem gewünschten Ergebnis geführt oder musstest du intensiv Fehler suchen und beheben?
- Welche Sicherheitsregeln musstest du besonders beachten?
- Welche technischen, physikalischen oder anderen naturwissenschaftlichen Sachverhalte kannst du mit der Abschlussarbeit besonders gut verdeutlichen?
- Hast du umweltfreundliche Werkstoffe verarbeitet?
- Hättest du deine Abschlussarbeit auch mit anderen Werkstoffen fertigen können?
- Gibt es ein ähnliches oder gleiches Produkt wie deine Abschlussarbeit käuflich zu erwerben? Wodurch unterscheidet sich deine Arbeit von einem Industrieprodukt?
- Gibt es auch einen anderen Lösungsweg zur Realisierung deiner Abschlussarbeit?
- Liegt eine Liste der Literaturangaben vor (Autor, Titel, Verlag, Ort, Erscheinungsjahr)?

Thema der Abschlussarbeit: ....
Datum: ....
Schülerin/Schüler: ....
Klasse: ....

Beurteilungskriterien	Punkte erreichbar	Punkte erreicht
1. Lösungsweg und Arbeitsweise		
– genaue, gründliche Planung	5	
– zielstrebige, sachgerechte Durchführung	4	
2. Arbeitsergebnis		
– Funktion	6	
– Ästhetik	3	
– Schwierigkeitsgrad	3	
– Handhabung	2	
– Ergonomie	2	
– Zeitaufwand	2	
3. Präsentation		
– Medien (z. B. Folien, Plakate, …)	3	
– mündliche Erläuterungen	4	
Punkte insgesamt:	34	

Stichwortverzeichnis

Abschlussarbeit
– Beurteilungskriterien 157
– Checkliste 155
– Lehrplaneinheiten 152–157
– mögliche Problemstellungen 154–155
– mündliche Prüfung 157
– Organisation 156
– Themenfestlegung 156
– Themenvorschläge 152–155
– Vorüberlegungen 155
Akkuladegerät 21
Aktive Bauelemente 121
Aktivierter Zustand 14, 15
Aktor 53, 88–91, 108
Alarmanlage 20
Amplitudenmodulation 122, 124
Analog 113, 144
Analysefragen 88–91
Analysieren von
– elektronische Schaltungen 11–12, 14–15, 20–29, 48–49, 52–58
– informationstechnische Zusammenhänge 48, 52–66
– Regelungen 55
– Schaltpläne 88–89
AND 145, 147, 149
Anode 13, 32, 100
Arbeitspunkteinstellung 120
Arbeitsschritte vom Schaltplan zum fertigen Gerät 13
Arten von Stromleitung 10
Astabiler Multivibrator 38, 92, 118
Ätzen von Platinen 93
Audio 121
Audio-IC 28, 113, 121
Audio-Verstärker 28, 41, 113, 121
Aufgaben bearbeiten zu
– Elektronik 41–43
– Informationstechnik 78–81
Aufgaben zur Kenntnisüberprüfung zu
– Elektronik 44
– Informationstechnik 82
Ausschaltverzögerung 24, 116
Auswirkungen von
– Computer 86
– Elektronik 5–6, 8–9, 85–87
– Informationstechnik 5–6, 8–9, 46, 84, 87
Automationstechnik 5
Automatisieren 134–137

Badewannenwächter 88
Barcodeleser 64
Barometer 60–61
Batterietester 110
Bauteile
– aktive 121
– diskrete 146
– elektrische 121
– elektronische 121
– integrierte 112–113, 121, 146–151
– passive 121
– prüfen 16–17
Bauvorschläge für
– elektronische Schaltungen 20–29
– informationstechnische Objekte 51–64
BC 337 102

BC 517 24, 107
BC 547 24, 34, 102
BC 550 24, 101
BD 135 24, 54, 101
BD 675 107
Belasteter Spannungsteiler 105
Berechnen von
– Basisstrom 104, 107
– Basisvorwiderstand 105
– belasteter Spannungsteiler 94–95, 105
– elektrische Leistung 94, 105, 110
– Gesamtwiderstand 94
– Halbwertzeit 98
– Kollektorstrom 104
– Parallelschaltung 94–95
– Parallelwiderstand 94–95
– RC-Glied 98, 118
– Reihenschaltung 94
– Schaltzeit 118
– Spannung 94, 95
– Stromstärke 94, 104–105, 107
– Transistorschaltung 104–105, 107
– unbelasteter Spannungsteiler 94
– Verlustleistung 94–95, 101, 105
– Verstärkungsfaktor 35–36, 102–103, 107
– Wärmeleistung 95
– Wellenlänge 124
– Widerstand 21, 32, 94–95, 100, 105, 107
– Zeitkonstante eines RC-Glieds 98
Betriebsspannung 14
BF 245 102
Binär 134, 144
Bistabiler Multivibrator 117
Blinkschaltung 92, 118
Blockschaltbild 55–56, 134, 138–140
Bohrautomat 66–67
BPW 40 111
Brückengleichrichter 114
Brückenschaltung 114
BRX 45...47 100
BUZ 10 53
BUZ 11 53, 111
BZX 85C6V2 110

CAD 67
CAD-CNC-Arbeitsplatz 67
CAD-CNC-Fertigung 67
CAM 67
Checkliste zur
– Analyse von elektronischen Schaltungen 88–89
– Analyse von informationstechnischen Objekten 88–89
– Fehlersuche 18
Chip 112
CNC 66
CNY 37 62, 76
CNY 70 63, 76
Code 47
Codieren 47, 126–129
Computer
– Ausgabegeräte 50–51
– Befehls-Bausteine 128, 133, 141
– Befehle 127–129, 131–133, 139–141
– Eingabegeräte 50–51
– Einsatz 138

– Erfassen und Anzeigen 59–62
– Erfassen und Verarbeiten 63–64
– Geschichte 86–87
– Hardware 50–51
– Peripheriegeräte 50–51
– Programm 50–51, 59, 61–62, 64, 66
– Regeln 65, 134–143
– Signalerfassung 131
– Signalverarbeitung 131
– Steuern 66–67, 134–143
Computergesteuerte
– Maschine 66–67
– Roboter 87

Darlingtontransistor 24–25, 35, 41, 49, 52, 107
Decodieren 47, 126–129
Demodulation 56, 125
Diagramm-Darstellung 55, 97–99, 109–110, 114, 118–119, 122–123, 129, 132–133, 140, 144, 151
Digital 144
Digitalisieren 129
Dimensionierung von Bauteilen 94, 104–105
Diode
– Arten 99–100
– Durchbruchspannung 110
– Durchlassbereich 99
– Durchlassrichtung 99
– Durchlassspannung 99–100
– Durchlassstrom 99–100
– Grenzschicht 99
– Kennlinie 99, 110
– Kennwerte 99, 110
– pn-Schicht 99–100
– prüfen 16
– Schottky 110
– Schwellenspannung 99, 103
– Sperrbereich 99
– Sperrrichtung 99
– Sperrstrom 99
– Verpolungsschutz 21, 110
– Zener 110
Diodenempfänger 110
Direkt-Befehlsmodus 66
Diskrete Bauteile 10, 112, 146
Drain 111
Drehkondensator 97
Druckerport-Adresse 133
Dunkelschaltung 150
Durchbruchspannung 110
Durchgangsprüfung 16–17
Durchlassspannung 99–100, 110
Durchlassstrom 99–100

E 12 96
Ein- und Ausschaltverzögerung 116
Einsatz von Informationstechnik 46
Einschaltverzögerung 116
Einstellbarer Kondensator 97
Einweggleichrichtung 114
Elektretmikrofon 109
Elektrische Bauelemente 121
Elektrolytkondensator 16, 97
Elektronische Bauelemente 121
Elektronische Schaltungen analysieren 11–12, 14–15, 20–29, 48–49, 52–58
Elko 16, 97

Entladekurve eines Kondensators 98
Erfassen und Anzeigen mit Computer 59–62
Erfassen und Verarbeiten mit Computer 63–64
EVA-Prinzip 47–52, 55, 56, 58, 59, 61, 134–135

Farad 97
Farbcode von Widerständen 96
Fehlersuche 18–19
Feldeffekt-Transistor 102
Fernschalter 52
Ferritantenne 56–57
Festspannungsregler 115
Festwiderstand 96
FET 53, 102, 111
Fitness-Testgerät 59
Flip-Flop 117
Folgewirkungen von Elektronik 6, 8–9
Formeln 21, 32, 36, 94–95, 98, 100–105, 107, 110, 118, 124
Fototransistor 111
Fotowiderstand prüfen 16
Fräsautomat 66–67
Frequenz 124
Frequenzmodulation 124
Führungsgröße 140
Funktionstabelle 48–49, 144–147, 149

Gabellichtschranke 62
Gate 100, 111
Gatter 147–148
Gegentakt 118
Gepolter Kondensator 16, 97
Gießautomat 26
Glätten 115
Gleichrichten von Wechselspannung 114
Gleichstromverstärkungsfaktor 35–36, 102–103, 107
GND 121
Grenzschicht 99

H-Pegel 145, 149–150
Haltegliedsteuerung 138
Häufige Fehler 18
Heißleiter 109
Heißleiter prüfen 16
Hellschaltung 150
HF
 – Bereich 97
 – IC ZN 414Z 56–57
 – Resonanzschwingkreis 56, 125
 – Verstärker 56
Hochfrequenz 97, 124–125
Hysterese 119

IC
 – allgemein 87, 112–113, 146–151
 – 555 113
 – 7400 146–149
 – 7414 150–151
 – 7805 115
 – analog 113
 – Arten 112
 – Audio 121
 – digital 113
 – Experimentierplatine 70

 – Kennzeichnung 146
 – NE 555 113
 – linear 113
 – Logikschaltung 149
 – Schaltung 146–147, 149–151
 – TDA 7052 28
Identität 144–145, 147, 149
Impulserzeugung 118, 151
Information 4, 47, 126–129, 134
Informationsaustausch 4
Informationstechnische
 – Probleme lösen 49
 – Zusammenhänge analysieren 48, 52–66
Informationsträger 4
Informationsübertragung 4, 5
Infrarotlichtsender 122
Integrierte
 – Bauteile 112–113, 121, 146–151
 – Schaltkreise 146–149
 – Schaltung 112–113
Interface 142–143
Intervall 25
Intervalltimer 25
Inverter 147
Isolierkanal-Methode 92
Istwert 135, 140

Jogurtbereiter 54

Kalibrieren 62, 141
Kaltleiter 109
Kaltleiter prüfen 16
Kapazität 97
Kapazitiver Widerstand 98
Kathode 13, 32, 100
Kefirbereiter 54
Kennlinie 109–110
Kennwerte von
 – Dioden 99–100, 110
 – Transistoren 101–102, 107, 111
Kennzeichnung von Widerständen 96
Kippstufe
 – astabile 92, 118
 – bistabile 117
Kondensator 97–98
Kopfhörer prüfen 16
Kupferbeschichtete Platine 92

L-Pegel 145, 149–150
Ladekurve eines Kondensators 98
Lautsprecher prüfen 16
Layer 67
Layout 93
LDR 108
LED 100
Leistungsberechnung 94
Leiterbahnmethode 92
Leitungen prüfen 16
Leuchtdiode 100
Lichtsender 113, 123
Lichtsteuerung 52
Lichttonanlage 58
Löcher 99
Logik
 – Funktion 144–149
 – Schaltung 144–145, 149
 – Symbol 144–150, 161
Lux 108

Maschinenbefehl 66
Mittelwelle 124
Mittelwellenradio 56–57
Modulation 122, 124
Morsezeichen 127
Motorsteuerung 90–91

Nachrichtentechnik 5
NAND 145–149
Negation 106, 145, 147, 149
Netz-Wechselspannung 30
NF
 – Bereich 40, 97
 – Verstärker 56, 113
NICHT 145, 147, 149
Niederfrequenz 40, 124
NOR 145, 149
NOT 145, 147, 149
NTC 53, 109
Nullpotential 14
Nullwerteinstellung 141

ODER 134, 145, 149
Ohmsches Gesetz 94
OP 113
OPAmp 113
Operationsverstärker 113
OR 145, 149

Passive Bauelemente 121
Parallelschwingkreis 125
Pegel 146
Physikalische Gesetzmäßigkeiten 94, 125
Piezo 20
Platine
 – Ätzen 93
 – Ätzplatine 92
 – kupferbeschichtete 92
 – Streifenplatine 92
Platinenlayout 57, 70, 92
pn-Schicht 99–101
Potential 14
Potentiometer 96
Power-Transistor 101, 111
PowerFET 111
Programmablaufplan 128, 139–141
Programmsteuerung 134
Proportionalregelung 136
Prüfen von Bauteilen 16–17
PTC 109
Pulscodemodulation 122
Pulsierende Gleichspannung 114

Radio 56–57, 84, 124
Radiofrequenzen 124
Radiowellen 124
Rauchmelder 22–23
Rauschen 123
RC-Glied 98, 116
Reflexlichtschranke 63, 70
Regelkreis 55, 135, 140
Regeln
 – Begriffe 135–137
 – Temperatur 54–55, 65, 135
Regelstrecke 140
Regelung
 – Arten 136
 – Einteilung 137

159

Stichwortverzeichnis

– stetige 136
– unstetige 136
– Zweipunkt 136
Regler 140
Reihe E12 96
Relais prüfen 16
Relaisschaltungen 144
Resonanz 125
Resonanzfrequenz 125
Ruhezustand 14, 15

Schalter prüfen 16
Schaltfrequenz 118
Schalthysterese 119
Schaltperiode 118
Schaltpläne analysieren 88–91
Schaltpläne lesen 14
Schaltungen mit diskreten Bauteilen 10
Schaltungen untersuchen 11
Schaltverstärker 106
Schaltverzögerung 25
Scheitelwert 114
Schmitt-Trigger 26, 39, 41, 49, 72, 119, 150
Schottkydiode 99, 110
Schutz
– Diode 99, 110
– Kleinspannung 30
– Widerstand 103, 105, 107
Schwellenspannung 99, 103
Schwellwertschaltung 26, 39, 41, 49, 72, 119, 150
Schwingkreis 125
Senden und Empfangen 56–58, 122–125
Sensoren 53, 88–90, 108–109, 123
Sicherheits-Kleinspannung 30
Signal
– allgemein 4, 47, 126–129, 134
– analog 144
– Anzeigen 130–132
– Ausgeben 130–133
– binär 134
– digital 144
– Erfassen 130–131
– stetig 134
– Verarbeitung 5, 130–132
Signalflussdiagramm 136, 151
Softschalter 111
Solarzelle 108
Sollwert 135–136, 140
Sonnenkollektoranlage 65
Spannungsarten 114
Spannungsberechnung 94–95
Spannungspotential 14, 146–147, 149
Spannungsteilerschaltung 11, 19–23, 26, 28, 31–32, 36–37, 39–41, 43, 48–49, 52–53, 55, 68, 72–73, 90–91, 94–96, 98, 100, 103, 105–107, 110–111, 116, 120, 134, 142, 150–151
Speicherglied 100, 117, 134, 150–151
Speicherschaltung 117
Sprechanlage 28
Spule prüfen 16
Stabilisiertes Netzgerät 115
Stellglied 135, 140
Stellwiderstand 96
Stetige Regelung 134, 136
Steuerkette 135, 138–139

Steuern
– Begriffe 134–138
– mit Computer 66–67, 131–133, 138
– mit IC 7414 150
– mit Licht 52
– mit Wärme 53
– nach Zeitplan 139
– Programmmodule 138–139
– von Temperatur 135
Steuerspannung 103, 111
Steuerstrom 101–103, 111
Steuerungen – Einteilung 137
Störgröße 123, 135, 140
Streifenplatine 92, 148
Stromberechnung 94
Stromrichtung
– physikalische 102
– technische 102
Stromstoßschalter 52
Symbol
– Darstellung 48
– Logik 144–150, 161
– Plan 80–81, 148
– Schaltzeichen 161

TDA 7052 28, 113, 121
Technikgeschichte 84–87
Thyristor 100
Timer 25, 113
Tonübertragung mit Licht 58
Tonverstärker 28, 119
Transistor
– allgemein 85, 101–107
– Anschlüsse 101, 111
– Arten 101, 111
– Aufgaben 101
– Berechnung 94, 102–105, 107
– Darlington 107
– Dunkelschaltung 150
– Feldeffekt 53, 102
– Fototransistor 111
– Hellschaltung 150
– Kennwerte 101–102, 107, 111
– Kopplung 106–107, 117–119
– Logikschaltung 145
– Negation 106
– prüfen 16
– Schutzwiderstand 103, 105
– Schwellenspannung 103
– Steuerspannung 103, 111
– Steuerstrom 103, 111
– Verstärker 106
– Verstärkungsfaktor 102–103, 107
Transistorschaltung 21–26, 28–29, 34–41, 48–49, 51–53, 55–57, 68, 71–73, 88, 90–92, 102–107, 111, 116–120, 126, 134, 142, 145, 151
Trimmer 96

Überspannungsschutzdiode 110
Umgang mit
– elektronischen Bauteilen 30
– Messinstrumenten 30
– Spannungsmessgerät 30
– Strommessgerät 30
– Widerstandsmessgerät 30
Umschaltverzögerung 25
UND 145, 147, 149
Universalschaltgerät 53

Universaldioden 99
Unpolar 108
Unstetige Regelung 136, 140

Verlustleistung 94–95, 101, 105
Verpolungsschutzdiode 21, 110
Verstärker
– Entkopplung 119
– NF 113
– Operationsverstärker 113
– Rauschen 123
– Röhre 84–85
– Schaltung 28
– Tonverstärker 119, 121
– Vorstufe 119
Verstärkungsfaktor 35–36, 102–103, 107
Versuche zu
– astabile Kippstufe 38
– belasteter Spannungsteiler 32
– bistabile Kippstufe 37
– Diode 33
– Elektronik 31–40
– Flip-Flop 37
– Hellschaltung 36
– IC 71–73
– Informationstechnik 68–77
– Kondensator 33
– Lichtschranke 76
– Messwerterfassung mit Computer 75, 77
– Modulation 69
– RC-Glied 36
– Reedkontakt 74
– Regeln von Temperatur 68
– Resonanzfrequenz 69
– Schmitt-Trigger 39
– Spannungsteilerschaltung 36
– Spannungsverstärkung mit Signalumkehr 37
– Steuern mit Tonfrequenz 68
– Transistor 34–35
– Transistorverstärker 40
– unbelasteter Spannungsteiler 31
– Verhalten von Haaren bei Feuchtigkeit 77
– Verzögerungsschaltung 36
Verwendung elektronischer Bauteile 8–9

Wahrheitstabelle 48–49, 144–147, 149
Wahrheitstafel 48–49, 144–147, 149
Wechselspannung 114–115
Wechselstrom 68
Wenn-Dann-Beziehung 48
Wetterstation 63
Widerstand 96
Widerstandsberechnung 21, 32, 36, 94–95, 100, 105, 107
Widerstandsreihe 96
Windgeschwindigkeits-Messgerät 62

Zeitgeführte Ablaufsteuerung 139–140
Zeitkonstante eines RC-Glieds 98
Zeitsteuerung 116
Zeit-Tätigkeits-Diagramm 140
Zenerdiode 110
Zuse-Computer 86
Zweipunktregelung 136, 140

160